Fonética Acústica

OS SONS DO PORTUGUÊS BRASILEIRO

Conselho Acadêmico
Ataliba Teixeira de Castilho
Carlos Eduardo Lins da Silva
José Luiz Fiorin
Magda Soares
Pedro Paulo Funari
Rosângela Doin de Almeida
Tania Regina de Luca

Proibida a reprodução total ou parcial em qualquer mídia
sem a autorização escrita da editora.
Os infratores estão sujeitos às penas da lei.

A Editora não é responsável pelo conteúdo deste livro.
As Autoras conhecem os fatos narrados, pelos quais são responsáveis,
assim como se responsabilizam pelos juízos emitidos.

Consulte nosso catálogo completo e últimos lançamentos em **www.editoracontexto.com.br**.

Thaïs Cristófaro Silva
Izabel Seara
Adelaide Silva
Andreia Schurt Rauber
Maria Cantoni

Fonética Acústica

OS SONS DO PORTUGUÊS BRASILEIRO

Copyright © 2019 Thaïs Cristófaro Silva e Adelaide Silva

Todos os direitos desta edição reservados à
Editora Contexto (Editora Pinsky Ltda.)

Capa e diagramação
Gustavo S. Vilas Boas

Preparação de textos
Lilian Aquino

Revisão
Karina Oliveira

Ilustrações
Maria Cantoni e Izabel Christine Seara

Dados Internacionais de Catalogação na Publicação (CIP)

Fonética Acústica: os sons do português brasileiro /
Thaïs Cristófaro Silva...[et al]. –
São Paulo : Contexto, 2019.
272 p. : il.

Bibliografia
ISBN 978-85-520-0079-2

1. Fonética acústica 2. Língua portuguesa – Fonética 3. Acústica
4. Linguística I. Silva, Thaïs Cristófaro

18-1992   CDD 414

Angélica Ilacqua CRB-8/7057

Índice para catálogo sistemático:
1. Fonética acústica

2019

EDITORA CONTEXTO
Diretor editorial: *Jaime Pinsky*

Rua Dr. José Elias, 520 – Alto da Lapa
05083-030 – São Paulo – SP
PABX: (11) 3832 5838
contexto@editoracontexto.com.br
www.editoracontexto.com.br

Aos nossos alunos,
com gratidão e afeto.

Sumário

APRESENTAÇÃO 9

CONCEITOS FUNDAMENTAIS
DE FONÉTICA ARTICULATÓRIA 11
A produção da fala 11
A produção de vogais 15
A produção de consoantes 24
Quadro fonético do PB 34
Quadro fonético do IPA 35

CONCEITOS FUNDAMENTAIS
DE ACÚSTICA E TÉCNICAS DE ANÁLISE 37
Características das ondas sonoras 40
Parâmetros físicos da onda sonora 43
Diferentes tipos de ondas sonoras 54
Princípio de Ressonância e Processo de Filtragem 60
    Princípio de Ressonância 60
    Processo de Filtragem 60
Representação gráfica do sinal de fala 66
    Forma de onda 67
    Espectrograma 68
    Representação espectral 72
Processamento digital do sinal de fala 80
    Processo de amostragem 80
    Processo de quantização 82

CARACTERÍSTICAS ACÚSTICAS DE VOGAIS E DITONGOS 85

Vogais orais 85

    Redução vocálica e desvozeamento 104

    Vogais epentéticas... 108

Vogais nasais.. 110

Vogais nasalizadas... 125

Ditongos e hiatos... 129

CARACTERÍSTICAS ACÚSTICAS DE CONSOANTES.............. 137

Oclusivas.. 137

Nasais.. 154

Fricativas 168

Africadas.. 186

Tepe.. 190

Vibrante... 201

Aproximante retroflexa.. 207

Laterais.. 211

RESPOSTAS DOS EXERCÍCIOS............................... 231

BIBLIOGRAFIA 247

ÍNDICE REMISSIVO 255

APÊNDICE.. 259

AS AUTORAS 263

Apresentação

A ideia de escrever este livro surgiu de uma prosa entre Thaïs Cristófaro Silva e Izabel Seara, em Curitiba, em fevereiro de 2011, durante o período de realização do Congresso da Abralin. Em 2012, Adelaide Silva juntou-se ao projeto e, em 2013, foi a vez de Andreia Schurt Rauber unir-se ao grupo de autoras. Larissa Berti fez parte da equipe de elaboração deste livro durante um período entre 2013-2014, mas, por razões pessoais, optou por sair da equipe. Suas contribuições foram inestimáveis durante o tempo em que trabalhou conosco. Agradecemos a ela pelo trabalho colaborativo, sempre cheio de alegria e entusiasmo.

Um grande desafio imposto à elaboração deste volume foi a distância física entre as autoras: Thaïs Cristófaro Silva (em Minas Gerais), Izabel Seara (em Santa Catarina), Adelaide Silva (no Paraná) e Andreia Rauber (no Rio Grande do Sul e depois na Alemanha). Tentamos diversas metodologias! Encontros via Skype, que se realizavam semanalmente. Duplas de autoras para formularem partes específicas do livro. Delegar um determinado trecho para uma das autoras. Descobrimos que a tarefa era árdua pela distância e pelos métodos.

Ademais, adversidades aconteceram ao longo do caminho, como doença e cura e mudança de país, o que protelou a conclusão desta obra. Em 2015, decidimos que Thaïs Cristófaro Silva organizaria uma versão final, capa a capa, a ser discutida posteriormente por todas. A versão foi concluída, mas ainda não conseguiu deslanchar. Em 2017, retomamos novamente o projeto, mas também não alavancou. Finalmente, no início de 2018, Thaïs Cristófaro Silva e Izabel Seara se reuniram por uma semana em Florianópolis e conceberam uma versão pré-final dos 4 capítulos. Ainda em 2018, convidamos Maria Cantoni para fazer as ilustrações da obra. Ela não apenas cumpriu seu papel de ilustradora, como também apresentou sugestões que, certamente, contribuíram para a clareza do texto.

Finalmente, em junho de 2018, conseguimos concluir o projeto deste livro! Com certeza, cada uma de nós pensou, em algum momento, em desistir da elaboração deste volume. Contudo, entendíamos que era necessário um livro com o conteúdo que apresentamos nesta obra. Trabalhamos com afinco, superamos adversidades e conseguimos concluí-la por termos sempre em mente os nossos alunos. Por isso, esta obra é dedicada a cada um deles.

*

AGRADECIMENTOS

As imagens deste livro foram produzidas utilizando recursos computacionais gratuitos e livres, como os programas de ilustração e manipulação de imagens Libre Office Draw (https://pt-br.libreoffice.org), Gimp (https://www.gimp.org/) e Inkscape (https://inkscape.org/pt-br/), o programa de análise acústica da fala Praat (http://www.fon.hum.uva.nl/praat/) e o ambiente de análise estatística e gráfica R (https://www.r-project.org/). Agradecemos à comunidade do *software* livre por possibilitar a usuários do mundo todo o acesso irrestrito a recursos de alta qualidade, promovendo a integração social e o desenvolvimento colaborativo do conhecimento.

Amanda Ivo e Caio Carvalho editaram os áudios que foram utilizados nas imagens dos exercícios.

Thaïs Cristófaro Silva agradece ao apoio do CNPq, Fapemig e Capes no desenvolvimento deste projeto. Izabel Seara agradece ao apoio do CNPq. Por fim, todas as autoras agradecem o apoio institucional recebido da Universidade Federal de Minas Gerais, Universidade Federal de Santa Catarina e Universidade Federal do Paraná.

Este livro conta com material de apoio disponível on-line que pode ser acessado em: www.editoracontexto.com.br/material-extra.

O leitor encontra ao final da obra, no apêndice, um tutorial de como utilizar o programa Praat.

Conceitos fundamentais de Fonética Articulatória

Neste capítulo, será dada ênfase aos parâmetros articulatórios necessários à descrição e à classificação das vogais e consoantes do português brasileiro (PB). Para descrições articulatórias adicionais do PB, consulte: Callou e Leite (2000), Massini-Cagliari e Cagliari (2001), Santos e Chagas (2003), Cagliari (2007), Netto (2011), Hora e Pedrosa (2012), Marchal e Reis (2012), Cristófaro Silva (2017) e Seara, Nunes e Lazzarotto-Volcão (2017).

O corpo humano é dotado de sistemas que desempenham tarefas específicas. Por exemplo, o sistema circulatório é responsável pela circulação do sangue nas veias e artérias; o sistema digestório é responsável pela mastigação, deglutição e digestão dos alimentos. O corpo humano, no entanto, é desprovido de um sistema específico para a produção dos sons da fala. Na articulação dos sons, órgãos do sistema digestório, como, por exemplo, língua e dentes, e do sistema respiratório, como os pulmões, são utilizados para produzir a fala. A seguir, são apresentados os principais parâmetros articulatórios envolvidos na produção dos sons da fala.

A PRODUÇÃO DA FALA

A descrição dos sons de qualquer língua utiliza parâmetros articulatórios estabelecidos a partir de três sistemas: 1) sistema respiratório, 2) sistema fonatório e 3) sistema articulatório. O conjunto desses três sistemas é denominado **aparelho fonador**. Considere a Figura 1.1.

Figura 1.1 – Sistemas respiratório, fonatório e articulatório.

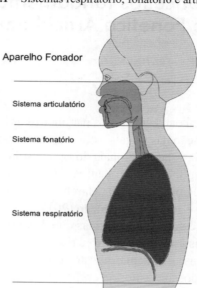

A Figura 1.1 ilustra o aparelho fonador, composto pelo sistema respiratório, fonatório e articulatório. O **sistema respiratório** compreende, entre outros órgãos, o diafragma e os pulmões e é responsável por controlar a entrada e a saída do ar no trato vocal. A **corrente de ar** ou **fluxo de ar** é crucial na produção dos sons da fala. A respiração silenciosa utiliza aproximadamente 40% do ciclo respiratório para a **inspiração** e 60% para a **expiração**. Por outro lado, a produção da fala utiliza aproximadamente 10% do ciclo respiratório para a inspiração e 90% para a expiração (Raphael et al., 2007). Portanto, a produção da fala resulta na mudança do padrão respiratório habitual, requerendo uma maior acurácia do controle expiratório. Todos os sons do PB são produzidos com a **corrente de ar pulmonar egressiva**, ou seja, são produzidos no momento em que o ar é expelido dos pulmões.

O **sistema fonatório** compreende a **glote** ou **espaço glótico**, que corresponde ao espaço entre as **pregas vocais**. As pregas vocais são formadas por tecido muscular que vibra em diversas configurações. Elas podem estar afastadas (durante a respiração e para a produção de sons não-vozeados) ou podem estar aproximadas (para a produção de sons vozeados) quando se inicia o processo de fonação. Considere a Figura 1.2.

Conceitos fundamentais de Fonética Articulatória

Figura 1.2 – Sistema fonatório com destaque para as cavidades supra e subglóticas.

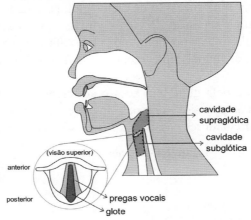

A Figura 1.2 ilustra o sistema fonatório com destaque para a glote e para as cavidades supra e subglóticas. No início do processo de fonação, as pregas vocais estão aproximadas (aduzidas) e a pressão do ar na **cavidade subglótica** é maior do que a pressão do ar na **cavidade supraglótica**. Ao se aproximarem, as pregas vocais obstruem o ar expiratório na glote. Com isso, ocorre um aumento da pressão subglótica até que as pregas vocais se afastem (abdução). Considere a Figura 1.3.

Figura 1.3 – Processo de fonação.

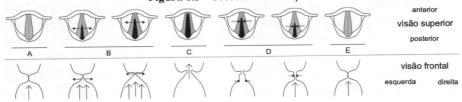

A Figura 1.3 ilustra o movimento de abertura e fechamento da glote que corresponde a um **ciclo glotal** ou **ciclo de vibração**. A repetição de ciclos glotais é chamada de **vibração das pregas vocais** ou **fonação**. Na Figura 1.3(a), as pregas vocais se encontram aproximadas. Com o aumento da pressão de ar abaixo da glote, as pregas vocais se afastam um pouco, (Figura 1.3(b)) – movimento de abertura da glote, permitindo a livre passagem da corrente de ar (Figura 1.3(c)). Com o afastamento das pregas vocais, a corrente de ar terá sua velocidade aumentada, pois a pressão subglótica cairá e um consequente efeito de sucção fará com que as pregas vocais comecem a se aproximar novamente – movimento de fechamento da glote (Figura 1.3(d)). Um novo ciclo glotal tem início a partir da aproximação das pregas vocais (Figura 1.3(e)).

Os sons da fala podem ser classificados de duas maneiras: **vozeados**, quando apresentam uma sucessão de ciclos glotais, e **não-vozeados**, quando não apresentam uma sucessão de ciclos glotais devido ao afastamento das pregas vocais. Embora haja um contínuo entre o afastamento e a aproximação das pregas vocais, as línguas tipicamente classificam os sons como vozeados ou não-vozeados.

O ar que passa pela glote tem acesso ao terceiro sistema que define os parâmetros articulatórios dos sons das línguas: o sistema articulatório, que compreende os articuladores passivos e ativos. Considere a Figura 1.4.

Figura 1.4 – Sistema articulatório.

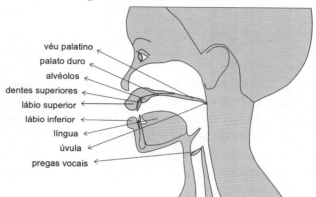

O **sistema articulatório** compreende os articuladores que se localizam acima da laringe e que constituem o **trato vocal**. Os articuladores podem ser passivos ou ativos. Um **articulador passivo** não se movimenta e compreende o lábio superior, os dentes superiores e o céu da boca, que se divide em: alvéolos, palato duro, palato mole (véu palatino) e a úvula. Por outro lado, um **articulador ativo** tem mobilidade e vai em direção a um articulador passivo. Os articuladores ativos compreendem o lábio inferior, a língua, o véu palatino e as pregas vocais.

Dentre os articuladores, a **língua** é o articulador mais importante porque está presente na produção de um grande número de sons da fala. Como a língua é um órgão grande em comparação com os demais articuladores, partes diferentes da língua são usadas para a produção de diferentes sons. Por isso, a literatura fonética convencionou delimitar e denominar as diferentes partes da língua como **ponta**, **lâmina** e **corpo**. O corpo da língua é também denominado **dorso**. Considere a Figura 1.5.

Figura 1.5 - Partes da língua.

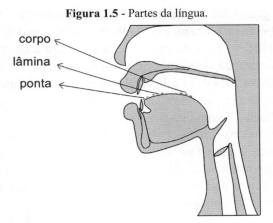

A Figura 1.5 ilustra a língua e suas partes. As diferentes partes da língua têm atuação importante tanto na produção de vogais quanto na produção de consoantes. As diversas configurações assumidas por ela levam à menor ou maior aproximação entre os articuladores ativos e passivos. As consoantes e vogais se diferenciam, sobretudo, pelo tipo de aproximação entre os articuladores. A articulação de consoantes envolve desde uma grande aproximação entre os articuladores até o breve toque de um articulador no outro. A articulação de vogais apresenta pequena aproximação entre os articuladores e as vogais são articuladas em uma área restrita do trato vocal: desde a região frontal da boca até o véu palatino. Há, portanto, maior aproximação entre os articuladores na produção das consoantes do que das vogais. As seções seguintes apresentam a descrição e a classificação articulatória das vogais e das consoantes do PB.

A PRODUÇÃO DE VOGAIS

As vogais são produzidas com uma resistência mínima à passagem de ar pelo trato vocal. A **língua** é o principal articulador dos sons vocálicos. Tipicamente, as vogais são sons que apresentam vibração das pregas vocais e são classificados como vozeadas. Casos em que uma vogal pode ser desvozeada serão abordados posteriormente. Para descrever as vogais, são adotados os seguintes parâmetros articulatórios:

	Parâmetros articulatórios das vogais
1	altura da língua ou abertura/fechamento da mandíbula
2	avanço/recuo da língua
3	arredondamento/estiramento dos lábios
4	abertura/fechamento do véu palatino

15

O primeiro parâmetro articulatório de classificação das vogais é a **altura da língua** ou **abertura/fechamento da mandíbula**, que define a posição da língua na dimensão vertical da cavidade oral. A altura da língua está relacionada anatomicamente com a abertura e o fechamento da mandíbula: se a mandíbula se abaixa, isto é, se a boca abre, o corpo da língua se abaixa. De maneira análoga, se a mandíbula se levanta, isto é, se a boca se fecha, o corpo da língua se levanta. Assim, vogais altas são articuladas com a mandíbula fechada e vogais baixas são articuladas com a mandíbula aberta. Ou, dito de outra maneira, uma vogal **alta** é articulada com o corpo da língua levantado e uma vogal **baixa** é articulada com o corpo da língua abaixado. A elevação do corpo da língua ocorre a partir da **posição de repouso**, que é a posição que a língua assume quando a boca está fechada.

As vogais do PB são classificadas quanto à **altura da língua**, como: a) alta, b) média-alta, c) média-baixa e d) baixa. A classificação das vogais quanto à altura do corpo da língua indica que, na posição **alta**, a língua se encontra em sua posição de máxima elevação a partir da posição de repouso, sem causar resistência à passagem do ar. Em uma vogal **baixa,** a língua se encontra em sua posição de máximo abaixamento a partir da posição de repouso. Há um contínuo entre as posições máxima (a) e mínima (d) de deslocamento vertical do corpo da língua e, ao longo desse contínuo, são identificadas duas posições intermediárias: (b) vogal **média-alta** e (c) vogal **média-baixa**.

As vogais do PB podem também ser classificadas quanto à **abertura/fechamento da mandíbula** como: a) fechada, b) meio-fechada, c) meio-aberta e d) aberta. Essa classificação indica que, na posição **fechada**, a mandíbula se encontra na sua posição máxima de fechamento e, na posição **aberta**, a mandíbula se encontra na sua posição mínima de fechamento (ou seja, a boca está completamente aberta). Também, nesse caso, há um contínuo entre as posições máxima (a) e mínima (d) de abertura da mandíbula e, ao longo desse contínuo, são identificadas duas posições intermediárias: (b) vogal **meio-aberta** e (c) vogal **meio-fechada**. Considere a Figura1.6.

Figura 1.6 – Posições de altura da língua/abertura da mandíbula.

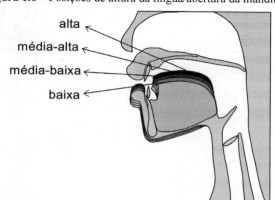

A Figura 1.6 ilustra as diferentes posições de altura da língua ou os diferentes graus de abertura/fechamento da mandíbula na produção de vogais. Há equivalência entre os termos: (alta = fechada), (média-alta = meio-fechada), (média-baixa = meio-aberta) e (baixa = aberta). A partir das posições da língua na dimensão vertical, ou altura, as vogais orais do PB podem ser classificadas como:

Vogal	Altura da língua		Abertura da mandíbula	Exemplo
[i,u]	alta	ou	fechada	sac**i**, caj**u**
[e,o]	média-alta	ou	meio-fechada	l**ê**, av**ô**
[ɛ,ɔ]	média-baixa	ou	meio-aberta	p**é**, av**ó**
[a]	baixa	ou	aberta	p**á**

A preferência por uma ou outra nomenclatura é decisão de quem descreve as vogais. Este livro adota a seguinte nomenclatura: alta, média-alta, média-baixa e baixa.

O segundo parâmetro articulatório de classificação das vogais é o **avanço/recuo da língua** e define a posição do corpo da língua na dimensão horizontal da cavidade oral: anterior ou posterior. A descrição das vogais quanto ao movimento horizontal do corpo da língua permite classificar as vogais do PB como: a) **anteriores**, b) **centrais** e c) **posteriores**. Considere a Figura 1.7.

17

Figura 1.7 – Graus de avanço/recuo da língua.

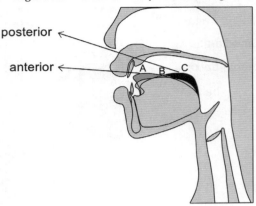

A Figura 1.7 ilustra que, para a articulação das vogais, o ponto máximo de recuo que a língua pode atingir é a região do véu palatino e o ponto máximo de avanço que a língua pode atingir é a região alveolar. Assim, é possível compreender que há um contínuo entre as posições de máximo avanço (A) e máximo recuo (C) do corpo da língua. Afirmar que uma vogal é **anterior** significa dizer que o corpo da língua se encontra no ponto máximo de deslocamento horizontal para frente em relação à posição de repouso. Por outro lado, uma vogal é **posterior** quando o corpo da língua se encontra em seu ponto máximo de deslocamento horizontal para trás em relação à posição de repouso. Entre o ponto máximo de recuo e o ponto máximo de avanço da língua, há o ponto intermediário (B), que caracteriza uma vogal **central**. No PB, as vogais [i,e,ɛ] são anteriores, as vogais [ɔ,o,u] são posteriores e a vogal [a] é central. A partir das posições da língua na dimensão horizontal, as vogais orais do PB podem ser classificadas como:

Vogal	Avanço/recuo da língua	Exemplo
[i,e,ɛ]	anterior	sac**i**, l**ê**, p**é**
[a]	central	p**á**
[ɔ,o,u]	posterior	av**ó**, av**ô**, caj**u**

O terceiro parâmetro articulatório de classificação das vogais é o **arredondamento/estiramento dos lábios**, que caracteriza as vogais em arredondadas e não-arredondadas, respectivamente. Uma vogal **arredondada** é articulada com os lábios aproximados e projetados para frente. Por outro lado, uma vogal **não-arredondada** é articulada com os lábios estirados. Considere a Figura 1.8.

Conceitos fundamentais de Fonética Articulatória

Figura 1.8 – Diagramas com diferentes configurações dos lábios na produção de vogais.

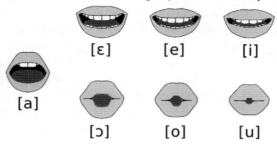

A Figura 1.8 ilustra a posição dos lábios para as vogais não-arredondadas [i,e,ɛ,a] e para as vogais arredondadas [u,o,ɔ]. Há um contínuo entre o arredondamento máximo e mínimo dos lábios que pode variar em grau de língua para língua. Entretanto, de modo geral, a distinção nas duas classes – vogais arredondadas e não-arredondadas – é suficiente para descrever as vogais das línguas. A partir das posições de arredondamento dos lábios, as vogais orais do PB podem ser classificadas como:

Vogal	Arredondamento dos lábios	Exemplo
[i,e,ɛ,a]	não-arredondada	sac**i**, l**ê**, p**é**, p**á**
[u,o,ɔ]	arredondada	caj**u**, av**ô**, av**ó**

O quarto parâmetro articulatório de classificação das vogais é a posição de **abertura/fechamento do véu palatino**, que determina se um som é **oral** ou **nasal**. Se o véu palatino estiver levantado, fechando a cavidade nasal, os sons gerados serão orais. Por outro lado, se o véu palatino estiver abaixado, deixando que o ar escape pelas narinas, os sons gerados serão nasais. Considere a Figura 1.9.

Figura 1.9 – Vogais nasais (a) e orais (b).

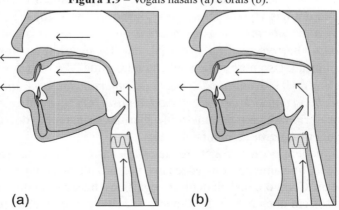

19

A Figura 1.9(a) ilustra a configuração articulatória de um som nasal em que o véu palatino está abaixado e a corrente de ar é expelida pela boca e pelas narinas, como indicado pelas setas. A Figura 1.9(b) ilustra a configuração articulatória de um som oral em que o véu palatino está levantado e a corrente de ar é expelida somente pela boca, como indicado pelas setas. A nasalidade pode apresentar grau variado em línguas diversas. Contudo, as categorias de som oral ou nasal são suficientes para caracterizar os sons das línguas. Nas línguas naturais, as vogais são tipicamente orais, mas, em algumas línguas, como o PB, ocorrem também vogais nasais. A partir da abertura ou fechamento do véu palatino, as vogais do PB podem ser classificadas como:

Vogal	Oral/Nasal	Exemplo
[i,e,ɛ,a,ɔ,o,u]	Oral	sac**i**, l**ê**, p**é**, p**á**, av**ó**, av**ô**, caj**u**
[ĩ,ẽ,ɛ̃,õ,ũ]	Nasal	s**i**m, b**e**m, l**ã**, b**o**m, r**u**m

Os quatro parâmetros articulatórios descritos nesta seção estabelecem critérios específicos para a classificação das vogais. Esses parâmetros têm natureza articulatória contínua de uma posição máxima a uma posição mínima entre os articuladores. Contudo, para fins descritivos, a notação fonética representa os sons em categorias não contínuas, ou seja, por símbolos discretos. Portanto, a **Fonética Articulatória** notacional faz uso de símbolos discretos que refletem características físicas contínuas que são estudadas pela **Fonética Acústica**. A partir dos quatro parâmetros articulatórios descritos nas páginas precedentes, a nomenclatura das vogais apresenta a seguinte ordem:

> altura da língua/abertura da mandíbula → avanço/recuo da língua → arredondamento/estiramento dos lábios → abertura/fechamento do véu palatino

Considerando-se a ordem de apresentação dos parâmetros articulatórios na nomenclatura das vogais, temos, por exemplo, que a vogal [i] é denominada *vogal alta anterior não-arredondada* ou *vogal fechada anterior não-arredondada*. Observe que, na vogal [i], não foi inserido o termo *oral* em sua denominação. Isso porque fica subentendido que [i] é uma vogal oral. No entanto, a vogal [ĩ] é denominada *vogal alta anterior não-arredondada nasal* ou *vogal fechada anterior não-arredondada nasal*. Ou seja, para as vogais nasais, é necessário indicar o parâmetro de abertura/fechamento do véu palatino ao inserir o termo *nasal* na nomenclatura.

No PB, podem ocorrer vogais regulares/plenas ou desvozeadas/reduzidas. As vogais são, tipicamente, sons vozeados, i.e., produzidos com a vibração das pregas vocais. Contudo, podem ocorrer vogais desvozeadas. O **desvozeamento** envolve casos em que um som geralmente vozeado perde parte da propriedade de vozeamento e é, então, produzido como desvozeado. As vogais não acentuadas podem ser desvozeadas e/ou reduzidas (Meneses, 2012; Dias e Seara, 2013; Vieira e Cristófaro Silva, 2015). As vogais átonas finais do PB [ɪ,ɐ,ʊ] são tipicamente reduzidas e podem ser desvozeadas (Barbosa, 2012). As vogais desvozeadas são vogais reduzidas com a ausência da propriedade de vozeamento [ɪ̥,ɐ̥,ʊ̥]. Este livro adota os termos vogal **desvozeada** ou **reduzida** para vogais átonas que tenham qualidade diferente da vogal **regular** ou vogal **plena** correspondente. Vogais desvozeadas serão tratadas em detalhes na descrição acústica das vogais, no capítulo "Características acústicas de vogais e ditongos". Na nomenclatura, a propriedade de vogal reduzida deve ser indicada. Por exemplo, a vogal [ɐ] é classificada como *vogal baixa central não-arredondada reduzida*. Por outro lado, a vogal regular [a] é classificada como *vogal baixa central não-arredondada* (na nomenclatura não há referência a ser uma vogal regular). No PB, as vogais desvozeadas são sempre orais. A partir dos parâmetros articulatórios envolvidos na produção de vogais, o quadro a seguir apresenta os símbolos adotados neste livro para as vogais orais e nasais do PB.

	Símbolo	Altura da língua/abertura da mandíbula	Avanço/recuo da língua	Arredondamento/estiramento dos lábios	Oral/Nasal
1	[i]	alta/fechada	anterior	não-arr.	oral
2	[e]	média-alta/meio-fechada	anterior	não-arr.	oral
3	[ɛ]	média-baixa/meio-aberta	anterior	não-arr.	oral
4	[a]	baixa/aberta	central	não-arr.	oral
5	[ɔ]	média-baixa/meio-aberta	posterior	arred.	oral
6	[o]	média-alta/meio-fechada	posterior	arred.	oral
7	[u]	alta/fechada	posterior	arred.	oral
8	[ĩ]	alta/fechada	anterior	não-arr.	nasal
9	[ẽ]	média-alta/meio-fechada	anterior	não-arr.	nasal
10	[ɐ̃]	baixa/aberta	central	não-arr.	nasal
11	[õ]	média-alta/meio-fechada	posterior	arred.	nasal
12	[ũ]	alta/fechada	posterior	arred.	nasal
13	[ɪ]	alta/fechada	anterior	não-arr.	oral reduzida
14	[ɐ]	baixa/aberta	central	não-arr.	oral reduzida
15	[ʊ]	alta/fechada	posterior	arred.	oral reduzida

Fonética Acústica

Cada símbolo apresentado no quadro precedente é seguido de sua especificidade quanto aos quatro parâmetros articulatórios. Entre 1-7, são listadas as vogais orais regulares; entre 8-12, são listadas as vogais nasais; e, entre 13-15, são listadas as vogais orais reduzidas. As vogais orais e nasais podem, adicionalmente, ser classificadas como **monotongos** ou **ditongos**. Os **monotongos** consistem em uma mesma vogal articulada durante toda a duração do som vocálico como, por exemplo, a vogal da palavra *pá*.

Monotongos que ocorrem em posição adjacente, em sílabas diferentes, são denominados **hiatos**, como, por exemplo: *sa.ú.de, pi.a.da, co.a.do* ou *te.a.tro*. No PB, as diversas vogais podem estar adjacentes, em hiato, tendo como restrição que uma vogal nasal não pode ser seguida de uma vogal oral: *[ã.u]. Por representarem monotongos, em sequência, os hiatos não serão listados neste livro.

Por outro lado, um **ditongo** é a combinação de uma vogal com um *glide*. *Glide* – lê-se ['glaj.dʒɪ] – é uma **vogal assilábica**, também conhecida como **semivocoide, semicontoide** ou **semivogal**. O termo *glide* se refere às vogais sem proeminência acentual nos ditongos. Vários símbolos podem ser utilizados para representar os *glides*. Neste livro, é adotado o símbolo [j] para o ***glide* palatal** ou ***glide* anterior**, que na literatura é também representado como [y] ou [ɪ], e é adotado o símbolo [w] para o ***glide* posterior** ou ***glide* recuado**. O *glide* palatal ocorre, por exemplo, na palavra *pai* ['paj], e o *glide* posterior ocorre na palavra *pau* ['paw].

Os ditongos podem ser **orais** ou **nasais** e podem ser classificados como ditongos crescentes e ditongos decrescentes. A diferença entre os ditongos crescentes e decrescentes está na posição ocupada pelo *glide*: se o *glide* ocorre antes ou após a vogal. Quando o *glide* ocorre após uma vogal, o **ditongo é decrescente**: *gaita* ['gaj.tɐ] ou *mingau* [mĩ'gaw]. Quando o *glide* ocorre antes de uma vogal, o **ditongo é crescente**: *cópia* ['kɔ.pjɐ] ou *pressionar* [pɾe.sjo'nah]. Considere os quadros a seguir que listam os ditongos orais e nasais do PB.

Ditongos decrescentes				
Símbolo	**Tipo**	**Vogal**	***Glide***	**Oral/Nasal**
1	[aj]	decrescente	baixa	palatal	oral
2	[ej]	decrescente	média-alta	palatal	oral
3	[ɛj]	decrescente	média-baixa	palatal	oral
4	[oj]	decrescente	média-alta	palatal	oral
5	[ɔj]	decrescente	média-baixa	palatal	oral
6	[uj]	decrescente	alta	palatal	oral

7	[aw]	decrescente	baixa	posterior	oral
8	[ew]	decrescente	média-alta	posterior	oral
9	[ɛw]	decrescente	média-baixa	posterior	oral
10	[ow]	decrescente	média-alta	posterior	oral
11	[iw]	decrescente	alta	posterior	oral

12	[ẽj]	decrescente	baixa	palatal	nasal
13	[ẽj]	decrescente	média-alta	palatal	nasal
14	[õj]	decrescente	média-alta	palatal	nasal
15	[ũj]	decrescente	alta	palatal	nasal

16	[ẽw]	decrescente	baixa	posterior	nasal

Ditongos crescentes				
Símbolo	**Tipo**	*Glide*	**Vogal**	**Oral/Nasal**
17	[ja]	crescente	palatal	baixa	oral
18	[je]	crescente	palatal	média-alta	oral
19	[jo]	crescente	palatal	média-alta	oral
20	[ju]	crescente	palatal	alta	oral

21	[wa]	crescente	posterior	baixa	oral
22	[we]	crescente	posterior	média-alta	oral
23	[wu]	crescente	posterior	alta	oral

Alguns autores do PB sugerem a categoria de **tritongo** que tem uma sequência de: [w] + vogal + *glide* e podem ser orais ou nasais (Cagliari, 2007; Seara, Nunes e Lazzarotto-Volcão, 2017). Exemplos de tritongos ocorreriam nas palavras *quais* [ˈkwajs] e *saguão* [saˈgwãw]. Contudo, outros autores argumentam que tritongo não é uma terminologia adequada, porque, no PB, a consoante que precede o *glide* [w] é sempre uma oclusiva velar [k] ou [g] (Bisol, 1989; Cristófaro Silva, 1992, 1995). Estes últimos autores sugerem que [kʷ] e [gʷ] sejam uma **consoante complexa**, o que indica que o *glide* [w] atua na língua como uma consoante. Portanto, a discussão a respeito do *glide* [w] nos tritongos é motivada por se considerar que o *glide* pode se comportar como uma vogal ou como uma consoante (Couto, 1996; Seara, Nunes e Lazzarotto-Volcão, 2017). Os parâmetros articulatórios relevantes para a classificação das consoantes são apresentados na próxima seção.

A PRODUÇÃO DE CONSOANTES

O mecanismo de produção das consoantes é diferente do mecanismo de produção das vogais. Por isso, os parâmetros articulatórios definidos para a descrição das consoantes são diferentes dos parâmetros articulatórios definidos para a descrição das vogais. Para descrever as consoantes, são adotados os seguintes parâmetros articulatórios:

	Parâmetros articulatórios das consoantes
1	modo/maneira de articulação
2	ponto/lugar de articulação
3	vozeamento

O primeiro parâmetro articulatório de classificação das consoantes está relacionado ao tipo de aproximação que ocorre entre os articuladores e é denominado **modo de articulação** ou **maneira de articulação**. Esse parâmetro articulatório diz respeito à resistência que ocorre durante a propagação da corrente de ar no interior do trato vocal. Na articulação das consoantes, há desde o bloqueio total até o bloqueio mínimo à passagem da corrente de ar no trato vocal. As consoantes do PB apresentam oito modos ou maneiras de articulação distintos: oclusivas, nasais, fricativas, africadas, tepes, vibrantes, aproximante retroflexas e laterais.

O primeiro modo de articulação a ser considerado é o que caracteriza uma consoante **oclusiva** ou **plosiva** e que envolve o bloqueio total da passagem da corrente de ar pelo trato vocal. Considere a Figura 1.10.

Figura 1.10 – Configuração do trato vocal na articulação da consoante oclusiva [t].

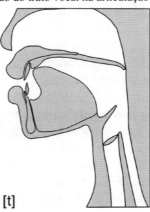

A Figura 1.10 ilustra a configuração do trato vocal na articulação da consoante oclusiva [t]. O bloqueio à passagem da corrente de ar acontece em decorrência do encontro entre os dois articuladores: ponta da língua e alvéolos. O encontro dos dois articuladores, juntamente com o fechamento do véu palatino, causa o bloqueio total da passagem da corrente de ar. Ou seja, há oclusão da passagem da corrente de ar durante a articulação da consoante oclusiva. As consoantes oclusivas do PB são:

Símbolo do IPA	Exemplos
[p]	**p**i**p**oca; **p**rato; **p**lanta
[b]	**b**a**b**ado; **b**risa; **b**lusa
[t]	**t**a**t**u; **t**ruta; a**t**leta
[d]	**d**a**d**o; **d**romedário
[k]	**c**a**qu**i; **c**ravo; **c**lube
[g]	**g**aroto; a**g**ora; **g**ruta; **g**lândula

O segundo modo de articulação a ser considerado é o que caracteriza uma consoante **nasal**. Quando o bloqueio da passagem da corrente de ar ocorre na cavidade oral, mas há a abertura do véu palatino e o ar escapa pelas narinas, ocorre uma consoante nasal. Considere a Figura 1.11.

Figura 1.11 – Configuração do trato vocal na articulação da consoante nasal [n].

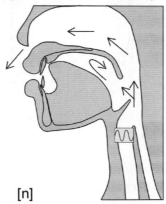

A Figura 1.11 ilustra a configuração do trato vocal na articulação da consoante **nasal** [n]. O bloqueio à passagem da corrente de ar na cavidade oral acontece em decorrência do encontro entre os dois articuladores: ponta da língua e alvéolos. Por outro lado, a corrente de ar se propaga livremente pela cavidade nasal como resultado da abertura do véu palatino e há o escape do ar pela cavidade nasal, saindo pelas narinas (cf. a ilustração das setas na Figura 1.11). Ou seja, nas consoantes nasais, o bloqueio à passagem da corrente de ar é oral (o ar não sai pela boca) e há o escape de ar pelas narinas. As consoantes nasais no PB são:

25

Símbolo do IPA	Exemplos
[m]	ma**m**ão; **m**edo; a**m**or
[n]	**n**avio; ba**n**ana; a**n**edota
[ɲ]	cami**nh**o; **nh**oque; ba**nh**o

O terceiro modo de articulação a ser considerado é o que caracteriza uma consoante **fricativa**. Na produção das consoantes fricativas, ocorre resistência acentuada à passagem da corrente de ar pelo trato vocal devido à constrição que se forma pela grande aproximação entre dois articuladores. A constrição causa o estreitamento das paredes do trato vocal e, consequentemente, coloca um problema para a passagem da corrente de ar: o mesmo volume de ar que passa pela porção mais larga do trato vocal tem de passar também pela sua porção estreita. Então, para que a corrente de ar consiga se propagar pela porção estreita do trato vocal, as partículas de ar se friccionam umas contra as outras, gerando ruído, que é característico de uma consoante **fricativa**. Considere a Figura 1.12.

Figura 1.12 – Configuração do trato vocal na articulação da consoante fricativa [s].

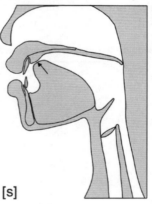

A Figura 1.12 ilustra a configuração do trato vocal na articulação da consoante **fricativa** [s]. Observe a máxima aproximação entre os dois articuladores – ponta da língua e os alvéolos – e o estreitamento do trato vocal no ponto assinalado por uma seta. As consoantes fricativas do PB são:

Símbolo do IPA	Exemplos
[f]	**f**arofa; **f**reio; **f**lecha
[v]	**v**ovó; li**v**ro; **V**ladimir
[s]	**s**aci; pa**s**ta; pa**z**
[z]	**z**ero; a**z**eite; me**s**mo
[ʃ]	**x**axado; pa**s**ta; pa**z**
[ʒ]	**j**ato; **h**oje; me**s**mo

O quarto modo de articulação a ser considerado é o que caracteriza uma consoante **africada**, que é produzida com duas propriedades: oclusão imediatamente seguida de fricção. A resistência total à passagem da corrente de ar no trato vocal, através do encontro entre dois articuladores, causa a oclusão (como nas consoantes oclusivas) e, em seguida, a oclusão se desfaz e ocorre a aproximação entre os dois articuladores (como nas consoantes fricativas). Considere a Figura 1.13.

Figura 1.13 – Configuração do trato vocal na articulação da consoante africada [tʃ].

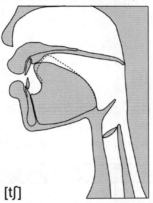

A Figura 1.13 ilustra a configuração do trato vocal na articulação da **africada** [tʃ]. A linha contínua indica o momento da oclusão e a linha pontilhada indica o momento da fricção. As consoantes africadas são produzidas com o movimento contínuo desde a oclusão até a fricção. As consoantes africadas do PB são:

Símbolo do IPA	Exemplos
[tʃ]	título; atitude; poste
[dʒ]	diabo; endívia; idade

O quinto modo de articulação a ser considerado é o que caracteriza o **tepe** (denominado *tap* na literatura de língua inglesa). Na língua inglesa, *tap* significa batida repentina e breve. Portanto, a articulação do tepe requer bloqueio rápido e breve à passagem da corrente de ar na parte frontal do trato vocal. O tepe é articulado com um único movimento, rápido e pontual, que causa uma breve obstrução da passagem da corrente de ar na região alveolar. Imediatamente após o movimento pontual e preciso que causa a obstrução no tepe, a língua assume a posição articulatória apropriada para o segmento seguinte (Catford, 1977). Ou seja, a obstrução da passagem da corrente de ar na articulação do tepe é compreendida como um **fechamento** do trato vocal na região alveolar que é imediatamente seguido pela **abertura** do trato vocal nessa região (Recasens et al., 1993). Considere a Figura 1.14.

Fonética Acústica

Figura 1.14 – Configuração do trato vocal na articulação de um tepe [ɾ].

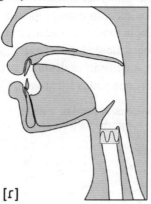

[ɾ]

A Figura 1.14 ilustra a configuração do trato vocal na articulação de um **tepe** [ɾ]. A obstrução da passagem da corrente de ar decorre de uma única batida – que é rápida e precisa – na região dos alvéolos. Exemplos do tepe no PB são:

Símbolo do IPA	Exemplos
[ɾ]	a**r**ara; p**r**ato; pa**r**to; calo**r**

O sexto modo de articulação a ser considerado é o que caracteriza uma consoante **vibrante**. Consoantes vibrantes são produzidas pelo bloqueio rápido à passagem da corrente de ar na parte frontal do trato vocal devido ao encontro entre dois articuladores (ponta da língua e alvéolos). O bloqueio na região alveolar se desfaz, mas o corpo da língua mantém a posição levantada e um novo bloqueio na região alveolar ocorre novamente com a ponta da língua tocando os alvéolos. A sucessão repetida do bloqueio – fechamento – e do relaxamento do bloqueio – abertura – promove a sensação auditiva de vibração. Atualmente, a vibrante tem ocorrência restrita no PB e, quando ocorre, é em regiões do Sul do Brasil apresentando-se sempre em início de sílaba. O início de sílaba pode coincidir com o início de palavra, como em rota, ou o início da sílaba pode ocorrer no meio da palavra, como em carroça. A vibrante tende a ser sistematicamente substituída no PB por uma fricativa posterior. Por exemplo, rota [ˈrɔtɐ] → [ˈhɔtɐ] ou carroça [kaˈrɔsɐ] → [kaˈhɔsɐ]. A vibrante também ocorre no português europeu, em espanhol e em italiano.

Na articulação da vibrante [r], o corpo da língua é mantido na posição articulatória de um som alveolar (como a articulação mostrada na Figura 1.14). O momento de fechamento na vibrante é breve e é seguido de abertura que, por sua vez, é seguida de novo fechamento, e assim sucessivamente. Nos vários momentos de fechamento e de abertura que ocorrem durante a articulação da vibrante, o corpo da língua se mantém levantado (até ocorrer a última abertura). Ou seja, na articulação da vibrante, ocorre um movimento articulatório específico que é mantido durante toda a sua produção. Portanto, não é adequado interpretar a vibrante como uma sequência de tepes (Barry, 1997). Os vários momentos de fechamento e abertura fazem com que essa consoante seja também denominada de **vibrante múltipla**. Exemplos da vibrante no PB são:

Símbolo do IPA	Exemplos
[r]	rota; carroça

O sétimo modo de articulação a ser considerado é o que caracteriza uma **aproximante retroflexa**. As aproximantes retroflexas envolvem resistência parcial à passagem do ar através da curvatura da ponta sobre o corpo da língua. Considere a Figura 1.15.

Figura 1.15 – Configuração do trato vocal na articulação da aproximante retroflexa [ɻ].

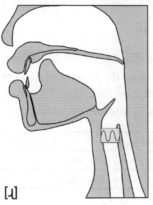

A Figura 1.15 ilustra a configuração do trato vocal na articulação de uma aproximante retroflexa [ɻ]. Note que, ao mesmo tempo em que a ponta da língua se curva sobre o corpo, há um leve arredondamento dos lábios, o que torna mais longo o trato vocal. A região no céu da boca onde se dá o contato da ponta encurvada da língua diferencia vários graus de retroflexão. Exemplos da aproximante retroflexa no PB são:

Símbolo do IPA	Exemplos
[ɻ]	parto; calor

O oitavo modo de articulação a ser considerado é o que caracteriza uma consoante **lateral** ou **aproximante lateral**, que envolve menor resistência à propagação do ar do que os demais modos articulatórios já referidos. Consoantes laterais apresentam o bloqueio à passagem da corrente de ar e, ao mesmo tempo em que ocorre o bloqueio, são formados canais nos lados do trato vocal, que dão vazão lateral à corrente de ar. Os canais laterais são formados pelo abaixamento e estreitamento do corpo da língua e permitem a propagação lateral da corrente de ar. Considere a Figura 1.16.

Figura 1.16 – Configuração do trato vocal na articulação da consoante lateral [l].

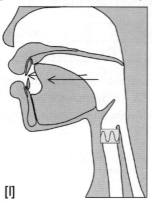

A Figura 1.16 ilustra a configuração do trato vocal na articulação de uma lateral alveolar [l]. A obstrução da passagem da corrente de ar decorre do contato entre a ponta de língua e os alvéolos. As setas indicam a vazão lateral da corrente de ar. As consoantes laterais no PB são

Símbolo do IPA	Exemplos
[l]	luva; alado; classe
[ʎ]	calha; lhufas

Nas páginas precedentes, foram apresentados e classificados os modos de articulação das consoantes do PB. Nas próximas páginas, o segundo parâmetro classificatório das consoantes é considerado: o **ponto de articulação** ou **lugar de articulação**. Os vários pontos de articulação são nomeados em função dos articuladores ativos e passivos envolvidos na produção de uma consoante. Considere a Figura 1.17.

Figura 1.17 – Pontos de articulação do trato vocal.

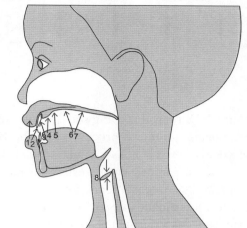

1 - bilabial
2 - labiodental
3 - dental
4 - alveolar
5 - alveopalatal
6 - palatal
7 - velar
8 - glotal

A Figura 1.17 apresenta os pontos de articulação relevantes para a descrição das consoantes do PB (para a identificação individual dos articuladores passivos e ativos, retome a Figura 1.4). Na Figura 1.17, cada ponto de articulação é indicado por uma seta que parte de um articulador ativo em direção a um articulador passivo. O quadro que segue apresenta na primeira coluna o nome de cada ponto de articulação relevante para a descrição das consoantes do PB. Na segunda coluna, o articulador ativo é associado por uma seta ao articulador passivo.

Ponto de articulação	Articulador ativo → Articulador passivo
bilabial	lábio inferior → lábio superior
labiodental	lábio inferior → dentes superiores
dental	ponta da língua → dentes superiores
alveolar	ponta ou lâmina da língua → alvéolos
alveopalatal	lâmina da língua → região entre alvéolos e palato
palatal	corpo da língua → palato
velar	corpo da língua → véu palatino
glotal	pregas vocais

O terceiro parâmetro articulatório de classificação das consoantes é o **vozeamento**, que é determinado pela ação das pregas vocais. Considere a Figura 1.18.

Figura 1.18 – Processo de fonação.

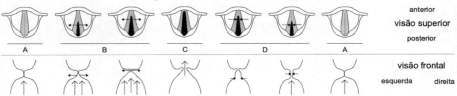

A Figura 1.18 reproduz a Figura 1.3, que ilustra várias configurações das pregas vocais durante o processo de vibração. Sons produzidos com as pregas vocais aproximadas são classificados como vozeados. Por outro lado, quando as pregas vocais estão afastadas o ar passa livremente e não há vibração das pregas vocais. Sons produzidos com as pregas vocais afastadas são classificados como não-vozeados. Alguns autores adotam, na classificação das consoantes, o termo **desvozeado** no lugar de **não-vozeado** (por exemplo, Callou e Leite, 2000; Cristófaro Silva, 2017; Cavaliere, 2005; Cagliari, 2007; Kent e Read, 2015). Este livro adota o termo **não-vozeado** no lugar de **desvozeado** ao assumir que a natureza do som em questão é SEM a propriedade de vozeamento. Por outro lado, o **desvozeamento** envolve casos em que um som tipicamente vozeado perde parte da propriedade de vozeamento e é, então, produzido como desvozeado. Considerando os três parâmetros articulatórios descritos, as consoantes têm a seguinte nomenclatura:

> modo ou maneira de articulação → ponto ou lugar de articulação → vozeamento

Assim, por exemplo, a consoante [p] é denominada *oclusiva bilabial não-vozeada* e a consoante [z] é denominada *fricativa alveolar vozeada*. O quadro abaixo lista as consoantes do PB indicando o modo ou maneira de articulação, o lugar ou ponto de articulação e o vozeamento.

Conceitos fundamentais de Fonética Articulatória

	Símbolo	Modo ou maneira de articulação	Lugar ou ponto de articulação	Vozeamento
1	p	oclusiva	bilabial	não-vozeada
2	b	oclusiva	bilabial	vozeada
3	t	oclusiva	alveolar	não-vozeada
4	d	oclusiva	alveolar	vozeada
5	k	oclusiva	velar	não-vozeada
6	g	oclusiva	velar	vozeada
7	m	nasal	bilabial	vozeada
8	n	nasal	alveolar	vozeada
9	ɲ	nasal	palatal	vozeada
10	f	fricativa	labiodental	não-vozeada
11	v	fricativa	labiodental	vozeada
12	s	fricativa	alveolar	não-vozeada
13	z	fricativa	alveolar	vozeada
14	ʃ	fricativa	alveopalatal	não-vozeada
15	ʒ	fricativa	alveopalatal	vozeada
16	x	fricativa	velar	não-vozeada
17	ɣ	fricativa	velar	vozeada
18	h	fricativa	glotal	não-vozeada
19	ɦ	fricativa	glotal	vozeada
20	tʃ	africada	alveopalatal	não-vozeada
21	dʒ	africada	alveopalatal	vozeada
25	l	lateral	alveolar	vozeada
26	ʎ	lateral	palatal	vozeada

33

Fonética Acústica

QUADRO FONÉTICO DO PB

Os sons podem ser apresentados em quadros que indicam as propriedades articulatórias das consoantes e das vogais. Os quadros que seguem apresentam os símbolos fonéticos para as consoantes e vogais do PB. Símbolos adicionais poderão ser apresentados ao longo deste livro quando apropriado.

Quadro fonético das consoantes do PB

Ponto de articulação / Modo de Articulação	Vozeamento	Bilabial	Labiodental	Dental ou alveolar	Alveopalatal	Palatal	Velar	Glotal
Oclusiva	não-vozeada	p		t			k	
	vozeada	b		d			g	
Nasal	vozeada	m		n		ɲ		
Fricativa	não-vozeada		f	s	ʃ		x	h
	vozeada		v	z	ʒ		ɣ	ɦ
Africada	não-vozeada				tʃ			
	vozeada				dʒ			
Tepe	vozeada			ɾ				
Vibrante	vozeada			r				
Aproximante retroflexa	vozeada			ɻ				
Lateral	vozeada			l		ʎ		

Quadro fonético das vogais do PB

	Anterior			Central			Posterior		
	Não-arredondada			Não-arredondada			Arredondada		
	Oral	Reduzida	Nasal	Oral	Reduzida	Nasal	Nasal	Reduzida	Oral
Alta	i	ɪ	ĩ				ũ	ʊ	u
Média-alta	e		ẽ				õ		o
Média-baixa	ɛ								ɔ
Baixa				a	ɐ	ẽ̞			

34

Quadro fonético dos ditongos do PB

	Ditongos decrescentes orais					
glide palatal	aj	ɛj	ej	ɔj	oj	uj
glide posterior	aw	ɛw	ew	ow	iw	

	Ditongos decrescentes nasais			
glide palatal	ẽj	ẽj	õj	ũj
glide posterior	ẽw			

	Ditongos crescentes orais			
glide palatal	jɐ	je	jo	ju
glide posterior	wɐ	we	wu	

QUADRO FONÉTICO DO IPA

Finalmente, o quadro que segue apresenta os símbolos fonéticos aprovados pela Associação Internacional de Fonética (IPA – International Phonetic Association – lê-se [ˈipɐ]) e que são utilizados para a descrição e transcrição dos sons de toda e qualquer língua.

Fonética Acústica

O alfabeto fonético internacional (atualizado em 2005)[1]
Consoantes (mecanismo de corrente de ar pulmonar)

	bilabial	labiodental	dental	alveolar	pós-alveolar	retroflexa	palatal	velar	uvular	faringal	glotal
Oclusiva	p b		t d			ʈ ɖ	c ɟ	k ɡ	q ɢ		ʔ
Nasal	m	ɱ	n			ɳ	ɲ	ŋ	ɴ		
Vibrante	ʙ		r						ʀ		
Tepe (ou flepe)		ⱱ	ɾ			ɽ					
Fricativa	ɸ β	f v	θ ð	s z	ʃ ʒ	ʂ ʐ	ç ʝ	x ɣ	χ ʁ	ħ ʕ	h ɦ
Fricativa lateral			ɬ ɮ								
Aproximante		ʋ	ɹ			ɻ	j	ɰ			
Aprox. lateral			l			ɭ	ʎ	ʟ			

Em pares de símbolos tem-se que o símbolo da direita representa uma consoante vozeada. Acredita-se ser impossível as articulações nas áreas sombreadas.

Consoantes (mecanismo de corrente de ar não pulmonar)

Cliques		Implosivas vozeantes		Ejectivas	
ʘ	bilabial	ɓ	bilabial	'	como em
ǀ	dental	ɗ	dental/alveolar	p'	bilabial
ǃ	pós-alveolar	ʄ	palatal	t'	dental/alveolar
ǂ	palatoalveolar	ɠ	velar	k'	velar
ǁ	lateral alveolar	ʛ	uvular	s'	fricativa alveolar

Suprassegmentos

ˈ acento primário
ˌ acento secundário
    ˌfoʊnəˈtiʃən
ː longa   eː
ˑ semilonga   eˑ
˘ muito breve   ĕ
. divisão silábica   ɹi.ækt
| grupo acentual menor
‖ grupo entonativo principal
‿ ligação (ausência de divisão)

Tons e acentos nas palavras

Nível		Contorno	
e̋ ou ˥	muito alta	ě ou ˩˥	ascendente
é ˦	alta	ê ˥˩	descendente
ē ˧	média	e᷄ ˥˦	alto ascendente
è ˨	baixa	e᷅ ˩˨	baixo ascendente
ȅ ˩	muito baixo	e᷈ ˥˧	ascendente-descendente etc.

↓ downstep (quebra brusca)
↑ upstep (subida brusca)
↗ ascendência global
↘ descendência global

Vogais

	anterior	central	posterior
fechada (ou alta)	i y	ɨ ʉ	ɯ u
		ɪ ʏ	ʊ
meia-fechada (ou média-alta)	e ø	ɘ ɵ	ɤ o
		ə	
meia-aberta (ou média-baixa)	ɛ œ	ɜ ɞ	ʌ ɔ
	æ	ɐ	
aberta (ou baixa)	a ɶ		ɑ ɒ

Quando os símbolos aparecem em pares aquele da direita representa uma vogal arredondada.

Outros símbolos

ʍ fricativa labiovelar desvozeada
w aproximadamente labiovelar vozeada
ɥ aproximadamente labiopalatal vozeada
ʜ fricativa epiglotal desvozeada
ʢ fricativa epiglotal vozeada
ʡ oclusiva epiglotal

ɕʑ fricativas vozeadas epiglotal
ɺ flepe alveolar lateral
ɧ articulação simultânea de ʃ e x

Para representar consoantes africadas e uma articulação dupla utiliza-se um elo ligando os dois símbolos em questão.
k͡p t͡s

Diacríticos

Pode-se colocar um diacrítico acima de símbolos cuja representação seja prolongada na parte inferior, por exemplo ŋ̊

̥ desvozeado	n̥ d̥	̤ voz. sussurrado	b̤ a̤	̪ dental	t̪ d̪		
̬ vozeada	s̬ t̬	̰ voz tremulante	b̰ a̰	̺ apical	t̺ d̺		
ʰ aspirada	tʰ dʰ	̼ linguolabial	t̼ d̼	̻ laminal	t̻ d̻		
̹ mais arred.	ɔ̹	ʷ labializado	tʷ dʷ	̃ nasalizado	ẽ		
̜ menos arred.	ɔ̜	ʲ palatalizado	tʲ dʲ	ⁿ soltura nasal	dⁿ		
̟ avançado	u̟	ˠ velarizado	tˠ dˠ	ˡ soltura lateral	dˡ		
̠ retraído	e̠	ˤ faringalizado	tˤ dˤ	̚ soltura não audível	d̚		
̈ centralizada	ë	̴ velarizada ou faringalizada	ɫ				
̽ centraliz. média	e̽	̝ levantada	e̝ (ɹ̝ = fricativa bilabial vozeada)				
̩ silábica	n̩	̞ abaixada	e̞ (β̞ = aproximante alveolar vozeada)				
̯ não silábica	e̯	̘ raiz da língua avançada	e̘				
˞ roticização	ɚ a˞	̙ raiz da língua retraída	e̙				

* A Associação Internacional de Fonética gentilmente autorizou a reprodução deste Quadro Fonético.

NOTA

[1] IPA Chart, https://www.internationalphoneticassociation.org/content/full-ipa-chart, available under a Creative Commons Attribution-Sharealike 3.0 Unported License. Copyright © 2005 International Phonetic Association. "Under this license, there is no need to request permission from the Association for reproduction or re-use."

Conceitos fundamentais
de acústica e técnicas de análise

Este capítulo apresenta princípios básicos de acústica com ênfase nos conceitos relevantes para o estudo dos sons da fala. O **som** é formado por perturbações das moléculas de ar, e pode ser compreendido sob a perspectiva física ou sob a perspectiva psicofísica. A **perspectiva física** abrange a perturbação das moléculas de ar do ponto de vista da produção material dos sons. A **perspectiva psicofísica** trata da sensação auditiva provocada pela perturbação das moléculas de ar. Ou seja, a perspectiva física é relacionada com a **produção** dos sons da fala e a perspectiva psicofísica é relacionada com a **percepção** dos sons da fala, e não é objeto de estudo neste livro. Neste livro, ênfase será dada ao estudo dos parâmetros físicos da produção dos sons da fala, ao considerar os correlatos acústicos dos sons do PB. Consulta a manuais especializados é desejável para aprofundar os conceitos apresentados neste capítulo (Fry, 1979; Pickett, 1980; Russo e Behlau, 1993; Laver, 1994; Ladefoged, 1996; Stevens, 2000; Ladefoged e Johnson, 2011; Kent e Read, 2015; Barbosa e Madureira, 2015).

Os conceitos a serem apresentados neste capítulo oferecem subsídios para a análise acústica do sinal de fala e a sua consequente representação gráfica. A análise acústica do sinal de fala pode ser realizada a partir das seguintes representações gráficas:

Representação gráfica do sinal de fala	
Forma de onda	tempo (ms) por amplitude (dB)
Espectrograma	tempo (ms) por frequência (Hz)
Espectro	frequência (Hz) por amplitude (dB)

As três representações gráficas do sinal de fala listadas acima são suficientes para descrever acusticamente os sons das línguas naturais. A **forma de onda** relaciona o tempo (ms) com a amplitude (dB), o **espectrograma** relaciona o tempo (ms) com a frequência (Hz) e o **espectro** relaciona a frequência (Hz) com a amplitude (dB). Considere a Figura 2.1.

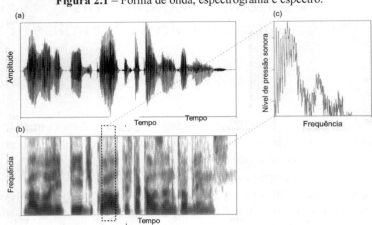

Figura 2.1 – Forma de onda, espectrograma e espectro.

A Figura 2.1 apresenta uma forma de onda em (a), um espectrograma em (b) e um espectro em (c). De modo geral, as representações gráficas, ilustradas na Figura 2.1, podem ser usadas para análise acústica de qualquer porção do sinal de fala. Para que seja possível compreender a representação gráfica do sinal de fala, é necessário conhecer a natureza do som e seus correlatos físicos. Esse é o propósito deste capítulo, que assume princípios da **Teoria Acústica de Produção da Fala**, a qual representou um marco no desenvolvimento dos estudos fonéticos e foi apresentada no trabalho clássico de Fant (1960). Essa teoria parte da construção de um modelo físico-matemático do funcionamento do trato vocal, também chamado de **Modelo Fonte-Filtro**, que se baseia em princípios dos sistemas elétricos e acústicos e busca determinar a relação entre mecanismos articulatórios e acústicos na produção da fala. O Modelo Fonte-Filtro parte da ideia central de que a fala é a resposta dos sistemas de filtragem do trato vocal às fontes sonoras. Portanto, sob a perspectiva física da Teoria Acústica de Produção da Fala, para que a fala seja produzida, os seguintes componentes são necessários:

- a existência de uma **fonte sonora**;
- a presença de um **meio de transmissão**;
- a propagação do som em um **sistema ressoador**.

A **fonte sonora** ou **fonte de energia** se refere a um corpo que entrou em vibração gerando uma perturbação, que altera as condições de pressão no meio de transmissão ou meio elástico. O **meio de transmissão** ou **meio elástico** é um dos meios através do qual o som se propaga. O meio de transmissão pode ser gasoso, líquido ou sólido. Este livro considera os sons que se propagam pelo ar e que são utilizados na fala. A fonte sonora dos sons da fala são as pregas vocais; o meio de transmissão é o ar; e o sistema ressoador é o trato vocal. Esses componentes são considerados em detalhes a seguir. Considere a Figura 2.2.

Figura 2.2 – Componentes necessários para a produção da fala.

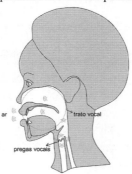

A Figura 2.2 ilustra um diagrama que destaca os três componentes necessários para compreender a produção da fala do ponto de vista físico. As pregas vocais, que estão localizadas na laringe, consistem da **fonte sonora** primária na produção dos sons da fala. As pregas vocais são capazes de vibrar, de acordo com sua massa (densidade) e elasticidade, gerando perturbações no **meio de transmissão**. No caso dos sons da fala, o **ar** é o meio de transmissão através do qual o som se propaga. A **propagação do som** se dá através de um **sistema ressoador** que, no caso da fala, é o **trato vocal**. O quadro que segue sistematiza os componentes físicos essenciais para a produção dos sons da fala.

Físicos		Articulatórios
fonte sonora	↔	pregas vocais
meio de transmissão	↔	ar
sistema ressoador	↔	trato vocal

A propagação do som se dá através da **onda sonora**. Para que seja possível compreender a natureza das ondas sonoras, é necessário conhecer suas propriedades e entender como se dá a propagação do som. Estes são os temas da próxima seção.

Exercício 2.1: Numere a segunda coluna de acordo com a primeira:

1	Fonte sonora	( )	Maneira como se dá a propagação do som.
2	Meio de transmissão	( )	Percepção dos sons da fala.
3	Massa	( )	Trato vocal por onde o som se propaga.
4	Sistema ressoador	( )	Perturbação de moléculas de ar.
5	Som	( )	Produção dos sons da fala.
6	Perspectiva física	( )	Corpo que entra em vibração gerando perturbação de moléculas de ar.
7	Perspectiva psicofísica	( )	Matéria presente em um corpo
8	Onda sonora	( )	Meio através do qual o som se propaga.

CARACTERÍSTICAS DAS ONDAS SONORAS

De modo geral, ondas são definidas como o fenômeno de transporte de energia através de um meio, sem que o próprio meio seja transportado. Ondas dos mais diversos tipos podem ser observadas em nosso cotidiano, como as ondas do mar ou a ola em um estádio de futebol. As ondas sonoras são um tipo específico de ondas, em que a agitação sucessiva e coordenada das moléculas do ar proporciona o transporte de energia cinética das moléculas de um ponto a outro, com a propagação do som, sem, contudo, haver deslocamento espacial das próprias moléculas. A **propagação do som** se dá em um meio de transmissão ou meio elástico – que no caso da fala é o ar – a partir de uma fonte sonora – que no caso da fala são as pregas vocais. Para se entender a propagação do som, é importante considerar a natureza dos **fenômenos oscilatórios**. Fenômenos oscilatórios estão relacionados com o movimento em torno de um ponto de equilíbrio. Considere a Figura 2.3.

Figura 2.3 – Ilustração do distúrbio causado por uma pedra atirada na água em repouso.

A Figura 2.3 apresenta um exemplo de fenômeno oscilatório que, neste caso, consiste no distúrbio causado por uma pedra atirada na água que se encontrava em repouso. O distúrbio causado pela pedra se propaga por toda a superfície da água sob a forma de ondas, e se mantém enquanto existir energia para a propagação das ondas. Cessada a energia, a água retorna à posição inicial de repouso.

Em relação à **onda sonora**, o ar constitui a matéria que propaga energia e a oscilação acontece pela aproximação e afastamento de suas moléculas em torno da posição de repouso. A oscilação das moléculas de ar é decorrente da perturbação no meio de transmissão. Na fala, a perturbação do meio de transmissão – que são as moléculas de ar – é causada pela fonte sonora – que é a vibração das pregas vocais.

A oscilação das moléculas de ar origina diferenças de pressão no meio de transmissão. Ao considerar a oscilação de uma única molécula, observa-se que, ao se deslocar da posição de repouso, ela irá se aproximar das moléculas vizinhas. Neste ponto, as moléculas estarão mais concentradas do que no ponto de onde a molécula partiu, onde haverá menor concentração de moléculas. Maior concentração de moléculas exerce uma maior pressão do que uma menor concentração de moléculas.

A propagação da onda sonora pode ser compreendida através de uma analogia entre moléculas e pessoas, na seguinte situação: imagine que há uma fila de pessoas muito próximas e que a última pessoa empurra a que está à sua frente e retorna ao seu lugar. A penúltima pessoa, então, involuntariamente, acabará empurrando a pessoa seguinte, e assim sucessivamente, até que o empurrão chegue à primeira pessoa da fila. A perturbação inicial, ocasionada pela última pessoa da fila, é que desencadeou o transporte de energia cinética das pessoas ao longo da fila e o empurrão da primeira pessoa, sem que, contudo, a última pessoa tenha se deslocado até o início da fila. Além disso, é possível observar a propagação de uma região de alta densidade de pessoas ao longo da fila, que seria o análogo à região de maior pressão.

Sob a perspectiva física, para que um som possa ser produzido deve haver uma **fonte sonora**. Para ilustrar o conceito de fonte sonora, considere o que ocorre com um diapasão sendo estimulado. O diapasão é um instrumento metálico com duas hastes formando um desenho semelhante ao da letra Y, que serve para afinar instrumentos musicais. Quando se bate o diapasão em uma superfície qualquer, as suas hastes vibram, emitindo o som da nota *lá*, na frequência de 440 Hz, que é uma frequência de referência para afinação de instrumentos musicais. Considere a Figura 2.4.

Figura 2.4 – Ilustração de um diapasão.

A Figura 2.4 ilustra um diapasão cujas hastes vibram e fazem oscilar as moléculas de ar, gerando variações de pressão. Tendo em mente essa configuração do diapasão, considere a Figura 2.5.

Figura 2.5 – Variações de pressão ocasionadas pela vibração das hastes de um diapasão.

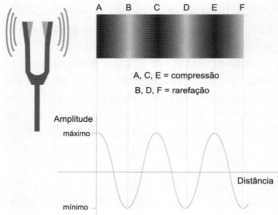

A parte superior da Figura 2.5 ilustra as variações de pressão sonora decorrentes da vibração das hastes do diapasão. Em alguns pontos, as moléculas de ar se encontram próximas (ponto A da Figura 2.5) e, em outros pontos, as moléculas de ar se encontram afastadas umas das outras (ponto B da Figura 2.5). As regiões alternadas de alta e baixa concentração de moléculas correspondem a diferenças de pressão: pressão máxima ou **compressão** e pressão mínima ou **rarefação**. Os pontos A, C e E na Figura 2.5 representam os pontos de compressão das moléculas de ar. Por outro lado, os pontos B, D e F na Figura 2.5 representam os pontos de rarefação das moléculas de ar.

A onda senoidal, ilustrada na Figura 2.5, se propaga a partir do diapasão, na direção oposta, e decorre da oscilação das moléculas de ar durante o estímulo do diapasão. A onda sonora da Figura 2.5 é uma onda senoidal, considerando sua variação no espaço. Ao observar a variação temporal das regiões de pressão, em um ponto fixo, na Figura 2.5, verifica-se que a mesma onda sonora apresenta forma senoidal também ao longo do tempo. Os sons da fala podem ser analisados através das ondas sonoras que refletem a oscilação das moléculas de ar (meio de transmissão) que são estimuladas a partir da fonte sonora (pregas vocais).

Conceitos fundamentais de acústica e técnicas de análise

Exercício 2.2: Complete cada uma das afirmativas apresentadas com uma das seguintes possibilidades:

(a)	rarefação		(e)	compressão
(b)	fonte sonora		(f)	meio de transmissão
(c)	trato vocal		(g)	modelo fonte-filtro
(d)	perspectiva psicofísica		(h)	propagação de um som

1	A _____ se dá em um meio de transmissão a partir de uma fonte de energia.
2	Para que um som seja produzido, duas condições devem ser satisfeitas: existência de uma _____ e presença de um _____.
3	Quando as moléculas de ar se encontram afastadas umas das outras ocorre a _____ e quando as moléculas de ar se encontram próximas umas das outras ocorre a _____.
4	A _____ é relacionada com a sensação auditiva dos sons.
5	O _____ determina a relação entre mecanismos articulatórios e acústicos na produção da fala.
6	A propagação da fala se dá através do _____.

PARÂMETROS FÍSICOS DA ONDA SONORA

Os três parâmetros físicos relevantes para a caracterização da onda sonora são: **frequência**, **amplitude** e **fase**. Cada um desses conceitos será apresentado nesta seção.

Parâmetro físico		Unidade/escala de medida
frequência	→	hertz (Hz)
amplitude	→	decibel (dB)
fase	→	grau (x°)

O primeiro parâmetro físico a ser considerado é a **frequência**. A frequência, nos sinais de fala, corresponde ao número de ciclos glotais por segundo (cps). A unidade de medida de frequência é o **hertz (Hz)**. O ouvido humano detecta frequências entre aproximadamente 20 Hz e 20.000 Hz. Frequências abaixo e acima desses valores existem, mas não são audíveis pelo ouvido humano.

Ondas sonoras com frequências abaixo de 20 Hz são denominadas **infrassons**, enquanto ondas sonoras com frequência acima de 20.000 Hz são denominadas **ultrassons**. A frequência tem como sensação auditiva a altura do som.

A frequência da onda sonora está relacionada à **altura** de um som (ou *pitch*) que pode ser classificada em uma escala que varia de grave a agudo. A altura de um som está relacionada com a **perspectiva psicofísica** que estuda a sensação auditiva ou percepção da fala e não é objeto de estudo neste livro. Sob a perspectiva da produção dos sons da fala, a altura percebida está relacionada à variação da **frequência fundamental**, que é a frequência de vibração das pregas vocais. A relação entre frequência e altura é complexa: é aproximadamente linear (ou seja, "um para um") em baixas frequências, até cerca de 1.000 Hz, mas para frequências superiores, passa a ser logarítmica (de forma que um grande aumento na frequência equivale a um pequeno aumento na altura). Considere a Figura 2.6.

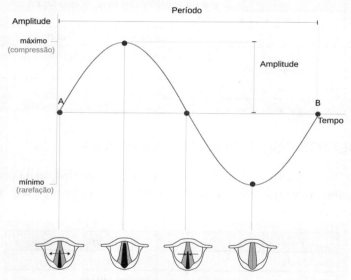

Figura 2.6 – Variações da pressão sonora ao longo do tempo e momentos correspondentes ao ciclo de vibração das pregas vocais.
Sinal Senoidal

A Figura 2.6 mostra, na parte superior, as variações na amplitude da pressão sonora (**eixo vertical**, das **ordenadas**) ao longo do tempo (**eixo horizontal**, das **abscissas**) em um ponto fixo acima da glote, por onde se propaga a onda sonora. O eixo vertical é também denominado **eixo y** ou **eixo das ordenadas**. O eixo horizontal é também denominado **eixo x** ou **eixo das abscissas**. A pressão sonora oscila em torno do ponto zero, passando por valores positivos e negativos. Na Figura 2.6, os valores positivos são relacionados com momentos de compressão das moléculas de ar e os valores negativos são relacionados com momentos de rarefação das moléculas de ar. A onda apresenta uma forma senoidal ao longo do espaço (Fig. 2.5) e ao longo do tempo (Fig. 2.6).

Considerando momentaneamente que a onda gerada pela fonte sonora da fala seja uma onda senoidal, pode-se aproximar a variação na amplitude da onda sonora a diferentes momentos do **ciclo glotal** ou **ciclo de vibração** das pregas vocais, como mostrado na parte inferior da Figura 2.6.

No exemplo mostrado na Figura 2.6, o tempo de realização do único **ciclo glotal** ou **ciclo de vibração** das pregas vocais é de 1 segundo. Um ciclo glotal consiste da abertura e do fechamento das pregas vocais. Na onda sonora – ilustrada na Figura 2.6 –, um ciclo glotal expressa o percurso da onda sonora em um segundo, a partir de um ponto zero até o seu retorno ao ponto zero, passando por valores positivos e negativos. Os valores positivos são relacionados com momentos de compressão das moléculas de ar e os valores negativos são relacionados com momentos de rarefação das moléculas de ar. Tanto do ponto de vista articulatório quanto do ponto de vista físico, o ciclo glotal da Figura 2.6 foi realizado em um segundo. Na Figura 2.6, o movimento articulatório das pregas vocais corresponde ao gráfico senoidal ilustrado. O gráfico da Figura 2.6 tem, no eixo horizontal, das abscissas, os valores correspondentes ao tempo e, no eixo vertical, das ordenadas, os valores de amplitude.

O tempo utilizado para realizar um **ciclo glotal** é denominado **período**, que é representado por **T**. Na Figura 2.6, o período do ciclo glotal é destacado entre as letras A e B, tendo ocorrido em um segundo de tempo. Os sons da fala são eventos muito breves e por esta razão a medida de tempo adotada é o **milissegundo (ms)**. Um milissegundo equivale à milésima parte de um segundo. O período ilustrado na Figura 2.6 corresponde a um segundo ou a 1.000 ms.

A fonte sonora na produção dos sons da fala são as pregas vocais, que podem ser comparadas às cordas de um instrumento musical, como, por exemplo, um violão. As cordas de um violão podem ser consideradas a fonte sonora que produz perturbações no meio de transmissão. Ao dedilhar as cordas de um violão, elas vibram e fazem oscilar as moléculas de ar ao seu redor, dando origem a uma onda através da qual o som se propaga. As frequências de vibração de uma corda do violão formam uma sequência harmônica e são denominadas **frequências naturais** da corda. De maneira análoga às cordas de um violão, as pregas vocais podem ser consideradas como fonte sonora na produção dos sons da fala. A frequência de vibração das pregas vocais constitui uma importante fonte sonora, que determina a **frequência de vibração** ou **frequência fundamental** de um corpo que é anotada como F_0 ou **f0** (leia-se [ɛfiˈzɛɾʊ]). Para calcular a frequência fundamental (F_0) das pregas vocais em um segundo, deve ser aplicada a seguinte fórmula:

Frequência fundamental
$F_0 = \dfrac{1}{T}$

Fonética Acústica

A frequência fundamental (F_0) de um corpo corresponde ao inverso do período. A unidade de medida adotada para quantificar a frequência fundamental é o hertz (Hz), que corresponde a ciclos glotais por segundo (cps). Na Figura 2.6, o período T é de 1s. Ao aplicar a fórmula da frequência fundamental na Figura 2.6, observa-se que $F_0=1/1$, ou seja, $F_0 = 1$ Hz ou 1 cps. A frequência fundamental (F_0), portanto, reflete o número de ciclos glotais que foram realizados durante o tempo de um segundo.

O exemplo ilustrativo da Figura 2.6 reflete que ocorreu um único ciclo glotal em um segundo. Na fala, porém, são realizados inúmeros ciclos glotais em um segundo. A frequência fundamental varia de pessoa para pessoa, dependendo das características físicas de cada indivíduo. Portanto, cada corpo que vibra tem frequência de vibração específica, a qual é determinada por suas qualidades. Propriedades como peso, tensão, volume, forma, tamanho são responsáveis pelas diferenças encontradas entre as frequências de vibração das pregas vocais de diferentes indivíduos. Por exemplo, um corpo pesado vibra mais lentamente do que um corpo leve. Quanto mais lento o movimento de vibração (maior período), menor será a sua frequência e vice-versa.

Por essa razão, em geral, os adultos – que tipicamente têm maior dimensão das pregas vocais (e, consequentemente, maior volume e massa) – apresentam valores mais baixos de F_0 do que crianças – que têm pregas vocais menores (consequentemente, menor volume e massa). Ou seja, por serem menores e mais leves, as pregas vocais das crianças vibram mais vezes em um segundo do que as pregas vocais de um adulto. Entre os adultos, as mulheres têm pregas vocais menores e mais leves do que as dos homens e, por isso, tipicamente apresentam valores mais altos de F_0. Portanto, de modo geral, o valor de F_0 das crianças apresenta valores mais altos do que os valores de F_0 das mulheres, e os valores de F_0 das mulheres são maiores do que os valores de F_0 dos homens. Ou seja, para os três grupos, há a seguinte relação dos valores de F_0: crianças > mulheres > homens. Considere a Figura 2.7.

Figura 2.7 – Forma de onda da vogal [o] produzida por um falante do sexo feminino.

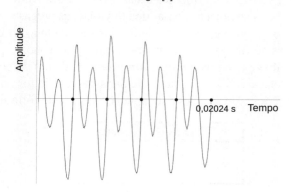

A Figura 2.7 ilustra a forma de onda de uma vogal [o] produzida por um falante do sexo feminino. Com a informação contida na forma de onda, é possível calcular a frequência fundamental (F_0) de um som vocálico. No exemplo da Figura 2.7, a duração da vogal [o] é de 0,02024 s. Durante esse tempo, ocorreram cinco ciclos glotais (ou ciclos de vibração) – destacados por uma bolinha preta na Figura 2.7. Dividindo-se o tempo de produção da vogal – que foi de 0,02024 s – pelo número de ciclos glotais que ocorreram nesse tempo – que foram 5 – tem-se o valor do tempo gasto em um segundo de produção da vogal: (0,002024 s ÷ 5 = 0,004048 s). Cada um dos ciclos glotais na Figura 2.7 tem duração aproximada de 0,004048 s. A duração de cada ciclo glotal corresponde ao período (T). Como a frequência fundamental é o inverso do período, $F_0 = 1/T$, o cálculo a ser feito para se obter a frequência fundamental da onda sonora correspondente à vogal [o], ilustrada na Figura 2.7, é:

Frequência fundamental da vogal [o] ilustrada na Figura 2.7

$$F_0 = \frac{1}{0{,}004048} = 247 \text{ Hz}$$

A partir do cálculo da frequência fundamental, ilustrado acima, tem-se que o valor de F_0 da vogal [o] exibida na Figura 2.7 é de 247 Hz. O cálculo da frequência fundamental pode ser reproduzido com as devidas adaptações para se obter o valor de F_0 de qualquer onda sonora.

Exercício 2.3: Considerando que a duração da janela do sinal mostrada pela figura que segue é de 50 ms, estime o valor aproximado de F_0.

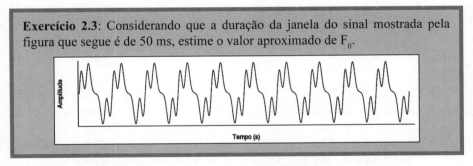

O segundo parâmetro físico a ser considerado para a caracterização da onda sonora é a **amplitude**. Dadas as diferenças de pressão presentes na onda sonora, a amplitude pode ser definida como a diferença entre um valor de referência (considerado o valor 0) e o valor máximo (ou mínimo) de pressão alcançado em um ponto ao longo do tempo. A amplitude está relacionada à **intensidade sonora**, ou **intensidade acústica**, definida como a variação da energia sonora em um intervalo de tempo e através de uma área. Como a variação da energia ao longo do tempo é dada em watts (W), a intensidade tem como unidade o W/m^2.

A amplitude tem como sensação auditiva o **volume do som** ou *loudness*, que é também denominada **intensidade auditiva**. A intensidade auditiva está relacionada com a **perspectiva psicofísica** que estuda a perturbação das moléculas de ar e estuda a sensação auditiva ou percepção da fala e, desse modo, não é objeto de estudo neste livro.

A relação entre a intensidade acústica e a intensidade auditiva não é linear. Uma razão para a não linearidade entre a intensidade acústica e a intensidade auditiva é que o ouvido é mais sensível a volumes baixos, sendo preciso um grande aumento de intensidade auditiva para que se perceba volumes mais altos. Outra razão para a não linearidade entre a intensidade acústica e a intensidade auditiva é que o ouvido humano não responde da mesma forma à intensidade auditiva em todas as frequências, sendo mais sensível às frequências médias, entre 500 Hz e 5.000 Hz. Esta seção trata da intensidade acústica, que será denominada simplesmente **intensidade**, e é uma das propriedades mais comumente consideradas ao se avaliar a amplitude da onda sonora. Considere a Figura 2.8.

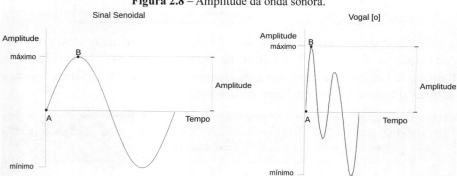

Figura 2.8 – Amplitude da onda sonora.

A Figura 2.8 apresenta dois gráficos com destaque para a amplitude da onda sonora. Em cada uma das figuras 2.8, a diferença entre os pontos A e B (medida no eixo vertical) corresponde à **amplitude** da onda sonora e é destacada na Figura 2.8 por uma linha pontilhada. Valores altos de amplitude indicam que o som foi produzido com relativamente muita energia, ou seja, o som apresenta grande intensidade. E valores baixos de amplitude indicam que o som foi produzido com pouca energia, ou seja, pequena intensidade. Pode ocorrer a atenuação da amplitude ou **amortecimento** em que se observa o decaimento da energia em relação aos sons adjacentes.

O limiar da audição corresponde a uma intensidade de 10^{-12} W/m² (menor valor possível de ser detectado pelo ouvido) e 10^{13} W/m² é considerado o limiar da dor (Young e Freedman, 2012). O ouvido humano rotineiramente detecta sons com intensidades muito variadas para eventos específicos, como, por exemplo: o farfalhar de folhas (da ordem de 10^{-11} W/m²), uma conversa normal (da ordem de 10^{-6} W/m^2) ou o ruído do tráfego intenso na cidade (da ordem de 10^{-5} W/m^2), que é 100.000 vezes mais intenso que o farfalhar de folhas. Devido à grande variabiliade do ouvido humano em detectar sons, as medidas de intensidade auditiva são usualmente expressas em uma escala logarítmica, capaz de reduzir os dados com grande variabilidade a um intervalo menor de valores (em uma escala logarítmica, uma diferença da ordem de 100.000 vezes entre dois sons é transformada em uma diferença da ordem de uma dezena). Além disso, a medida da intensidade sonora é realizada considerando um valor de referência (geralmente o valor do limiar da audibilidade) e é, por isso, chamada de **nível de intensidade sonora**.

O mesmo se aplica à amplitude, que é medida em termos do **nível de pressão sonora**. A escala utilizada para expressar o nível de **intensidade sonora** e também o nível de pressão sonora é o **decibel (dB)**, que é um décimo da unidade bel, pouco utilizada por ser muito grande para a maioria das situações envolvendo ondas sonoras (assim como é possível medir tamanhos de papéis em centímetros, ao invés de metros, por exemplo). O nível de intensidade sonora dos eventos informados anteriormente é: farfalhar de folhas (10 dB), conversa normal (60 dB) e para o ruído do tráfego intenso na cidade (70 dB), valores muito mais facilmente avaliados do que os valores de intensidade correspondentes.

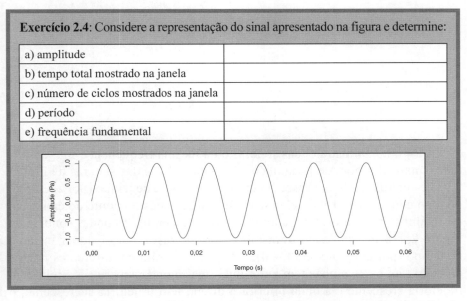

Exercício 2.4: Considere a representação do sinal apresentado na figura e determine:

a) amplitude	
b) tempo total mostrado na janela	
c) número de ciclos mostrados na janela	
d) período	
e) frequência fundamental	

O terceiro parâmetro físico a ser considerado para a caracterização da onda sonora é a **fase**. A fase diz respeito a que ponto do ciclo a onda se encontra em determinado momento. A comparação entre ondas senoidais permite depreender diferença de fase existente entre elas. Diferentes ondas podem ter fases diferentes. O ouvido humano é pouco sensível a diferenças de fase entre duas ondas sonoras de diferentes frequências. Por outro lado, a diferença relativa entre as fases de uma onda sonora que chega em cada ouvido é utilizada para localização da fonte sonora. A fase é relevante na interpretação física dos sons da fala porque, como será discutido na próxima seção, as ondas sonoras podem ser constituídas de várias ondas sonoras combinadas. Considere a Figura 2.9.

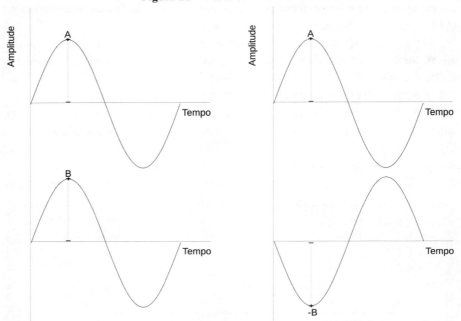

Figura 2.9 – Fases de ondas sonoras.

A Figura 2.9 ilustra ondas sonoras com mesma frequência e suas amplitudes, marcadas por A e B, também são iguais. As ondas sonoras da Figura 2.9, à esquerda, estão em **fase**: em qualquer instante de tempo (por exemplo, no momento em que t = 0), elas se encontram no mesmo ponto do ciclo (em t = 0, ambas têm valor nulo, com trajetória crescente). As ondas sonoras da Figura 2.9, à direita, estão **defasadas** (fora de fase): em qualquer instante de tempo (por exemplo, em t = 0), elas se encontram em diferentes pontos do ciclo (em t = 0, ambas têm valor nulo, mas a onda superior à direita tem trajetória crescente e a onda inferior à direita tem trajetória decrescente, o que corresponde a meio ciclo de diferença, uma vez que dentro de meio ciclo a onda superior à direita estará nesse mesmo ponto). A fase (ou ângulo de fase) é medida em graus, considerando que, em um ciclo, a onda varia em 360°. Considere a Figura 2.10.

Figura 2.10 – Relação de fase entre duas ondas sonoras.

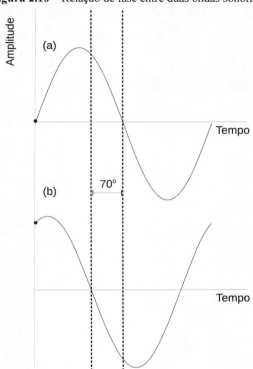

A Figura 2.10 ilustra duas ondas sonoras com frequência e amplitude iguais, mas fases diferentes: o início da onda é indicado por um ponto preto em destaque no eixo vertical. As linhas pontilhadas indicam o momento em que a onda (a) e a onda (b) cruzaram o ponto zero no eixo das abscissas. A onda (b) cruza o ponto zero antes da onda (a) (linha pontilhada à esquerda). Pode-se afirmar que a onda (b) precede a onda (a) por 70°. O ângulo de 70° caracteriza a diferença de fase entre as duas ondas da Figura 2.10.

As ondas sonoras que correspondem aos eventos da fala são, geralmente, complexas. Ondas sonoras complexas podem ser decompostas em **ondas sonoras simples** que não apresentam, necessariamente, as mesmas fases. A fase oferece informações precisas sobre um ponto específico na onda sonora ou permite comparar a posição de duas ou mais ondas sonoras de uma onda complexa. Portanto, as informações sobre pontos específicos em uma onda sonora são importantes, sobretudo, quando duas ou mais ondas sonoras simples se combinam para formar uma **onda sonora complexa**. Considere a Figura 2.11.

Figura 2.11 – Fases de ondas sonoras.

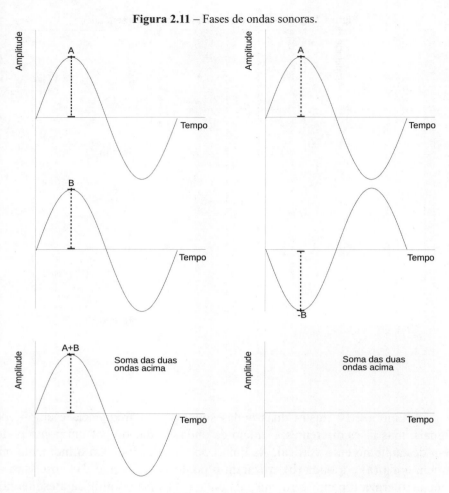

A Figura 2.11 reproduz na parte superior as ondas sonoras que foram apresentadas na Figura 2.9. Na parte inferior, a Figura 2.11 ilustra a soma das duas ondas sonoras apresentadas na parte superior e central, e a onda complexa resultante é destacada por uma linha pontilhada.

As duas ondas sonoras na parte superior e central, à esquerda, na Figura 2.11 estão em fase: elas têm início no mesmo valor de tempo e seguem a mesma trajetória. Quando as duas ondas sonoras em **fase** se combinam o resultado é uma **onda sonora complexa**. A onda sonora complexa resulta da adição de ondas sonoras simples. A onda sonora complexa, ilustrada na parte inferior à esquerda, expressa a adição das duas ondas sonoras ilustradas na parte superior e central à esquerda na Figura 2.11.

A somatória de ondas periódicas simples em uma onda complexa ocorre pelo Princípio de Superposição de Ondas, que será considerado nas próximas páginas. No caso das ondas sonoras, à esquerda, que estão em fase, a onda sonora resultante – na parte inferior à esquerda – é maior do que as ondas sonoras originais separadamente. O resultado é o valor de ((a)+(-b) = a-b). Toda combinação de ondas sonoras que estão em fase resulta em valores maiores do que as ondas sonoras individuais.

Por outro lado, as ondas sonoras na parte superior à direita estão **defasadas**: elas têm início no mesmo valor de tempo e têm trajetórias inversas (defasadas de 180°). Quando as ondas sonoras da parte superior e central se combinam, o resultado é a ausência de onda sonora que é expresso na parte inferior à direita na Figura 2.11. A anulação das ondas sonoras decorre da somatória dos valores de cada onda sonora que, quando somados, se anulam: (a-b). A combinação de ondas sonoras que estão defasadas resulta em valores menores (ou nulos) quando comparados com as ondas sonoras individuais. Casos em que os valores das ondas sonoras se anulam caracterizam o cancelamento de fases.

Os três parâmetros físicos – frequência, amplitude e fase – são suficientes para a descrição de ondas sonoras simples. Contudo, as ondas sonoras da fala são complexas e podem ser classificadas como periódicas ou aperiódicas. A próxima seção discute os diferentes tipos de onda sonora.

Exercício 2.5: Numere a segunda coluna de acordo com a primeira:

1	Período	( )	Corresponde ao número de repetições de uma onda sonora por unidade de tempo. É inversa ao período.
2	Frequência	( )	Tempo gasto na realização de um som da fala.
3	Hertz	( )	Corresponde ao movimento em torno de um ponto de equilíbrio.
4	Fase	( )	Corresponde à energia dispendida na produção de um som e indica o deslocamento máximo entre dois pontos.
5	Fenômeno oscilatório	( )	É inverso à frequência.
6	Milissegundos	( )	Unidade de medida de frequência.
7	Duração	( )	Corresponde ao tempo transcorrido entre um ponto de referência e um valor de pressão sonora.
8	Amplitude	( )	Unidade de medida de duração do som da fala.

DIFERENTES TIPOS DE ONDAS SONORAS

As ondas sonoras podem ser classificadas como **periódicas** e **aperiódicas**, considerando a presença ou ausência de ciclos de repetição. As ondas sonoras periódicas podem ser **simples** ou **complexas**, se puderem ser associadas a apenas um período ou diversos períodos. As ondas sonoras **aperiódicas** podem ser transientes ou contínuas, a depender de sua duração.

Tipos de ondas sonoras	
Periódica	simples
	complexa
Aperiódica	transiente
	contínua

Para compreender os diversos tipos de onda, é necessário ter em mente o conceito de **movimento periódico simples**. O movimento periódico simples resulta da oscilação periódica de um corpo em torno de uma posição de equilíbrio. Considere a Figura 2.12.

Figura 2.12 – Oscilação periódica de um pêndulo.

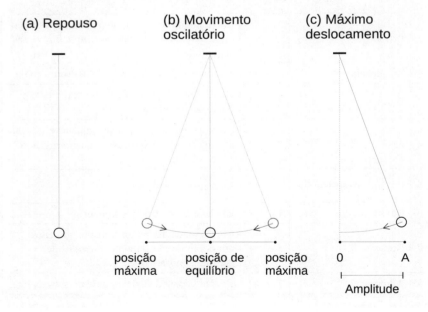

A Figura 2.12(a) ilustra um pêndulo em **repouso (ponto zero)**. A Figura 2.12(b) ilustra o movimento do pêndulo até as posições máximas de deslocamento (à esquerda e à direita). A Figura 2.12(c) destaca a posição máxima de deslocamento do pêndulo, à direita, a partir da posição de repouso, apresentada na Figura 2.12(a). A distância entre o ponto zero e o ponto A, assinalado na Figura 2.12(c), equivale à amplitude do movimento oscilatório descrito pelo pêndulo.

O movimento do pêndulo é um exemplo clássico de **movimento periódico simples**: é periódico porque o movimento se repete em intervalos iguais de tempo (o período) e é simples porque sua trajetória descreve a forma elementar de uma onda senoidal.

A seguir, são considerados os quatro tipos de ondas sonoras listados no início desta seção: onda periódica simples, onda periódica complexa, onda aperiódica transiente e onda aperiódica contínua. O primeiro tipo de onda a ser considerado é a **onda periódica simples**, a qual pode ser associada a um único período (e a uma única frequência), conforme ilustra a Figura 2.13.

Figura 2.13 – Exemplo de onda periódica simples.

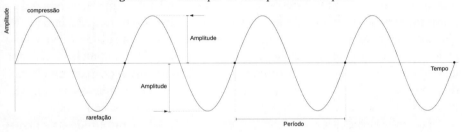

Na Figura 2.13, o eixo das abscissas registra a escala temporal e o eixo das ordenadas registra a escala de amplitude. A Figura 2.13 ilustra uma onda periódica simples em que as variações de pressão – zonas de **compressão** e **rarefação** – ocorrem em intervalos regulares de tempo. A onda periódica simples da Figura 2.13 é realizada em 1s. No intervalo de tempo de 1s, a onda descreve quatro ciclos, que são indicados, individualmente, por um ponto na Figura 2.13. Logo, a frequência da onda é de quatro ciclos por segundo ou 4 Hz. A Figura 2.13 ilustra, também, a **amplitude** da onda, que é indicada por uma seta acima e abaixo do eixo das abscissas.

O segundo tipo de onda sonora a ser considerado é a **onda periódica complexa**. A essa onda podem ser associados diferentes períodos (e frequências). A onda periódica complexa pode ser caracterizada como uma somatória de uma série de ondas periódicas simples, com frequências, amplitudes e fases distintas. Considere a Figura 2.14.

Fonética Acústica

Figura 2.14 – Exemplo de onda periódica complexa.

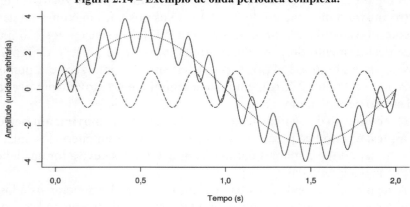

A Figura 2.14 apresenta três ondas sonoras. A onda A (linha pontilhada) e a onda B (linha tracejada) são ondas periódicas simples, e a onda C (linha contínua) é uma onda periódica complexa. A forma de onda C resulta da soma das ondas A e B. Em relação à escala temporal (eixo das abscissas), a Figura 2.14 indica que, em 2 s, a onda A descreve um ciclo completo; e, em 1 s, a onda A descreve meio ciclo. Portanto, pode-se dizer que a onda A tem frequência de meio ciclo por segundo, ou 0,5 cps ou 0,5 Hz. Por outro lado, a onda B descreve quatro ciclos por segundo, tendo a frequência de 4 cps ou 4 Hz. A somatória da série de ondas periódicas simples ocorre pelo **Princípio de Superposição de Ondas**: duas ou mais ondas passam por um dado ponto, em um determinado instante, e a perturbação resultante é a soma algébrica das perturbações de cada onda.

No eixo vertical, das ordenadas, da Figura 2.14, a amplitude da onda A é maior do que a amplitude da onda B. Quando as ondas A e B se somam, são somadas as amplitudes de ambas. Como decorrência, a onda C – que é a adição de (A+B) – tem 4 Hz de frequência e amplitude variável. A amplitude varia porque quando se soma a amplitude das ondas A e B ponto a ponto, há momentos em que a amplitude da onda A é maior do que a amplitude da onda B e vice-versa. Assim, é possível notar que de 0 a 1 s, quando a amplitude da onda A é maior do que a amplitude da onda B, a onda C exibe amplitude maior do que as amplitudes das ondas A e B. Por outro lado, de 1 a 2 s, a amplitude da onda A é menor do que a amplitude da onda B na maior parte do tempo. Por isso, a amplitude da onda C será menor do que as amplitudes das ondas A e B.

Uma **onda periódica complexa** é composta por diversas ondas periódicas simples cujas frequências são múltiplos inteiros da onda de mais baixa frequência. Diz-se, portanto, que as diversas ondas simples que compõem uma onda periódica complexa mantêm uma relação harmônica entre si. Para a análise das ondas periódicas complexas, usualmente, é feito o caminho inverso: através de uma transformação matemática chamada **Transformada de Fourier**, é possível decompor matematicamente uma onda periódica complexa, obtendo as frequências e amplitudes associadas a cada uma das ondas simples que a compõem. As frequências das diversas ondas simples são chamadas de **harmônicos**, definidos como os múltiplos inteiros da frequência mais baixa, que é chamada de **frequência fundamental** (F_0).

Até o momento, foram consideradas as ondas sonoras senoidais, que são exemplos de ondas periódicas simples. Contudo, as ondas sonoras da fala são muito diferentes das ondas senoidais. Apresentam trechos de relativa periodicidade, mas também apresentam trechos de aperiodicidade, como será discutido mais à frente. Além disso, mesmo nos trechos de maior periodicidade, as ondas sonoras da fala são consideradas **ondas quasi-periódicas,** porque numericamente a duração de cada período apresenta uma pequena variação. Considere a Figura 2.15.

Figura 2.15 – Forma de onda (a) da palavra sapo e (b) de dois pulsos glotais da vogal [a] da palavra sapo com durações de 4,296 ms (0,004296 s) e 4,328 ms (0,004328 s).

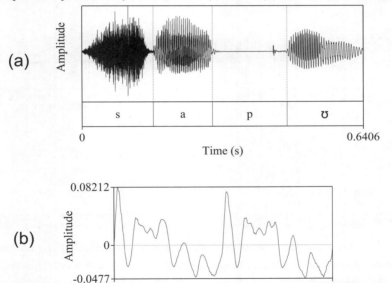

A Figura 2.15 ilustra a forma de onda da palavra sapo, em que a vogal [a] é um exemplo de um som quasi-periódico da fala. Os dois períodos destacados na Figura 2.15(b) têm durações de 4,296 ms e 4,328 ms, respectivamente. Apesar de, na Figura 2.15, os valores dos períodos apresentarem variação, é possível observar padrões de ciclos periódicos que se repetem em intervalos regulares de tempo. Por isso, os sons da fala, mesmo sendo quasi-periódicos, são considerados, de maneira geral, como sons **periódicos**.

Fonética Acústica

Exercício 2.6: Considerando os cinco diferentes sinais mostrados nas figuras a seguir, determine:

quais sinais são periódicos?	
para o(s) sinal(is) periódico(s), determine:	
número de ciclos mostrados na janela:	
período(s):	
frequência(s) fundamental(is):	

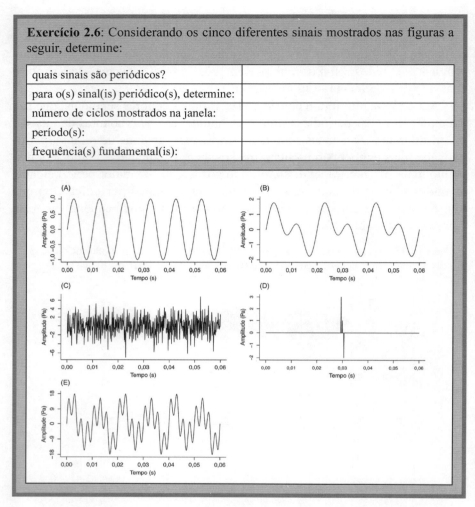

O terceiro e o quarto tipos de onda a serem considerados são **ondas aperiódicas**, que se caracterizam pela ausência de ciclos em intervalos regulares de tempo. As ondas aperiódicas podem ser **transientes**, se ocorrerem em uma curta extensão de tempo, como o som produzido pelo estalar de dedos. Ou podem ser **contínuas**, se perdurarem por pelo menos alguns instantes, como o ruído de uma televisão não sintonizada. Um exemplo de onda sonora aperiódica transiente na fala são as consoantes oclusivas não-vozeadas, cuja soltura abrupta geralmente está associada a uma explosão, ou uma onda sonora de breve duração (alguns milissegundos) e amplitude que decai rapidamente. Um exemplo de onda sonora aperiódica contínua são as consoantes fricativas não-vozeadas, caracterizadas por uma onda sonora não repetitiva, com duração de centenas de milissegundos, e amplitude que varia aleatoriamente. Considere a Figura 2.16.

Figura 2.16 – Formas de onda sonora aperiódica transiente e contínua.

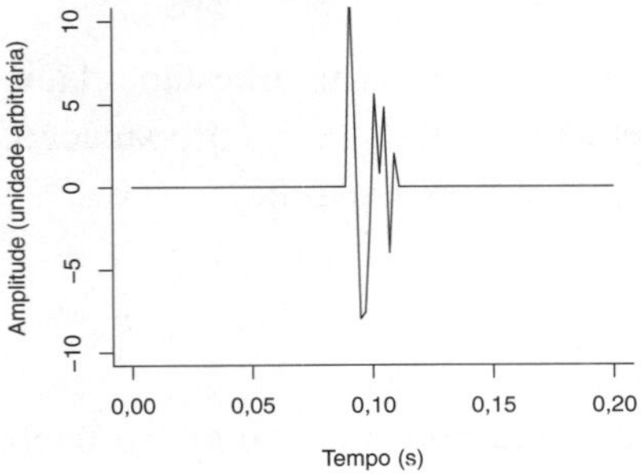

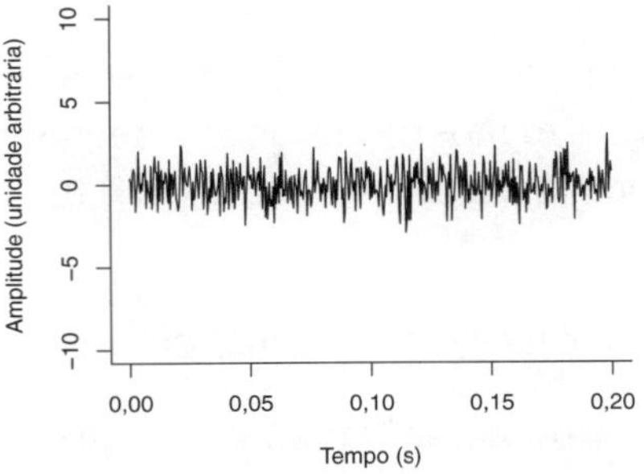

A Figura 2.16 ilustra a forma de uma **onda aperiódica transiente** (à esquerda) e a forma de uma **onda aperiódica contínua** (à direita). As ondas aperiódicas transientes, como as ondas que caracterizam a explosão dos sons oclusivos, têm durações extremamente reduzidas para os ouvidos humanos (em geral, menores do que uma dezena de milissegundos). Já as ondas aperiódicas contínuas, como as ondas que caracterizam os sons fricativos, têm uma duração considerável aos ouvidos. Portanto, sons oclusivos e fricativos apresentam ondas aperiódicas complexas.

Nesta seção, foram considerados diversos tipos de ondas sonoras. As ondas sonoras podem sofrer efeitos específicos durante a sua propagação. Esses efeitos serão discutidos na próxima seção, que trata de princípios de ressonância e filtragem.

Exercício 2.7: Nas afirmativas apresentadas de (1) a (6) complete cada uma das lacunas com uma das opções de (a-f):

(a)	onda aperiódica complexa	(d)	onda aperiódica transiente
(b)	onda aperiódica contínua	(e)	onda quasi-periódica
(c)	onda periódica complexa	(f)	onda periódica simples

1	A _____ se caracteriza pela ausência de ciclos de intervalos regulares de tempo.
2	A _____ se caracteriza pela somatória de uma série de ondas periódicas simples.
3	A _____ se origina de um movimento harmônico simples.
4	A _____ caracteriza a maior parte dos sons da fala.
5	A _____ tem duração extremamente reduzida para os ouvidos humanos e é característica de consoantes oclusivas.
6	A _____ caracteriza consoantes fricativas.

PRINCÍPIO DE RESSONÂNCIA E PROCESSO DE FILTRAGEM

Os **Princípios de Ressonância** e **Processo de Filtragem** estão relacionados aos efeitos que as ondas sonoras podem sofrer durante sua propagação. Os Princípios de Ressonância serão tratados nas seções a seguir.

Princípio de Ressonância

A oscilação de um corpo qualquer em relação a outro corpo é denominada **ressonância**. Cada corpo tem a sua **frequência de ressonância**, que é denominada **frequência natural** do meio de transmissão. Contudo, quando uma força de vibração periódica é aplicada a um meio de transmissão, o meio é forçado a vibrar com a frequência da força aplicada. Quanto mais próxima a frequência aplicada estiver da frequência natural do meio de transmissão, maior será a amplitude de vibração resultante. Dito de outro modo, todo meio de transmissão possui uma frequência natural de vibração. Se uma fonte sonora emite uma onda de frequência igual à frequência de vibração do meio de transmissão, a fonte sonora e o meio de transmissão entram em **ressonância**. Esse é o chamado **princípio de ressonância**.

Em decorrência do princípio de ressonância, o corpo material que entra em vibração passa a ser também um emissor de sons e é chamado de **ressoador**. No caso da fala, o trato vocal é o ressoador. Os sistemas ressoadores respondem de forma seletiva, isto é, a amplitude de vibração vai depender da proximidade da frequência da força aplicada à frequência natural do meio de transmissão. À medida que há o afastamento das frequências naturais, o sistema ressoador responde menos às frequências acima e abaixo de sua frequência natural. Todos os corpos materiais são ressoadores em potencial, ou seja, podem entrar em vibração quando estimulados por uma fonte sonora, gerando uma curva de frequência de ressonância específica.

Processo de Filtragem

O **Processo de Filtragem**, de um modo geral, está associado à remoção de componentes indesejados. No caso específico das ondas sonoras, um dispositivo ou processo que exibe o comportamento seletivo da amplitude em algumas frequências é denominado **filtro acústico**. Os filtros acústicos são estruturas que têm a capacidade de preservar, ou deixar passar, apenas componentes de frequência que estejam dentro de uma determinada faixa, chamada a **faixa de passagem** – correspondente à(s) frequência(s) natural(ais) de vibração –, atenuando consideravelmente os demais componentes de frequência, que se encontram na **faixa de rejeição**. Os filtros são ferramentas de grande utilidade na análise acústica dos sons.

O conceito de filtragem é importante também para a compreensão do processo de produção da fala. O Processo de Filtragem pode ocorrer como resultado da atuação de um corpo ressoador, que atenua determinadas frequências em resposta à sua frequência natural de vibração: ao interagir com a onda sonora, os ressoadores atuam como filtros, uma vez que reduzem ou eliminam seletivamente a amplitude de algumas frequências, enquanto enfatizam sua frequência natural de vibração. Na produção da fala, o trato vocal funciona como um filtro (corpo ressoador) que vai atenuar ou enfatizar certas frequências em função das frequências naturais presentes no tubo ressoador, cuja forma é determinada pelo som que está sendo articulado.

Quanto à sua classificação, os filtros acústicos podem ser referidos simplesmente como **filtros passa-banda** e são classificados em três grupos – passa-baixas, passa-altas e passa-faixa –, de acordo com a região de frequências em que localizam as faixas de passagem e de rejeição. As características de cada um desses filtros são apresentadas a seguir. Considere a Figura 2.17.

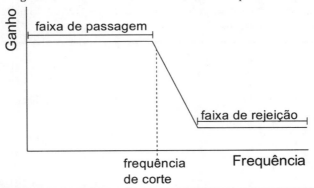

Figura 2.17 – Curva característica de um filtro passa-baixas.

Filtros passa-baixas

Atenuam acentuadamente os sons de alta frequência, que estão na faixa de rejeição, preservando os sons com frequências baixas, que estão na faixa de passagem. Para a aplicação de um filtro passa-baixas, o usuário deve estabelecer a frequência de corte em um limite superior do espectro, definindo as frequências do filtro, conforme ilustra o gráfico da Figura 2.17. Nesse caso, passarão pelo filtro apenas as frequências inferiores à frequência de corte estabelecida.

Considere a Figura 2.18.

Figura 2.18 – Curva característica de um filtro passa-altas.

```
Ganho ↑
                              ┌──── faixa de passagem ────┐
                             /
        ┌─ faixa de rejeição ─┐/
        └─────────────────────┘
                              :
        └─────────────────────┼──────────────────────→
                         frequência      Frequência
                         de corte
```

Filtros passa-altas
Atenuam acentuadamente os sons de baixas frequências, que estão na faixa de rejeição, preservando os sons com frequências altas, que estão na faixa de passagem. Para a aplicação de um filtro passa-altas, o usuário deve estabelecer a frequência de corte em um limite inferior do espectro, definindo as frequências do filtro, conforme ilustra o gráfico da Figura 2.18. Nesse caso, passarão pelo filtro apenas as frequências superiores à frequência de corte estabelecida.

Considere a Figura 2.19.

Figura 2.19 – Curva característica de um filtro passa-faixa.

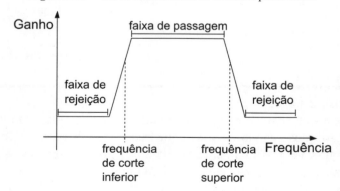

Filtros passa-faixas
Preservam uma determinada faixa de frequência central, a faixa de passagem, e atenuam as demais frequências, antes (limite superior) e depois (limite inferior) da faixa de passagem. Ou seja, nos filtros passa-faixas, há duas faixas de rejeição, uma em baixas frequências e outra em altas frequências. Para a aplicação de um filtro passa-faixa, o usuário deve estabelecer a frequência de corte em um limite superior e a frequência de corte em um limite inferior do espectro, definindo a faixa de frequência do filtro, conforme ilustra o gráfico da Figura 2.19. Nesse caso, passarão pelo filtro apenas as frequências que se encontram na faixa estabelecida pelos limites de corte superior e inferior.

Além dos três filtros acústicos que definem quais faixas de frequências são preservadas, há filtros que rejeitam frequências específicas. Ou seja, diferentemente dos três filtros passa-bandas discutidos anteriormente, o filtro rejeita-faixa exclui certas frequências. Considere a Figura 2.20.

Figura 2.20 – Curva característica de um filtro rejeita-faixa.

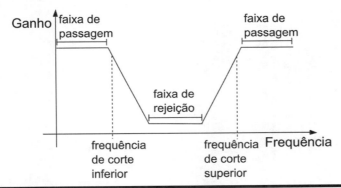

Filtros rejeita-faixas
Atenuam uma determinada faixa de frequência central, a faixa de rejeição, e preservam as demais frequências, antes e depois da faixa de rejeição. Ou seja, nos filtros rejeita-faixa, há duas faixas de passagem, uma em baixas frequências e outra em altas frequências. Para a aplicação de um filtro rejeita-faixa, o usuário deve estabelecer a frequência de corte em um limite superior e a frequência de corte em um limite inferior do espectro, definindo a faixa de frequência do filtro que deve ser atenuada, conforme ilustra o gráfico da Figura 2.20. Nesse caso, passarão pelo filtro as frequências acima do limite de corte superior e abaixo do limite de corte inferior.

Na produção dos sons da fala, a cavidade oral e a cavidade nasal funcionam como filtros acústicos. Com a variação do movimento dos órgãos articuladores ativos (lábios, língua, véu palatino e as pregas vocais), são apresentados diferentes formatos para os filtros acústicos, que assumem diferentes configurações. Quando as pregas vocais vibram, geram ondas sonoras que se propagam pela cavidade oral e pela cavidade nasal. Algumas frequências são ressaltadas por serem próximas da frequência natural da cavidade oral e da cavidade nasal. As demais frequências são atenuadas. Por isso, as cavidades oral e nasal são consideradas filtros acústicos.

As ressonâncias reforçadas, ou intensificadas, por um filtro acústico, que, no caso da produção dos sons da fala, são constituídos pela cavidade oral e pela cavidade nasal são chamadas de **formantes orais** (F) ou **formantes nasais** (FN), respectivamente. Por coerência com a literatura, os formantes orais serão referidos neste livro simplesmente como **formantes**. Os formantes são visualizados em espectrogramas como barras horizontais escuras. Considere a Figura 2.21.

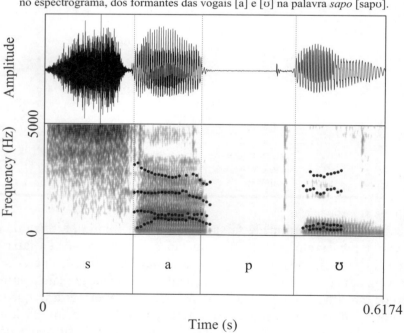

Figura 2.21 – Espectrograma e camada de etiquetagem com destaque, no espectrograma, dos formantes das vogais [a] e [ʊ] na palavra *sapo* [sapʊ].

A Figura 2.21 ilustra um espectrograma da palavra *sapo* ['sapʊ] com destaque para os formantes das vogais [a] e [ʊ]. Todo e qualquer **espectrograma** registra uma sucessão temporal de eventos acústicos, relacionando tempo (em segundos), no eixo horizontal, e frequência (em hertz), no eixo vertical. As vogais sempre apresentam formantes em sua configuração acústica. Por outro lado, formantes são observados somente dentre algumas consoantes que são denominadas aproximantes como, por exemplo, laterais, nasais e retroflexas. A próxima seção descreve como representar graficamente o sinal de fala.

Exercício 2.8: Considerando-se que formantes constituem a principal pista acústica para a identificação das vogais, indique quantas vogais estão presentes em cada um dos espectrogramas apresentados no material de apoio disponível on-line. Considere o exemplo (a) que apresenta (4) vogais.

palavra_1	4	palavra_6		palavra_11	
palavra_2		palavra_7		palavra_12	
palavra_3		palavra_8		palavra_13	
palavra_4		palavra_9		palavra_14	
palavra_5		palavra_10		palavra_15	

Exercício 2.9: Numere a segunda coluna de acordo com a primeira:

1	Ressoadores amortecidos	( )	Atenuam sons de alta frequência e deixam passar livremente sons de baixa frequência.
2	Ressoadores não-amortecidos	( )	Aplicam um grande amortecimento em uma faixa de frequência ampla.
3	Filtros acústicos	( )	Expressam ressonâncias intensificadas pelo trato vocal e são característicos, por exemplo, das vogais.
4	Filtros passa-alta	( )	Expressam a sucessão temporal de eventos acústicos, relacionando tempo e frequência.
5	Filtros passa-baixa	( )	Permitem a passagem de sinais dentro de uma faixa de frequência pré-determinada, atenuando as demais frequências.
6	Filtros passa-banda	( )	Atenuam sons de baixa frequência e deixam passar livremente sons de alta frequência.
7	Formantes	( )	Aplicam um pequeno amortecimento em uma faixa de frequência estreita.
8	Espectrogramas	( )	Dispositivos que têm comportamento seletivo da amplitude em algumas frequências específicas.

REPRESENTAÇÃO GRÁFICA DO SINAL DE FALA

A representação gráfica do sinal de fala pode ser feita de duas maneiras: representação **temporal** e/ou representação **espectral**. A representação temporal engloba a **forma de onda** e o **espectrograma**. A representação espectral engloba o **espectro**. O quadro que segue sumariza as possibilidades de representação gráfica do sinal acústico que são relevantes para o estudo do som da fala.

Representação gráfica do sinal de fala		
Temporal	Forma de onda	tempo (ms) por amplitude (dB)
	Espectrograma	tempo (ms) por frequência (Hz)
Espectral	Espectro	frequência (Hz) por amplitude (dB)

Cada tipo de representação gráfica listado no quadro acima será tratado nas próximas seções. A próxima seção considera a forma de onda.

Forma de onda

A **forma de onda** ou **oscilograma** registra, no eixo das abscissas, os instantes de tempo – medidos em segundos – e, no eixo das ordenadas, os parâmetros de amplitude que compõem a onda sonora – medidos em decibéis. Considere a Figura 2.22.

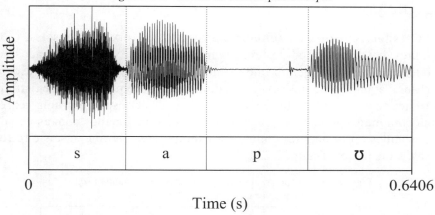

Figura 2.22 – Forma de onda da palavra *sapo*.

A Figura 2.22 ilustra a forma de onda da palavra *sapo*. Ao considerar a sequência sonora da palavra ['sapʊ], é possível formular as seguintes generalizações:

a. a forma de onda dos sons vocálicos apresenta valores mais altos de amplitude quando comparados aos valores de amplitude das consoantes;
b. a forma de onda periódica da vogal tônica [a] tem maior amplitude e maior duração quando comparada à forma de onda periódica da vogal átona [ʊ];
c. o momento de oclusão da consoante [p] se caracteriza pela ausência de energia no sinal acústico;
d. a forma de onda aperiódica da fricativa [s] apresenta alta concentração de energia.

As generalizações formuladas para a forma de onda da Figura 2.22 são observadas de maneira geral: vogais apresentam maior amplitude do que consoantes; vogais tônicas são mais longas e apresentam maior amplitude do que as vogais átonas; oclusivas são consoantes que têm ausência de energia na forma de onda; fricativas são sons com alta concentração de energia. Essas generalizações seguem do conhecimento atual da Teoria Acústica de Produção da Fala e de estudos que têm sido realizados com ênfase no PB.

Embora a forma de onda forneça informações importantes, ela não é suficiente para caracterizar precisamente, por exemplo, as vogais. Para a caracterização acústica detalhada das vogais, é necessário incorporar o parâmetro frequência à análise, que é expresso em espectrogramas. A próxima seção considera a representação gráfica do **espectrograma**.

Espectrograma

O **espectrograma** ou **sonograma** registra, no eixo das abscissas, os instantes de tempo – medidos em segundos – e, no eixo das ordenadas, as frequências que compõem a onda sonora – medidas em hertz. No espectrograma, a amplitude dos diversos componentes frequenciais é registrada pelo menor ou maior escurecimento do traçado. O espectrograma representa com maior precisão os eventos acústicos relacionados com as vogais e consoantes aproximantes como, por exemplo, as laterais, nasais e retroflexas. Considere a Figura 2.23.

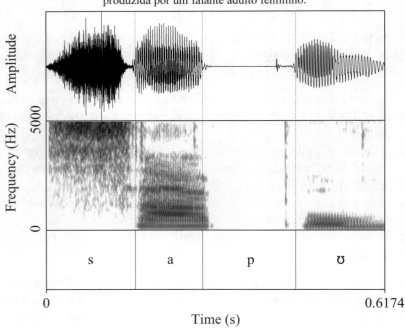

Figura 2.23 – Espectrograma do sinal acústico da palavra *sapo* produzida por um falante adulto feminino.

A Figura 2.23 ilustra o espectrograma da palavra *sapo*. Ao considerar a sequência sonora da palavra [ˈsapʊ], é possível formular as seguintes generalizações:

a. as vogais [a] e [ʊ] são identificadas a partir de seus formantes – suas ressonâncias – que são destacados por barras horizontais escuras;
b. o traçado dos formantes da vogal tônica [a] é mais escuro do que o traçado da vogal átona [ʊ] devido aos valores diferenciados de amplitude para cada vogal;
c. a vogal tônica [a] é mais longa do que a vogal átona [ʊ];
d. o silêncio do momento de oclusão da consoante [p] é visualizado através da ausência de energia (espaço quase em branco) entre as vogais [a] e [ʊ];
e. o ruído da fricativa [s] é identificado através da região hachurada.

O espectrograma é obtido através de um instrumento chamado **espectrógrafo**. O espectrógrafo utiliza a filtragem para a análise do sinal de fala. O princípio do espectrógrafo é a análise do sinal de fala por um **banco de filtros**. Em cada filtro, passa, preferencialmente, a energia da faixa de frequência determinada pelo filtro. Por exemplo, no filtro 1, é privilegiada uma banda de frequência de 0 a 500 Hz; no filtro 2, é privilegiada uma banda de frequência de 500 a 1.000 Hz, e assim sucessivamente. O resultado final é a filtragem do sinal de fala em regiões de frequências específicas. Considere a Figura 2.24.

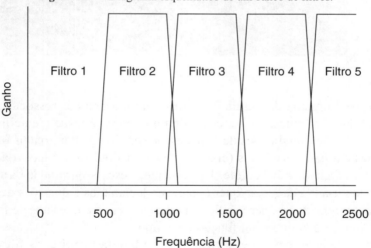

Figura 2.24 – Diagrama esquemático de um banco de filtros.

A Figura 2.24 ilustra um diagrama esquemático de um banco de filtros. Um filtro pode ser compreendido como uma janela de frequência que permite privilegiar ou bloquear a passagem de energia. A análise do sinal de fala por um banco de filtros pode ser comparada à ação de peneirar areia, separando o cascalho. O que passa pela peneira vai depender do tamanho de seus furos. Por analogia, os furos da peneira corresponderiam à **largura de banda** do espectrograma.

Convencionalmente, para análises do sinal de fala, são utilizados dois tipos de faixas espectrais com larguras de banda distintas: o espectrograma de **banda larga** – tipicamente com uma largura de banda de 300 Hz – e o espectrograma de **banda estreita,** tipicamente com uma largura de banda de 45 Hz. Em um espectrograma de banda larga, os filtros com largura de banda em torno de 300 Hz têm melhor resolução em tempo do que em frequência. Considere a Figura 2.25.

Figura 2.25 – Exemplo de espectrograma de banda estreita da vogal [a] na palavra *casado* produzida por um falante adulto masculino.

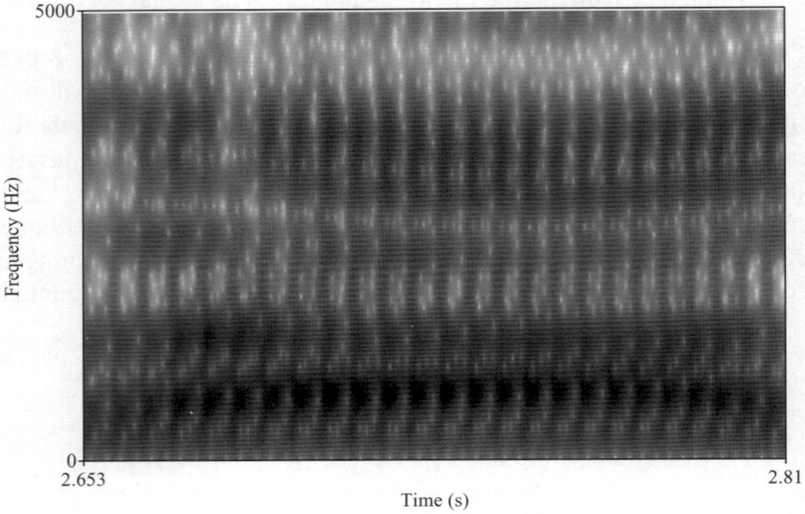

O espectrograma da Figura 2.25 ilustra a mudança das ressonâncias, ou o padrão dos formantes, em função do tempo, o que é visualmente indicado pelas estrias com tonalidades de cinza escuro em barras horizontais (eixo y). As estrias em barras verticais (eixo y) indicam os pulsos glóticos, ou seja, a abertura e o fechamento da glote. Tipicamente, a espectrografia de **banda larga** deve ser usada quando se quer detalhes relacionados a questões de ordem temporal ou quando se quer verificar mudanças gerais em termos de frequência – padrão formântico – em função do tempo.

Por outro lado, em um espectrograma de **banda estreita**, os filtros com largura de banda em torno de 45 Hz têm melhor resolução em frequência do que em tempo, porque os filtros de banda estreita priorizam o detalhe frequencial. Considere a Figura 2.26.

Figura 2.26 – Exemplo de espectrograma de banda estreita da vogal [a] na palavra *casado* produzida por um falante adulto masculino.

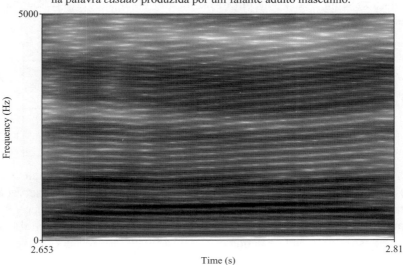

A Figura 2.26 apresenta um espectrograma de banda estreita da vogal [a] da palavra *sapo* produzida por um falante adulto masculino, com uma frequência fundamental em torno de 120 Hz. A utilização de um filtro com largura de banda de 45 Hz permite obter detalhes dos harmônicos no espectro, porque o filtro faz uma análise de 45 em 45 Hz. No entanto, não é possível visualizar em um espectrograma de banda larga a mudança frequencial no tempo, nem a abertura e fechamento glótico, que caracterizaria o período.

O espectrograma da Figura 2.26 permite identificar a frequência fundamental (F_0) do falante adulto masculino. Observe o valor destacado por uma seta, que é de 120 Hz, correspondente à frequência fundamental (F_0). O espectrograma permite, também, observar o conjunto de harmônicos acima da frequência fundamental, indicado pelas estrias em barras horizontais (eixo y). Portanto, na espectrografia de banda estreita, é possível verificar distinções precisas na escala de frequência, mostrando cada um dos harmônicos em separado.

A frequência fundamental dos indivíduos determina a largura de banda de um espectrograma. Assim, por exemplo, no caso de um falante adulto masculino, com frequência fundamental de 120 Hz, os filtros de banda larga apresentam frequência em torno de 300 Hz e os filtros de banda estreita apresentam frequência em torno de 45 Hz. Para adultos do sexo feminino, por exemplo, com frequência fundamental de 230 Hz, os filtros de banda larga apresentam frequência em torno de 400 Hz e os filtros de banda estreita apresentam frequência em torno de 60 Hz. Por outro lado, no caso de crianças que apresentam frequência fundamental em torno de 300 Hz, um filtro de banda estreita apresenta frequência em torno de 300 Hz e um filtro de banda larga apresenta frequência em torno de 600 Hz.

Tipo de espectrograma	
Banda estreita	– Boa resolução em frequência. – Harmônicos são visíveis como linhas horizontais. – Frequência em torno de 45 Hz.
Banda larga	– Boa resolução temporal. – Pulsos glotais são visíveis como estrias verticais. – Frequência em torno de 300 Hz.

A análise espectrográfica comumente utilizada na análise acústica dos sons da fala é a de banda larga, na medida em que propicia a observação da mudança de padrões formânticos no tempo. Porém, quando se quer verificar variações no padrão glótico, especialmente quando são abordadas alterações vocais, o espectrograma de banda estreita é adotado por fornecer informações detalhadas sobre a frequência.

Exercício 2.10: Numere a segunda coluna de acordo com a primeira:

1	Forma de onda (oscilograma)	( )	Representação gráfica do sinal acústico mais precisa para o tempo do que para frequência.
2	Espectrograma de banda estreita	( )	Representação gráfica do sinal acústico que relaciona tempo e amplitude.
3	Espectrograma de banda larga	( )	Representação gráfica do sinal acústico mais precisa para a frequência do que para o tempo.

Representação espectral

O **espectro** ou **representação espectral** registra, no eixo das abscissas, a frequência – medida em hertz (Hz) – e no eixo das ordenadas, a amplitude ou o nível de pressão sonora em decibéis (dB). O espectro considera as diversas frequências presentes em um som composto por uma onda sonora complexa. As ondas sonoras complexas podem ser decompostas em ondas sonoras simples. No espectro de um som complexo periódico, as frequências são sempre valores múltiplos da frequência mais baixa, ou seja, da frequência fundamental. Considere a Figura 2.27.

Figura 2.27 – Onda sonora complexa.

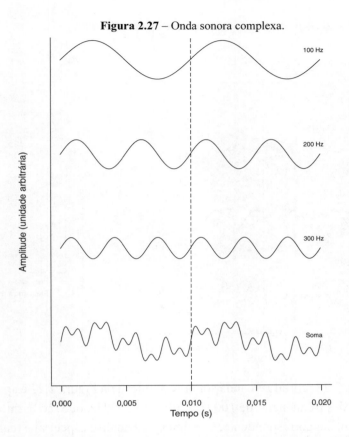

A Figura 2.27 ilustra de cima para baixo três ondas sonoras simples com frequências de 100 Hz, 200 Hz e 300 Hz, respectivamente. A onda sonora na parte mais inferior da Figura 2.27 representa a onda complexa relacionada com as três ondas sonoras apresentadas na parte superior. A linha pontilhada no meio da figura indica o período fundamental (T). A frequência fundamental do período é denominada primeiro **harmônico** (H1). As demais frequências componentes de um sinal complexo são múltiplos da frequência fundamental ($2xF_0$, $3xF_0$ etc.), ou harmônicos: H_2, H_3 etc.

Como generalização, tem-se que a frequência fundamental é o **Máximo Denominador Comum** (MDC) de todos os harmônicos e que a duração de um período da frequência fundamental é o **Mínimo Múltiplo Comum** (MMC) das durações dos períodos dos harmônicos. Considere a Figura 2.28.

Figura 2.28 – Onda Sonora Complexa e Espectro.

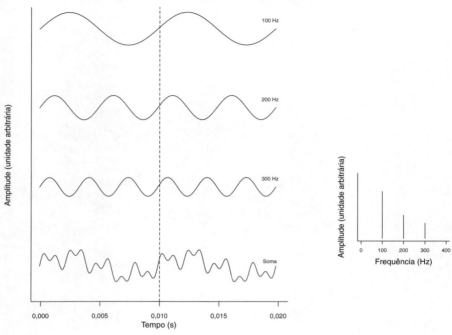

A Figura 2.28 reproduz a onda sonora complexa da Figura 2.27 e apresenta o espectro das frequências de 100 Hz, 200 Hz e 300 Hz, que são harmônicos da onda complexa correspondente. Geralmente, a análise espectral é realizada em uma pequena amostra de som para verificar, em detalhes, as frequências existentes. Considere a Figura 2.29.

Figura 2.29 – Espectro da vogal [a] da palavra *sapo* obtido pela Transformada Rápida de Fourier (FFT).

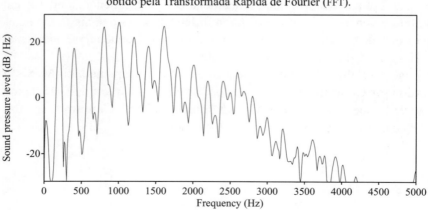

A Figura 2.29 ilustra através do espectro da vogal [a], que, à medida que a frequência do sinal aumenta (eixo horizontal), a amplitude diminui (eixo vertical). A análise do espectro permite uma avaliação detalhada, sobretudo, das vogais.

A representação gráfica do sinal de fala utilizando espectros de frequência pode ser feita de duas formas: análise FFT e análise LPC. A sigla FFT corresponde à *Transformada Rápida de Fourier* (em inglês, *Fast Fourier Transform*). A sigla LPC corresponde à *Codificação Preditiva Linear* (em inglês, *Linear Predictive Coding*). Em alguns casos, alternativamente, é utilizada a análise **Cepstral** que corresponde à *Transformada Inversa de Fourier*. Estas análises espectrais serão consideradas nas próximas páginas.

Para compreender a ferramenta de análise FFT é preciso considerar a **Análise de Fourier**. Por meio da análise de Fourier, é possível transformar uma forma de onda representada em amplitude e tempo em uma forma de onda representada em amplitude e frequência denominada **espectro**.

A Figura 2.29 ilustra um espectro resultante da decomposição do sinal acústico pela Análise de Fourier. Para aplicar os princípios da análise de Fourier na decomposição do sinal digital de fala, são necessárias adaptações devido aos seguintes fatores:

- a fala não é periódica, mas quasi-periódica;
- a onda sonora a ser decomposta não é contínua (analógica), mas discreta (digital);
- o processamento matemático envolvido na decomposição das ondas periódicas é computacionalmente complexo.

A análise de Fourier de sinais digitais de fala necessita da implementação da DFT (*Transformada Discreta de Fourier*, em inglês *Discrete Fourier Transform*). Para acelerar o cálculo da DFT, foram desenvolvidos algoritmos (Cooley e Tookey, 1965), denominados FFT, que realizam a DFT eficazmente, reduzindo a complexidade computacional. Na DFT, duas considerações são feitas:

1. para sons aperiódicos e/ou quasi-periódicos, é assumido que o período do sinal será teoricamente infinito;
2. certo número de pontos do sinal é analisado e é assumido que as características obtidas na análise desse número de pontos do sinal se mantêm para todo o sinal.

Para aplicar a análise FFT ao sinal digital de fala, é preciso escolher o tipo de janela a ser empregada. Os tipos de janelas mais comuns encontrados na literatura para análise de um sinal de fala são: Hamming, Hanning, Retangular e Gaussiana. Geralmente, as ferramentas de análise de fala requerem algumas informações para gerar um espectro obtido através da análise FFT:

- tipo de janela
- comprimento da janela

Em relação ao tipo de janela, para análise de fala, tipicamente são usadas as janelas Hamming ou Gaussiana (a última é selecionada como o padrão no Praat: Boersma e Weenink, 2015). Quanto ao comprimento da janela, quanto maior a duração, mais detalhes são visualizados. Considere a Figura 2.30.

Figura 2.30 – Componentes de frequência do sinal em função de dois tamanhos de janela de Hamming (0,025 s e 0,005 s), com uma taxa de amostragem de 16.000 Hz.

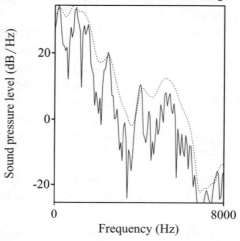

A Figura 2.30 ilustra análises FFT com comprimentos de janela distintos. A linha contínua da Figura 2.30 foi gerada selecionando a janela Gaussiana e o comprimento da janela é de 0,025 s (ou 25 ms). A linha contínua apresenta mais detalhes do que a linha pontilhada por exibir as frequências enfatizadas pelo trato vocal e os harmônicos. Por outro lado, a linha pontilhada da Figura 2.30 foi gerada também selecionando a janela Gaussiana e o comprimento da janela é de 0,005 s (ou 5ms). Por ter menor duração ou comprimento, a linha pontilhada apresenta menos detalhes do que a linha contínua, exibindo apenas as frequências enfatizadas pelo trato vocal.

Outra forma de representação gráfica do sinal de fala é via análise LPC. A análise LPC aplicada a um sinal de fala permite obter a envoltória espectral e as frequências correspondentes aos formantes. De acordo com Kent e Read (2002), a análise LPC é um método posterior à análise de Fourier e se baseia em duas fontes:

1. o ramo da estatística conhecido como séries temporais, que objetiva identificar regularidades em dados que variam no tempo;
2. o ramo da engenharia preocupado com a transmissão de sinais.

A análise LPC pauta-se no fato de que qualquer amostra do sinal de fala é parcialmente previsível a partir das amostras imediatamente antecedentes digitalizadas. Considere a Figura 2.31.

Figura 2.31 – Exemplo de um espectro obtido através da análise LPC.

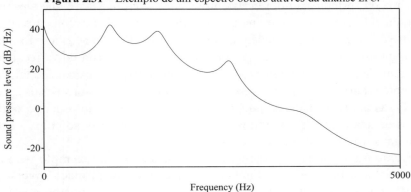

A Figura 2.31 ilustra um espectro resultante da decomposição do sinal acústico pela análise LPC. A análise LPC pode representar um trecho do sinal de fala através de uma combinação linear de amostras passadas do sinal. A análise LPC modela apenas a envoltória espectral do sinal de fala, não levando em conta o sinal de excitação do trato vocal (F_0). A análise LPC é aplicada mais comumente para sinais periódicos que apresentam maior regularidade, como os sons vocálicos orais. Para aplicar a análise LPC ao sinal digital de fala, é preciso selecionar o número de formantes que se deseja visualizar, levando em consideração a taxa de amostragem utilizada na obtenção do sinal de fala. Embora os algoritmos de análises LPC e FFT sejam distintos, os resultados obtidos através da aplicação de ambos são correspondentes. Considere a Figura 2.32.

Figura 2.32 – Exemplo de espectros de frequência obtido através da análise LPC e FFT da vogal [a] da palavra *sapo*.

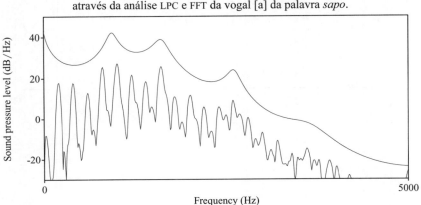

A Figura 2.32 exibe o espectro obtido através da análise LPC sobreposto ao espectro obtido através da análise FFT para a vogal [a] da palavra *sapo*. Observe que os picos de maior amplitude correspondentes aos formantes são coincidentes nos dois espectros de frequência.

Uma das principais diferenças entre a análise LPC e a FFT é que a primeira, conhecida também como análise **só polos**, caracteriza apenas a resposta do filtro correspondente (frequências enfatizadas pelo tubo acústico, formado pelo trato vocal). Já a análise FFT considera tanto a resposta do filtro quanto sua excitação. Assim, a análise LPC não é recomendada para sinais de fala que apresentem antirressonâncias (zeros), como, por exemplo, sons nasais e laterais. Essas antirressonâncias poderiam ser representadas no espectro obtido através da análise LPC como um polo (já que é uma análise 'só polos') e não como um zero (um vale) como deveria ser.

Como a análise LPC apresenta restrições, como, por exemplo para antirressonâncias, pode-se usar também análises da transformada inversa de Fourier, conhecida como análise Cepstral, que tem mecanismo similar à análise LPC e não possui as suas restrições (Barbosa e Madureira, 2015). Considere a Figura 2.33.

Figura 2.33 – Análise FFT (linha contínua) e Análise Cepstral (linha pontilhada) da vogal nasal [ẽ].

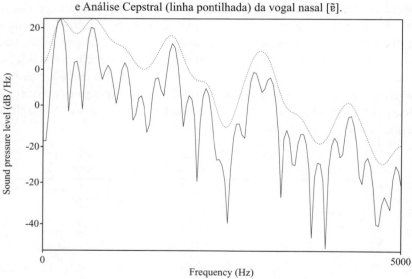

Conceitos fundamentais de acústica e técnicas de análise

Exercício 2.11: Indique se cada uma das afirmativas abaixo é (V) 'verdadeira' ou (F) 'falsa'.

1.	( )	Os formantes são resultado das características de ressonância da cavidade oral.
2.	( )	O sinal acústico da fala é um sinal senoidal e periódico.
3.	( )	O oscilograma mostra uma representação do sinal acústico da fala em três dimensões: tempo, frequência e amplitude.
4.	( )	O espectro considera as diversas frequências presentes em um som composto por uma onda sonora complexa.
5.	( )	Os harmônicos no sinal acústico da fala são gerados pela vibração das pregas vocais.
6.	( )	A escala decibel é utilizada em medidas de amplitude e intensidade da fala pois representa melhor as diferentes respostas perceptivas em diferentes faixas de frequência.
7.	( )	Em um espectrograma mostrando a gravação de fala espontânea, cada palavra é identificada pela presença de barras brancas separando-a das demais.
8.	( )	A amplitude do sinal acústico da fala pode ser expressa em dB, Pa, mmHg.
9.	( )	As vogais sempre apresentam formantes em sua configuração acústica.
10.	( )	O oscilograma permite visualizar eventos acústicos no domínio da frequência, como os formantes.
11.	( )	O espectrograma é um gráfico que apresenta o tempo no eixo horizontal e a frequência no eixo vertical.
12.	( )	O espectro mostra uma representação do sinal acústico da fala em três dimensões: tempo, frequência e amplitude.

Exercício 2.12: Numere a segunda coluna de acordo com a primeira:

1	Sinal digital	( )	Transforma uma forma de onda representada por amplitude e tempo em uma forma de onda representada em amplitude e frequência.
2	Filtragem pré-enfase	( )	Corte de energia acima de níveis de alta frequência previamente determinados.
3	Pré-amostragem	( )	Identificação de amostras de amplitude da onda sonora em pontos específicos ao longo do tempo.
4	Processo de amostragem	( )	Amplificação de componentes de alta frequência em relação aos componentes de baixa frequência.
5	Processo de quantização	( )	Representação por meio de números de um sinal acústico contínuo.
6	Análise de Fourier	( )	Identificação de amostras de frequência da onda sonora em pontos específicos ao longo do tempo.

PROCESSAMENTO DIGITAL DO SINAL DE FALA

O processamento digital do sinal de fala decorre de avanços tecnológicos que propiciaram a equivalência entre o **sinal analógico** e o **sinal digital**. O sinal analógico é entendido como análogo ao sinal de fala e pode ser convertido em uma sequência de dígitos através do processo de digitalização. Assim, o processo de conversão do sinal de fala em uma série de dígitos é designado conversão analógico-digital ou processo de digitalização do sinal de fala.

O termo *digital* significa a representação por meio de números: dígitos. São necessárias duas etapas para se realizar o processamento digital do sinal de fala: a **filtragem pré-ênfase** e a **pré-amostragem**. A primeira etapa é a filtragem pré-ênfase na qual os componentes de alta frequência são amplificados em relação aos componentes de baixa frequência. A filtragem pré-ênfase é necessária porque a maior parte da energia da fala está nas faixas de frequências mais baixas. Se não for feita a filtragem pré-ênfase, as frequências mais baixas serão mais evidenciadas nas análises. Assim, a filtragem pré-ênfase equaliza as frequências e pode ser feita sobre o sinal original ou sobre o sinal digitalizado.

A segunda etapa é a pré-amostragem, na qual o sinal pré-enfatizado é passado por um filtro passa-baixas preparado para rejeitar energia acima da mais alta frequência de interesse ou as frequências que se quer analisar. A pré-amostragem é baseada no **Teorema da Amostragem** que estabelece que a frequência de amostragem deve ser, no mínimo, igual ao dobro da maior frequência do sinal que se deseja analisar.

Portanto, a filtragem pré-ênfase e a pré-amostragem são necessárias para representar o **sinal analógico** como uma sequência de números discretos: dígitos. Para converter um sinal analógico em digital, é necessário fazer a sua **discretização**. A discretização do sinal consiste de dois processos: 1) representar numericamente a onda sonora no eixo x (eixo temporal), denominada **processo de amostragem**; e 2) representar numericamente a onda sonora no eixo y (eixo da amplitude), denominada **processo de quantização**. Os dois processos utilizados para a discretização do sinal são tratados nas próximas seções.

Processo de amostragem

O processo de amostragem diz respeito à discretização da onda sonora em intervalos regulares de tempo (eixo x). Ou seja, a onda sonora analógica, que é contínua, precisa ser amostrada em certos pontos no tempo para se tornar digital. Os pontos específicos amostrados ao longo do tempo são discretizados, ou seja, expressos por dígitos, conforme ilustrado na Figura 2.34.

Conceitos fundamentais de acústica e técnicas de análise

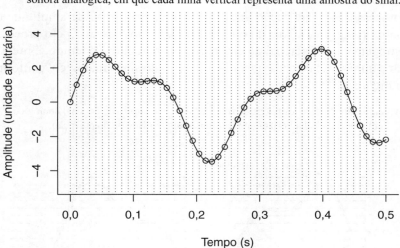

Figura 2.34 – Ilustração dos intervalos de amostras temporais de uma onda sonora analógica, em que cada linha vertical representa uma amostra do sinal.

A Figura 2.34 ilustra os intervalos de amostras temporais de uma onda sonora analógica. Nessa onda sonora, cada linha vertical representa uma amostra do sinal e o espaçamento periódico das amostras da onda sonora reflete a taxa de amostragem. Por exemplo, uma taxa de amostragem de 10.000 Hz significa que, em um segundo, foram colhidas 10.000 amostras do sinal analógico. Quanto maior for a taxa de amostragem, menor será o intervalo entre as amostras. Para que se obtenha um sinal discretizado idêntico ao sinal analógico original, é preciso levar em conta que, em teoria, um sinal pode ser corretamente digitalizado se a taxa de amostragem for, no mínimo, o dobro do valor da mais alta frequência contida no sinal de fala, satisfazendo o Teorema da Amostragem.

Assim, por exemplo, para sons fricativos, que têm frequências de ressonância de até 8.000 Hz, é necessária uma taxa de amostragem de, no mínimo, 16.000 Hz, ou seja, o dobro de 8.000 Hz. Quando o sinal é amostrado, a sua frequência máxima passa a ser de 8.000 Hz. A faixa estabelecida de 8.000 Hz permite analisar toda a banda de frequência do som fricativo tomado como exemplo. Por outro lado, para vogais, que têm frequências de ressonância que vão, aproximadamente, até 4.000 Hz, uma taxa de amostragem de 8.000 Hz já seria suficiente. No entanto, convencionalmente, para que se possa analisar qualquer som de fala, a taxa de amostragem ideal deve estar entre 22.000 Hz e 44.000 Hz, que significa dizer que o sinal a ser analisado pode ter frequências máximas que vão de 11.000 Hz até 22.000 Hz.

Processo de quantização

O processo de quantização diz respeito à discretização da amplitude da onda sonora (eixo y). Depois de o sinal analógico ter passado pelo processo de amostragem e ser discretizado em intervalos regulares de tempo, é preciso quantizar a amplitude de cada uma das amostras do sinal analógico, conforme ilustra a Figura 2.35.

Figura 2.35 – Ilustração dos níveis de representação da amplitude do sinal analógico, em que cada linha horizontal representa uma unidade de quantização.

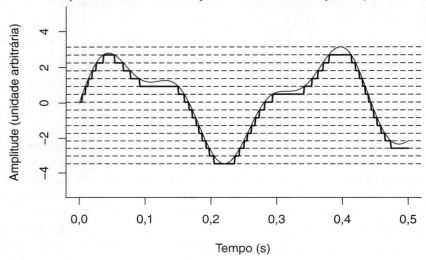

A Figura 2.35 ilustra os níveis de representação da amplitude do sinal analógico. Nessa figura, cada linha horizontal representa uma unidade de quantização. O processo de quantização expressa a conversão da variação de amplitude contínua em valores discretos: **dígitos**. O sinal quantizado será semelhante ao sinal original quanto mais níveis de quantização forem estabelecidos. Os níveis de quantização são expressos por uma unidade denominada **bit**. A quantização do sinal de fala usualmente está na faixa entre 12 e 16 bits. Considere a tabela abaixo que ilustra a relação entre a taxa de quantização e o número de níveis correspondentes. Quanto maior o número de bits, maior o número de níveis de quantização.

Taxa de quantização (bits)	Número de níveis correspondentes
8	$2^8 = 256$
9	$2^9 = 512$
10	$2^{10} = 1.024$
11	$2^{11} = 2.048$
12	$2^{12} = 4.096$
13	$2^{13} = 8.192$
14	$2^{14} = 16.384$
15	$2^{15} = 32.768$
16	$2^{16} = 65.536$

Em um processo de digitalização, a reprodução exata da onda sonora é apenas uma aproximação. A diferença entre o sinal original (analógico) e o seu correspondente quantizado (digital) gera uma distorção, que é denominada **ruído de quantização**. A representação digital do sinal de fala é realizada a partir da conversão analógico-digital. O sinal de fala é contínuo e a representação digital do sinal de fala é discreta.

Este capítulo apresentou princípios básicos de acústica com ênfase nos conceitos relevantes para o estudo dos sons da fala. Os próximos capítulos deste livro tratam das características acústicas das vogais e consoantes do PB.

NOTA

[1] Este livro adotou para a representação gráfica do sinal de fala o programa Praat, o qual está disponível em www.praat.org (Boersma, 2001, 2013; Boersma e Weeninck, 2018). Este programa é disponibilizado em inglês, por isso as figuras que foram editadas nele tiveram seus rótulos preservados no idioma original, uma vez que é nesta língua que ele será utilizado pelos leitores. As traduções adotadas ao longo do texto para os rótulos que aparecem nos eixos das abscissas e ordenadas foram respectivamente: *time* = tempo; *amplitude* = amplitude; e *frequency* = frequência.

Características acústicas
de vogais e ditongos

Este capítulo apresenta as características acústicas das vogais e ditongos orais e nasais do português brasileiro. A fonte de energia acústica, ou seja, a fonte sonora, para a produção das vogais é a vibração das pregas vocais, que consiste de repetidos ciclos glotais. O corpo da língua é o principal articulador dos sons vocálicos e sua movimentação vertical/horizontal promove a distinção entre as vogais. O arredondamento dos lábios é também um parâmetro relevante na caracterização das vogais. Tipicamente, as vogais são vozeadas, mas também ocorrem vogais desvozeadas. Cada seção deste capítulo aborda, respectivamente, as características acústicas de: vogais orais, vogais nasais, ditongos e hiatos.

VOGAIS ORAIS

As vogais orais são caracterizadas acusticamente por:

1. frequência dos formantes:	F1: altura (deslocamento vertical)
	F2: avanço/recuo da língua (deslocamento horizontal)
	F3: arredondamento dos lábios
2. amplitude	
3. duração	

As características acústicas listadas anteriormente permitem identificar, individualmente, cada uma das vogais orais do PB, que são:

	Anteriores	Centrais	Posteriores
Altas	i		u
Médias-altas	e		o
Médias-baixas	ɛ		ɔ
Baixas		a	

A primeira característica acústica a ser discutida para as vogais são as **frequências dos formantes**. São considerados os três primeiros formantes: F1, F2 e F3. Visualmente, formantes são representados no espectrograma por

Fonética Acústica

linhas horizontais escuras que caracterizam um determinado tubo acústico (ressonâncias). Os correlatos acústicos das vogais têm relação com as configurações assumidas pelos articuladores (cf. cap. "Conceitos fundamentais de Fonética Articulatória"). Para compreender como a configuração dos articuladores afeta a frequência dos formantes, considere a Figura 3.1.

Figura 3.1 – Ilustrações da articulação e espectrogramas das sete vogais orais do PB.

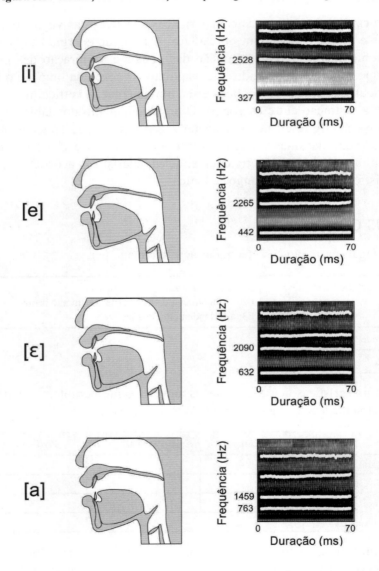

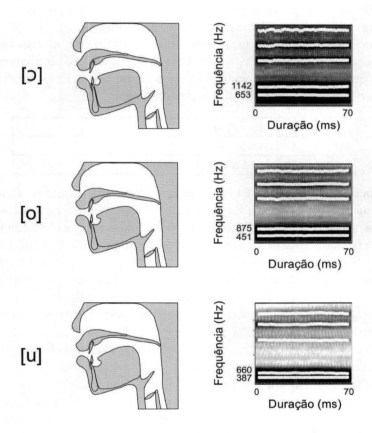

A Figura 3.1 apresenta, para cada vogal oral do PB, a configuração articulatória e o correlato acústico correspondente na forma de um **espectrograma**. Nos espectrogramas da Figura 3.1, o eixo x, das abscissas, expressa os valores de duração (ms) e o eixo y, das ordenadas, expressa os valores de frequência (Hz). A configuração articulatória de cada vogal é diferente em decorrência das diversas posições assumidas pelos articuladores. Consequentemente, os correlatos acústicos expressos nos espectrogramas têm estruturas formânticas específicas para cada vogal. Ou seja, cada vogal apresenta características acústicas e articulatórias que a diferencia das demais vogais da língua.

As trajetórias dos dois primeiros formantes, F1 e F2, são as mais importantes para a identificação das vogais, permitindo caracterizar a altura e avanço/recuo da língua, respectivamente. O terceiro formante, F3, permite caracterizar o arredondamento dos lábios. Frequências mais altas do que F3 não são consideradas na caracterização das vogais porque elas raramente variam em função da **qualidade vocálica**. A qualidade vocálica define as características articulatórias e acústicas que diferenciam as vogais. Os formantes F4 e F5 podem oferecer mais informações sobre o falante do que sobre a qualidade da vogal.

A Teoria Acústica de Produção da Fala (Fant, 1960) permite relacionar a configuração dos articuladores do trato vocal à frequência dos formantes das vogais. O quadro que segue sumariza a relação entre os correlatos articulatórios e acústicos na descrição dos formantes das vogais.

F1	Altura da língua
F2	Avanço/recuo da língua
F3	Arredondamento dos lábios

- O **primeiro formante**, **F1**, permite avaliar o deslocamento de altura da língua. Os diagramas da Figura 3.1 possibilitam verificar que as vogais altas (ou fechadas) apresentam F1 baixo. Isso é expresso, visualmente, pela posição baixa de F1 nos diagramas das vogais altas [i] e [u]. Para as vogais médias e baixas, F1 ocupa, gradualmente, posições mais altas. A posição mais alta de F1 é atestada para a vogal baixa [a] e posições intermediárias de F1 são observadas para as vogais médias [e,o,ɛ,ɔ]. Como generalização, tem-se que, visualmente, F1 assume posições mais baixas à medida que a vogal é alta e posições mais altas à medida que a vogal é baixa. Ou seja, F1 é inversamente proporcional à altura da língua: quanto mais alto o valor de F1 mais baixa é a vogal, e vice-versa.
- O **segundo formante**, **F2**, permite avaliar o movimento de avanço/recuo da língua. Os diagramas da Figura 3.1 possibilitam verificar que as barras horizontais correspondentes a F2 ocupam, gradualmente, posições mais baixas à medida que a vogal se posterioriza. Assim, a posição mais alta de F2 é atestada para a vogal anterior [i] e a posição mais baixa de F2 é atestada para a vogal posterior [u] (havendo posições intermediárias de F2 à medida que as vogais se tornam posteriores). Como generalização, tem-se que, visualmente, F2 assume posições mais baixas à medida que a língua recua no trato vocal, ou seja, que a vogal se posterioriza.
- O **terceiro formante**, **F3**, permite avaliar o arredondamento dos lábios. Nas vogais arredondadas, a protrusão labial aumenta o tamanho do trato vocal, gerando ondas de comprimento maior e com frequências mais baixas. Os diagramas da Figura 3.1 possibilitam verificar que as barras hori-

zontais correspondentes a F3 são mais baixas para as vogais arredondadas [u,o,ɔ] do que para as vogais não-arredondadas [i,e,ɛ]. Como generalização, tem-se que, visualmente, F3 assume posições mais baixas à medida que os lábios são protruídos, ou seja, que a vogal é mais arredondada.

Exercício 3.1: Considerando os formantes das vogais ilustradas nos três espectrogramas apresentados a seguir, indique qual vogal – dentre [i, a, u] – é associada com cada figura.

1.	[ ]
2.	[ ]
3.	[ ]

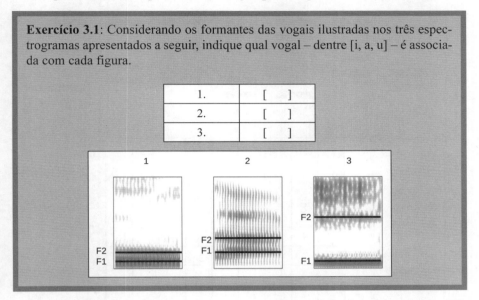

Embora cada língua natural apresente valores particulares de F1, F2 e F3, há generalizações que são atestadas para todas as línguas, como:

1. o primeiro formante (F1) se relaciona à altura da língua (abertura vocálica): as vogais altas têm F1 baixo (cerca de 250 Hz-300 Hz) e as vogais baixas têm F1 alto (cerca de 900 Hz-1.000 Hz). Ou seja, F1 tem uma relação inversamente proporcional à altura da língua;
2. o segundo formante (F2) se relaciona ao movimento horizontal da língua. As vogais anteriores apresentam F2 alto (cerca de 2.500 Hz) e as posteriores apresentam F2 baixo (cerca de 800 Hz-900 Hz). Ou seja, F2 assume posições mais baixas à medida que a língua recua no trato vocal.
3. o terceiro formante (F3) se relaciona ao arredondamento dos lábios. Vogais arredondadas apresentam valores mais baixos de frequência para F3 do que vogais não-arredondadas. Ou seja, F3 assume posições mais baixas à medida que os lábios são protruídos.

Generalizações sobre as vogais
Vogais altas têm F1 baixo (quando comparado com vogais baixas)
Vogais anteriores têm F2 alto (quando comparado com vogais posteriores)
Vogais arredondadas têm F3 baixo (quando comparado com as vogais não-arredondadas)

Fonética Acústica

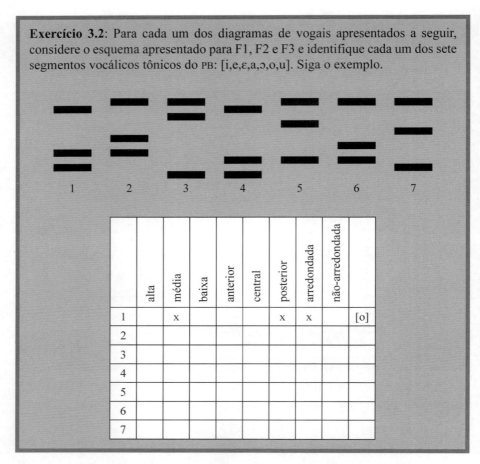

Exercício 3.2: Para cada um dos diagramas de vogais apresentados a seguir, considere o esquema apresentado para F1, F2 e F3 e identifique cada um dos sete segmentos vocálicos tônicos do PB: [i,e,ɛ,a,ɔ,o,u]. Siga o exemplo.

Nas páginas precedentes, foram consideradas, visualmente, as posições ocupadas pelos formantes em um espectrograma quanto à altura da língua (F1), à posição de avanço/recuo da língua (F2) e ao arredondamento dos lábios (F3). As observações visuais dos espectrogramas permitem avaliar vogais específicas. Contudo, no estudo de uma língua natural, é desejável não apenas visualizar, individualmente, quais são os formantes de uma vogal, mas também é importante obter generalizações sobre os valores esperados dos formantes para cada vogal da língua. A fim de obter generalizações para as vogais de uma determinada língua, é possível medir, em hertz (Hz), no espectrograma de cada vogal os valores de **frequência dos formantes**.

Para medir a frequência dos formantes das vogais, são tomados como referência os valores de frequência dos formantes obtidos no ponto médio de cada vogal. O **ponto médio** de uma vogal é obtido dividindo-se a duração da vogal por 2. Ou seja, o ponto médio da vogal encontra-se equidistante entre o começo e o fim da vogal. No local em que foi identificado o ponto médio da vogal obtém-se os valores de F1, F2 e F3. A frequência dos formantes é estável na região do ponto médio da vogal uma vez que não há interferência de sons adjacentes ou de pausa na produção da vogal. Considere a Figura 3.2.

Figura 3.2 – Destaque do ponto médio das vogais [i], [a] e [u] respectivamente.

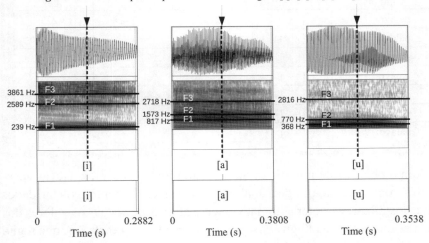

A Figura 3.2 ilustra o ponto médio das vogais [i], [a] e [u] na camada 1 de etiquetagem (na seta). O **ponto médio** foi obtido dividindo-se a duração de cada vogal por 2. Os valores de F1, F2 e F3 apresentados na Figura 3.2 foram obtidos no ponto médio de cada vogal. A caracterização acústica das vogais de qualquer língua natural é feita a partir da análise dos valores das três primeiras frequências de ressonância: F1, F2, F3.

Em um grande conjunto de dados, a maneira mais adequada para a obtenção dos valores das frequências de F1, F2 e F3 no ponto médio das vogais é através de *scripts* específicos que coletam automaticamente esses valores. *Scripts* podem ser compreendidos como um tipo de programa que tem por objetivo executar tarefas específicas. Por exemplo, um *script* pode definir que sejam extraídos os valores dos formantes ou de duração de vogais. Considerar a natureza dos *scripts* e a sua utilização na análise acústica nos levaria além dos propósitos deste livro.

Exercício 3.3: Consulte o Apêndice deste livro para obter instruções de como abrir os áudios do Exercício 3.3, que foram disponibilizados no material de apoio on-line. Cada um dos áudios deve ser aberto com o TextGrid correspondente, que indicará o ponto inicial e final da vogal tônica da palavra. Você deverá calcular o valor de F1, F2 e F3 no ponto médio da vogal tônica e indicar o símbolo fonético correspondente a esta vogal. Siga o exemplo.

Palavra	Símbolo	F1	F2	F3
palavra_1	[i]	315	2.642	3.223
palavra_2	[ ]			
palavra_3	[ ]			
palavra_4	[ ]			
palavra_5	[ ]			
palavra_6	[ ]			
palavra_7	[ ]			

Com o objetivo de investigar, de maneira global, as características acústicas das vogais de uma língua qualquer, é possível, portanto, coletar dados de diversos falantes e obter automaticamente através de *scripts* os valores dos formantes das vogais da língua em questão. Considere a Tabela 3.1, que registra a média dos valores das frequências de F1, F2 e F3 das sete vogais orais tônicas do PB como apresentado em estudo de Escudero et al. (2009).

Tabela 3.1 – Médias dos valores dos formantes das vogais orais tônicas do PB baseadas em estudo de Escudero et al. (2009).

Vogais	F1		F2		F3	
	Feminino	**Masculino**	**Feminino**	**Masculino**	**Feminino**	**Masculino**
[i]	**316**	*283*	**2.652**	*2.204*	**3.243**	*2.955*
[e]	**426**	*356*	**2.439**	*2.026*	**3.035**	*2.725*
[ɛ]	**642**	*512*	**2.257**	*1.834*	**2.903**	*2.561*
[a]	**892**	*677*	**1.638**	*1.340*	**2.598**	*2.248*
[ɔ]	**685**	*538*	**1.087**	*942*	**2.624**	*2.348*
[o]	**445**	*373*	**915**	*831*	**2.583**	*2.411*
[u]	**345**	*307*	**879**	*802*	**2.692**	*2.324*

A Tabela 3.1 reporta a média dos valores das frequências dos formantes das vogais orais tônicas do PB produzidas por dez falantes do sexo feminino (em negrito) e dez falantes do sexo masculino (em itálico). Todos os falantes que participaram do estudo de Escudero et al. (2009) são naturais da cidade de São Paulo. Os valores apresentados na Tabela 3.1 são específicos para o grupo de falantes do PB que foram analisados por Escudero et al. (2009). Outros estudos sobre o PB podem apresentar valores de formantes similares, mas diferentes dos reportados na Tabela 3.1. A média dos valores das frequências dos formantes das vogais difere de língua para língua e pode variar em uma mesma língua, entre falantes e mesmo individualmente.

A média dos valores das frequências dos dois primeiros formantes, exibidos na Tabela 3.1, permite a confecção de um **gráfico de F1 x F2**. Gráficos de F1 x F2 delimitam o espaço acústico vocálico de uma língua. Em confecção de gráficos de F1 x F2, o eixo horizontal, das abscissas, tem os valores de F2 e o eixo vertical, das ordenadas, tem os valores de F1. Por convenção, os gráficos de F1 x F2 são construídos sempre com essa configuração. Considere a Figura 3.3.

Figura 3.3 – Gráfico de F1xF2 das vogais orais tônicas do PB produzidas por homens (símbolos menores) e mulheres (símbolos maiores) da cidade de São Paulo (Escudero et al., 2009).

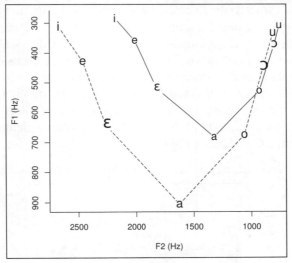

A Figura 3.3 apresenta o **gráfico de F1 x F2** correspondente ao espaço acústico vocálico do PB, para homens e mulheres. Os símbolos ligados pela linha pontilhada, que são situados na porção externa do gráfico se referem à produção das vogais pelas mulheres. Os símbolos ligados pela linha contínua, que são situados na parte interna do gráfico se referem à produção das vogais pelos homens. A diferença entre os valores atribuídos para homens e mulheres se relaciona com características fisiológicas típicas de cada sexo que implicam características acústicas específicas. Os resultados apresentados no gráfico da Figura 3.3 indicam que as vogais orais tônicas do PB tendem a ser mais centralizadas para os homens do que para as mulheres. Esse resultado está relacionado com as diferentes dimensões típicas do trato vocal de homens e de mulheres.

Fonética Acústica

Exercício 3.4: Construa um gráfico de F1 x F2 assumindo que os dados da tabela que seguem expressam médias dos valores dos formantes de vogais orais tônicas do PB.

Vogal	F1	F2
[i]	305	2.641
[e]	415	2.428
[ɛ]	631	2.246
[a]	881	1.627
[ɔ]	674	1.076
[o]	434	904
[u]	334	868

A segunda característica acústica a ser discutida para as vogais é a **amplitude**. Na forma de onda, a amplitude está relacionada com os valores do eixo y, das ordenadas, e é medida em decibéis (dB). Valores altos ou baixos de amplitude serão visualizados, respectivamente, como picos em direção ao topo ou à base da forma de onda. Por outro lado, no espectrograma, a amplitude tem como correlato visual regiões escurecidas. Quanto mais escurecidas as regiões no espectrograma, mais alta a amplitude e vice-versa. Inicialmente, será considerada a amplitude na onda sonora e, posteriormente, a amplitude no espectrograma. Considere a Figura 3.4.

Figura 3.4 – Formas de onda da palavra *afeto* produzida por um informante do sexo feminino.

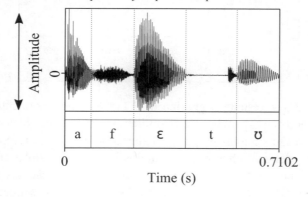

A Figura 3.4 ilustra a forma de onda da palavra *afeto* com destaque para cada som anotado na parte de baixo da figura: [a'fɛtʊ]. As formas de onda das vogais [a,ɛ,ʊ] apresentam maior amplitude do que as formas de onda dos sons consonantais vizinhos: [f,t]. Observe, no eixo vertical, a expansão dos picos glotais nas regiões de produção das vogais. Veja também que a maior amplitude é apresentada pela vogal [ɛ] e decorre do fato de ela ser tônica. Por outro lado, a forma de onda da vogal átona final [ʊ] mostra menor amplitude se comparada às formas de onda das vogais [a] e [ɛ]. E, finalmente, a vogal pretônica [a] apresenta amplitude intermediária entre a tônica e a átona final. Esses padrões são tipicamente recorrentes no PB: vogais tônicas têm maior amplitude do que vogais átonas, e vogais pretônicas têm amplitude maior do que vogais postônicas.

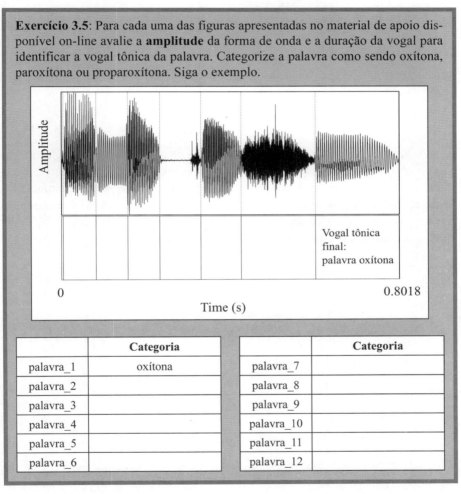

Exercício 3.5: Para cada uma das figuras apresentadas no material de apoio disponível on-line avalie a **amplitude** da forma de onda e a duração da vogal para identificar a vogal tônica da palavra. Categorize a palavra como sendo oxítona, paroxítona ou proparoxítona. Siga o exemplo.

	Categoria		Categoria
palavra_1	oxítona	palavra_7	
palavra_2		palavra_8	
palavra_3		palavra_9	
palavra_4		palavra_10	
palavra_5		palavra_11	
palavra_6		palavra_12	

Em seguida, será considerado o correlato acústico da amplitude no espectrograma. As vogais apresentam, no **espectrograma**, regiões escurecidas o que indica altos valores de amplitude. Nesse caso, a amplitude é visualizada pelo escurecimento/clareamento de regiões do **espectrograma**. Considere a Figura 3.5.

Fonética Acústica

Figura 3.5 – Espectrograma e transcrição fonética da palavra *afeto*. As regiões escuras correspondem às vogais [a,ɛ,ʊ] e as regiões mais claras, às consoantes [f,t].

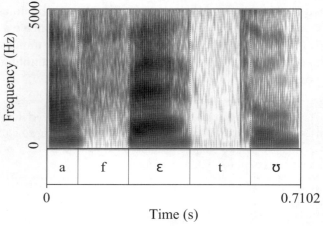

A Figura 3.5 exibe o espectrograma da palavra *afeto*. Nessa figura, as vogais são identificadas pelas regiões escuras e que apresentam barras horizontais que correspondem aos formantes dessas vogais. As consoantes [f,t] exibem, no espectrograma, regiões bem mais claras do que as apresentadas para as vogais. Assim, observa-se que as vogais apresentam grande amplitude quando comparadas com as consoantes adjacentes.

Exercício 3.6: Para cada uma das figuras apresentadas no material de apoio disponível on-line, avalie a **amplitude** no espectrograma e na forma de onda e a duração da vogal para identificar a vogal tônica da palavra. Identifique quantas vogais ocorrem em cada palavra. Siga o exemplo.

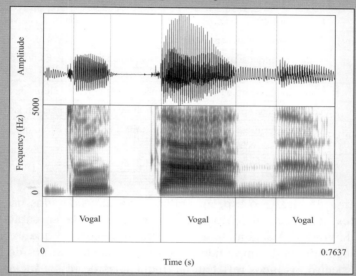

	Número de vogais
palavra_1	3
palavra_2	
palavra_3	
palavra_4	
palavra_5	
palavra_6	

	Número de vogais
palavra_7	
palavra_8	
palavra_9	
palavra_10	
palavra_11	
palavra_12	

Fonética Acústica

> **Exercício 3.7**: Indique se cada uma das afirmativas abaixo é (V) 'verdadeira' ou (F) 'falsa'.
>
> | | | |
> |---|---|---|
> | 1. | ( ) | A avaliação dos três primeiros formantes é suficiente para caracterizar a qualidade vocálica das vogais. |
> | 2. | ( ) | F1 é o formante que apresenta relação com o arredondamento da vogal. |
> | 3. | ( ) | F2 é o formante que apresenta relação com a altura da vogal. |
> | 4. | ( ) | Vogais arredondadas apresentam valores mais baixos de F3 do que as demais vogais. |
> | 5. | ( ) | O arredondamento da vogal apresenta relação com os valores de F3. |
> | 6. | ( ) | Vogais tônicas apresentam menor amplitude do que vogais átonas. |
> | 7. | ( ) | Vogais anteriores apresentam valores mais baixos de F2 do que vogais posteriores. |
> | 8. | ( ) | Quanto mais baixa for a vogal maior duração ela apresenta. |

A forma de onda e o espectrograma foram considerados nas páginas precedentes com destaque para a amplitude observada na caracterização acústica de vogais. A seguir, será considerado o espectro que expressa no eixo vertical valores de amplitude e no eixo horizontal valores de frequência. No espectro, os picos refletem as frequências de ressonâncias do som produzido e a amplitude dessa ressonância. O espectrograma e o espectro fornecem informações que possibilitam avaliar com precisão a frequência dos formantes de uma vogal. O **espectro** é obtido a partir de um recorte que permite verificar a amplitude de um formante com mais precisão do que no espectrograma. Considere a Figura 3.6.

Figura 3.6 – Espectrograma e espectro obtidos através da análise LPC da vogal [i] do PB.

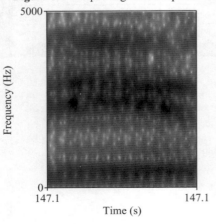
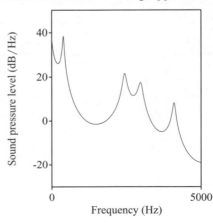

A Figura 3.6 ilustra o espectrograma, à esquerda, e o espectro obtido através da análise LPC, à direita, correspondentes à vogal [i] do PB. No espectro obtido através da análise LPC, são destacados os picos que correspondem aos formantes F1, F2 e F3. Considere a Figura 3.7.

Figura 3.7 – Espectros de frequência obtidos através da análise LPC das sete vogais orais do PB.

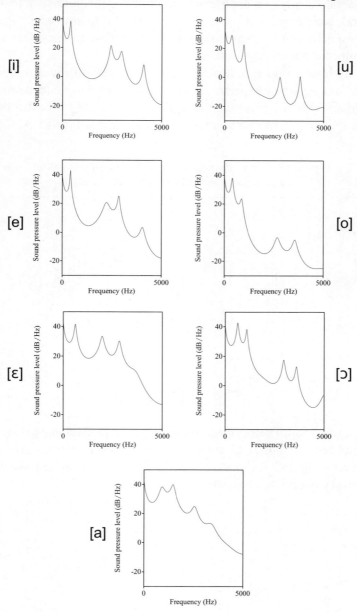

A Figura 3.7 apresenta espectros de frequência obtidos através da análise LPC para cada uma das sete vogais orais do PB. Os picos destacados nos espectros de frequência da Figura 3.7 correspondem aos formantes de cada uma das vogais. A altura de cada pico corresponde à amplitude de cada um dos formantes. A opção pelo algoritmo LPC é casual. Poderia ter sido escolhido também o espectro obtido através da análise FFT, que fornece medidas semelhantes. De modo geral, para vogais orais, tanto o espectro obtido através da análise LPC quanto o espectro obtido através da análise FFT permitem visualizar a mesma relação entre formantes e amplitude.

Para a obtenção do espectro de um som a partir do *Praat*, é necessário selecionar uma região no espectrograma, que pode corresponder a um ou mais pulsos glotais. Procure selecionar a região mais estável no centro da vogal, ou seja, a região que apresenta maior estabilidade dos formantes. Considere a Figura 3.8.

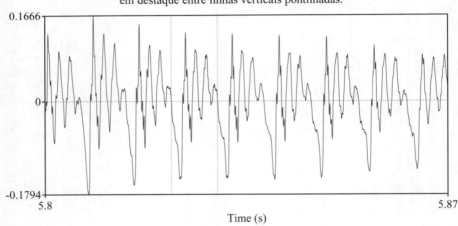

Figura 3.8 – Forma de onda da vogal [ɛ] com um pulso glotal em destaque entre linhas verticais pontilhadas.

Na Figura 3.8, foi selecionado na forma de onda da vogal [ɛ] apenas um pulso glotal (em destaque). O pulso glotal é destacado entre linhas verticais pontilhadas na Figura 3.8. Após a seleção do pulso glotal, solicita-se uma análise espectral e obtém-se o espectro. Considere a Figura 3.9.

Figura 3.9 – Espectro obtido via análise FFT, a partir de um pulso glotal da vogal [ɛ].

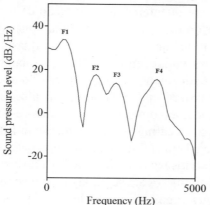

Na Figura 3.9, é apresentado um espectro obtido através da análise FFT da vogal [ɛ] na palavra *afeto*. Nessa figura, observam-se os três primeiros formantes: F1, F2, F3. É possível verificar os valores de frequência dos formantes pela posição dos picos espectrais no eixo x, e as amplitudes correspondentes são observadas no eixo y.

A terceira característica acústica a ser discutida para as vogais é a **duração**. Escudero et al. (2009) obtiveram os valores das médias da duração das vogais do PB a partir da identificação do início e do final da vogal. Considere a Tabela 3.2.

Tabela 3.2 – Média dos valores de duração das vogais orais tônicas do PB (Escudero et al., 2009).

Vogais	Duração	
	Feminino	**Masculino**
[i]	**99**	*95*
[e]	**122**	*109*
[ɛ]	**141**	*123*
[a]	**144**	*127*
[ɔ]	**139**	*123*
[o]	**123**	*110*
[u]	**100**	*100*

A Tabela 3.2 reporta a média dos valores de duração das vogais tônicas do PB produzidas por dez falantes do sexo feminino (em negrito) e dez falantes do sexo masculino (em itálico), naturais da cidade de São Paulo, como apresentado em Escudero et al. (2009). A duração das vogais tem relação com as características articulatórias envolvidas na sua produção. Para articular vogais abertas, o abaixamento do corpo da língua requer maior abertura da mandíbula e, consequentemente, a duração de uma vogal **aberta**, por exemplo [a], é maior do que a duração de uma vogal **fechada** ou **alta**, por exemplo [i], que é produzida com a mandíbula quase fechada. Os valores médios de duração das vogais apresentados na Tabela 3.2 indicam que as vogais altas têm estatisticamente menor duração do que as vogais médias e baixas (Beckman, 1996). A tendência de vogais altas apresentarem valores de duração menores do que vogais médias e baixas é conhecida como duração intrínseca da vogal (Keating, 1985). A **duração intrínseca** diz respeito às propriedades da vogal em si, independente do contexto em que ocorre. Há também a **duração extrínseca** que diz respeito à influência de fatores externos à vogal. Por exemplo, vogais seguidas de consoantes vozeadas podem ser mais longas do que vogais seguidas de consoantes não-vozeadas (Keating, 1985). Para estudos sobre a duração das vogais no PB, consulte Faveri (1991), Escudero et al. (2009), Berti e Reato (2011), Dias e Seara (2013) e Brod e Seara (2013). Considere a Tabela 3.3.

Tabela 3.3 – Média dos valores de duração das vogais orais tônicas, pretônicas e postônicas do PB (Faveri, 1991).

Vogais	Duração média (ms)		
	Tônica	Pretônica	Postônica
[i]	83,9	46,3	49,7
[e]	116,3	70,9	--
[ɛ]	119,2	--	--
[a]	107,6	72,4	64,0
[ɔ]	126,2	--	--
[o]	104,6	70,3	--
[u]	103,4	61,9	54,8

A Tabela 3.3 apresenta resultados de Faveri (1991). As lacunas na Tabela 3.3 refletem distribuições das vogais do PB em relação ao acento tônico ou átono. Os resultados de Faveri (1991) indicam que as vogais orais tônicas apresentam valores médios de duração estatisticamente maiores do que as vogais átonas, sejam pretônicas ou postônicas. Por outro lado, as vogais orais pretônicas, de maneira geral, apresentam valores médios de duração estatisticamente maiores do que os valores médios reportados para as vogais orais postônicas. Como generalização, tem-se que a duração é um parâmetro acústico relevante na caracterização de vogais do PB: vogais tônicas tendem a apresentar valores médios de duração maiores do que vogais átonas.

Características acústicas de vogais e ditongos

Exercício 3.8: Consulte o Apêndice deste livro para obter instruções de como abrir os áudios do Exercício 3.8, que foram disponibilizados no material de apoio on-line. Cada um dos áudios deve ser aberto com o TextGrid correspondente, que indicará o ponto inicial e final da vogal tônica da palavra. Você deverá calcular o valor da duração para cada vogal que foi destacada. Siga o exemplo.

	Duração da Vogal		Duração da Vogal
palavra_1	134 ms	palavra_7	
palavra_2		palavra_8	
palavra_3		palavra_9	
palavra_4		palavra_10	
palavra_5		palavra_11	
palavra_6		palavra_12	

Exercício 3.9: Para cada uma das figuras apresentadas no material de apoio disponível on-line, identifique os segmentos vocálicos e avalie os valores indicados para F1, F2 e F3. A partir de sua avaliação, selecione no quadro que segue o símbolo correspondente à vogal tônica da palavra. Todas as palavras são dissílabas e oxítonas. Siga o exemplo.

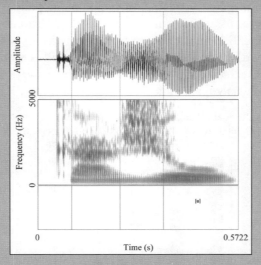

1.	i	e	ɛ	a	ɔ	o	**u**
2.	i	e	ɛ	a	ɔ	o	u
3.	i	e	ɛ	a	ɔ	o	u
4.	i	e	ɛ	a	ɔ	o	u
5.	i	e	ɛ	a	ɔ	o	u

6.	i	e	ɛ	a	ɔ	o	u
7.	i	e	ɛ	a	ɔ	o	u
8.	i	e	ɛ	a	ɔ	o	u
9.	i	e	ɛ	a	ɔ	o	u
10.	i	e	ɛ	a	ɔ	o	u

Redução vocálica e desvozeamento

Nas páginas precedentes, foram consideradas as vogais orais tônicas e átonas denominadas **vogais regulares** ou **vogais plenas**. Esta seção aborda casos de vogais orais átonas postônicas, em final de palavra, que podem ser produzidas com menor esforço articulatório e, portanto, apresentam correlatos acústicos distintos das vogais regulares. Os termos **vogais desvozeadas** ou **vogais reduzidas** foram adotados para essas vogais.

Em posição átona, em final de palavra, o PB apresenta, em geral, apenas três vogais: [ɪ, ɐ, ʊ]. Sons vocálicos em posição átona de final de palavra são sensíveis a fatores como velocidade, estilo e registro de fala (Aquino, 1997). Em contexto átono, no final de palavra, no PB, as vogais altas [ɪ, ʊ] podem não ocorrer, e a ausência dessas vogais é denominada na literatura de cancelamento ou apagamento vocálico (Fernandes, 2007; Meneses, 2012; Assis, 2017). O apagamento de vogais átonas em final de palavras é um fenômeno recorrente em várias línguas e reflete a ausência de correlatos acústicos característicos de sons vocálicos como: formantes bem definidos no espectrograma e pulsos glotais regulares na forma de onda. Observa-se, portanto, um *continuum* entre a vogal reduzida átona final, seu desvozeamento e a sua não ocorrência. Ou seja, há vários graus de desvozeamento vocálico que podem ser compreendidos como gradientes fônicos (Fernandes, 2007; Napoleão de Souza, 2012).

Dias e Seara (2013) analisaram acusticamente as vogais tônicas e átonas em final de palavras na produção de crianças e adultos e observaram que os valores de duração relativa das vogais átonas finais [ɐ, ɪ, ʊ] são estatisticamente menores do que das vogais tônicas. Considere a Figura 3.10.

Figura 3.10 – Gráfico dos valores de duração absoluta das vogais tônicas ([a, i, u]) e átonas finais ([ɐ, ɪ, ʊ]), produzidas por crianças (barra escura) e adultos (barra clara) (Dias e Seara, 2013).

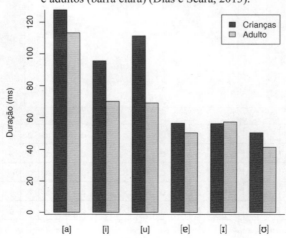

A Figura 3.10 apresenta o histograma dos valores de duração absoluta das vogais orais tônicas e átonas finais (Dias e Seara, 2013). Observa-se na Figura 3.10 que a duração absoluta das vogais tônicas [a, i, u] e átonas finais [ɐ, ɪ, ʊ] são maiores para as crianças (barras escuras) do que para os adultos (barras claras). Ou seja, no PB as vogais produzidas pelas crianças tendem a ter maior duração do que as vogais produzidas pelos adultos.

Além de analisar a duração vocálica na produção de adultos e crianças, Dias e Seara (2013) também consideraram os valores dos formantes vocálicos referentes ao espaço acústico (F1xF2) das vogais tônicas e átonas finais. Considere a Figura 3.11.

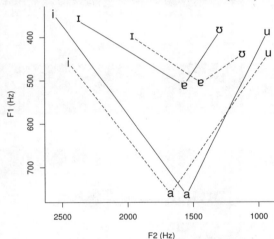

Figura 3.11 – Gráfico de F1 x F2 das vogais tônicas e átonas finais analisadas em Dias e Seara (2013).

A Figura 3.11 ilustra o gráfico de F1xF2 das vogais orais tônicas e átonas finais, obtido com os valores médios de F1 e F2 conforme Dias e Seara (2013). A linha pontilhada reflete resultados de dados das crianças e a linha contínua reflete resultados dos adultos. Este gráfico, de F1xF2, indica que os dados das crianças exibem características em comum às dos adultos, apresentando centralização do espaço acústico para as vogais átonas finais [ɐ, ɪ, ʊ] em relação às vogais tônicas [a, i, u]. Com foco nos diferentes graus de desvozeamento, estudos como os de Dias e Seara (2013) indicam que há uma relação entre o desvozeamento e o apagamento de vogais átonas finais. Outros estudos que avaliaram o desvozeamento e o apagamento de vogais átonas finais são: Leite (2006); Napoleão de Souza (2012); Meneses (2012); Cristófaro Silva e Faria (2014); Vieira e Cristófaro Silva (2015); Meneses e Albano (2015); Soares (2016); Oliveira (2017); Assis (2017). Considere a Figura 3.12.

Fonética Acústica

Figura 3.12 – Forma de onda, espectrograma e curva de F_0 dos vocábulos sapato e casaco. Em (a), a palavra *afeto* (acima) e respectiva sílaba átona final [tʊ] (abaixo) e, em (b), a palavra *casaco* (acima) e respectiva sílaba átona final [kʊ] (abaixo).

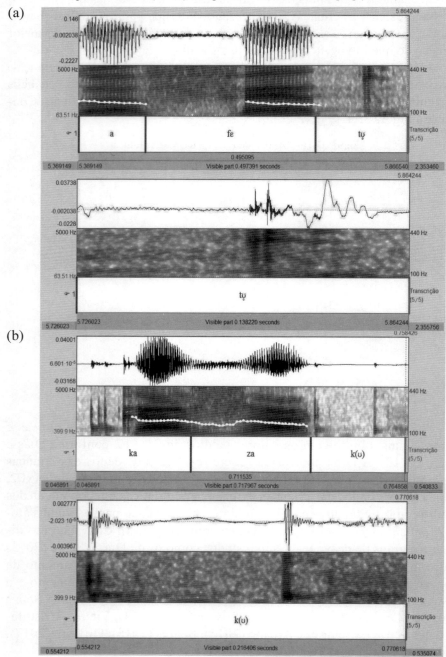

A Figura 3.12 ilustra, na parte superior, a forma de onda, o espectrograma e a curva de F_0, sobreposta ao espectrograma, das palavras *afeto*, à esquerda, e *casaco*, à direita. Na parte inferior da Figura 3.12, são apresentados a forma de onda e o espectrograma das sílabas átonas finais das palavras ilustradas na parte superior. O objetivo da Figura 3.12 é o de caracterizar vogais desvozeadas e o apagamento da vogal átona final [ʊ]. A linha que representa a curva de F_0 presente apenas nos sons vozeados indica em quais sons houve a vibração das pregas vocais. Observa-se que, na sílaba final da palavra *afeto*, que se encontra na parte inferior da Figura 3.12(a), tem-se a ausência da barra de vozeamento e da curva de F_0, e a forma de onda não apresenta regularidade no sinal, indicando nesse caso o apagamento da vogal átona final.

Por outro lado, na sílaba final da palavra *casaco*, que se encontra na parte inferior da Figura 3.12(b), a onda sonora apresenta-se de forma irregular ao longo da vogal e o espectrograma não apresenta regiões formânticas estáveis e também não aparece a curva de F_0, indicando a vogal desvozeada que, tipicamente, segue plosivas e fricativas. Nesse caso, a transcrição da vogal final desvozeada foi realizada com o diacrítico " ̥ " abaixo da vogal, apontando o seu desvozeamento.

Os casos de ausência de vogais átonas finais, observados em Dias e Seara (2013), ocorreram em especial com vogais altas precedidas de consoantes não-vozeadas, principalmente oclusivas. Assis (2017) mostrou que a ausência da vogal átona final [ɪ] é favorecida quando o som que precede a vogal é fricativo ou africado não-vozeado. Oclusivas não-vozeadas também favorecem a ausência da vogal átona final [ɪ], mas em índices menores do que o das fricativas e africadas não-vozeadas.

A predominância da ausência de vogais altas diante de consoantes não-vozeadas pode ser explicada, segundo Delforge (2008), pelo fato de as vogais altas terem menor duração intrínseca e também pelo fato de o movimento de afastamento das pregas vocais, durante a produção das consoantes não-vozeadas, dificultar o vozeamento necessário para a produção da vogal.

Exercício 3.10: Para cada uma das figuras apresentadas no material de apoio disponível on-line, identifique quantas vogais reduzidas ou desvozeadas ocorrem em cada palavra. Se a palavra for paroxítona, haverá uma única vogal reduzida, se a palavra for proparoxítona, serão duas vogais reduzidas.

	Número de vogais reduzidas ou desvozeadas			Número de vogais reduzidas ou desvozeadas
palavra_1	2		palavra_5	
palavra_2			palavra_6	
palavra_3			palavra_7	
palavra_4			palavra_8	

Vogais epentéticas

Cristófaro Silva e Almeida (2008) analisaram vogais epentéticas [ɪ] e vogais altas regulares [i]. Os valores médios de duração encontrados pelos autores foram de 30 ms para as vogais epentéticas e de 49 ms para as vogais altas regulares [i]. Os resultados apresentados em Cristófaro Silva e Almeida (2008) indicam que a vogal alta epentética [ɪ] é uma vogal com duração bastante breve. Nascimento (2016) observa não apenas que vogais epentéticas têm duração breve como também registrou que vogais epentéticas raramente ocorrem entre consoantes não-vozeadas, sobretudo em meio de palavras, como, por exemplo, ru*pt*ura ou impa*ct*o.

Silveira e Seara (2009) também analisaram vogais epentéticas no PB. As autoras sugerem que, na maioria das vezes, a vogal epentética tem as características acústicas da vogal alta [i], podendo ainda se caracterizar como uma vogal média alta ou como um *schwa*.

Cantoni (2015) considerou casos em que uma **vogal epentética** passa a receber acento tônico em formas verbais no português de Belo Horizonte. Por exemplo, para o verbo *optar* a autora encontrou formas como [ˈɔpitʊ] e [oˈpitʊ]. Os valores médios de duração da vogal epentética átona e tônica, bem como da vogal regular tônica [i] foram estatisticamnente diferentes entre si. Considere a Figura 3.13.

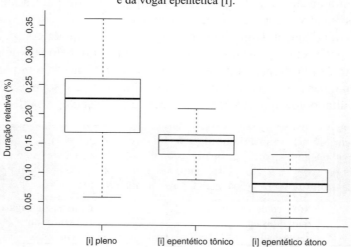

Figura 3.13 – Gráfico de valores médios de duração de vogal regular [i] e da vogal epentética [ɪ].

A Figura 3.13 ilustra resultados de Cantoni (2015) para os valores de duração da vogal [i] regular tônica (à esquerda), da vogal epentética tônica (no centro) e da vogal epentética átona (à direita). Os resultados de Cantoni (2015) apresentados na Figura 3.13 indicam que a vogal epentética átona (à direita) apresenta estatis-

Características acústicas de vogais e ditongos

ticamente valores médios de duração menores dentre as três vogais consideradas. Nos casos em que a vogal epentética recebeu acento tônico (centro), os valores médios da duração foram estatisticamente menores do que nos casos em que a vogal regular ocorreu em posição tônica (à esquerda). Esse resultado expressa a relação entre a duração e o acento tônico: uma vogal epentética tônica apresenta duração maior do que uma vogal epentética átona, mas não atinge os valores médios de duração atestados para as vogais regulares tônicas [i].

No PB, somente as vogais podem receber acento tônico. Uma análise detalhada da atribuição do **acento** e dos correlatos físicos relacionados com a proeminência acentual nos levaria muito além dos propósitos deste livro. A literatura indica que a proeminência acentual no PB combina aspectos da frequência fundamental, intensidade e duração (Fernandes, 1977; Major, 1985; Massini-Cagliari, 1992; Moraes, 1998; Albano, 2001; Netto, 2007; Cantoni, 2013).

Resumo:

Características acústicas das vogais orais	
1	Frequências dos formantes	Representadas por formantes ou frequências de ressonância que são visualizados como barras horizontais escuras no espectrograma, maior concentração de energia na forma de onda e por picos no espectro. F1: altura da língua F2: avanço/recuo da língua F3: arredondamento dos lábios
2	Amplitude	Representada na forma de onda por valores acima e abaixo do eixo horizontal e pelas regiões escurecidas nos espectrogramas. Vogais tônicas do PB apresentam maior amplitude do que as vogais átonas (pretônicas ou postônicas).
3	Duração	Representada no eixo horizontal, das abscissas, tanto no espectrograma quanto na forma de onda. Vogais orais regulares do PB são mais longas do que as vogais reduzidas e epentéticas. Vogais orais tônicas do PB tendem a ser mais longas do que vogais átonas (pretônicas ou postônicas).

Exercício 3.11: Para cada uma das figuras apresentadas no material de apoio disponível on-line, indique se a palavra apresenta ou não uma vogal epentética. Siga o exemplo.

	Vogal epentética	
	Sim	**Não**
palavra_1	x	
palavra_2		
palavra_3		
palavra_4		

	Vogal epentética	
	Sim	**Não**
palavra_5		
palavra_6		
palavra_7		
palavra_8		

Exercício 3.12: No material de apoio disponível on-line, são apresentadas 10 palavras. Observe o espectrograma e a forma de onda de cada palavra e classifique-a como oxítona, paroxítona ou proparoxítona ao adicionar o número correspondente à palavra em uma das colunas do quadro que segue.

	Oxítona	Paroxítona	Proparoxítona
palavra_1		x	
palavra_2			
palavra_3			
palavra_4			
palavra_5			
palavra_6			
palavra_7			
palavra_8			
palavra_9			
palavra_10			

VOGAIS NASAIS

As vogais nasais são caracterizadas acusticamente por:

1. formantes nasais
2. amplitude
3. frequência dos formantes
4. antiformantes
5. murmúrio nasal
6. momentos acústicos
7. duração

As características acústicas, listadas anteriormente, permitem identificar, individualmente, cada uma das vogais nasais do PB que são:

	Anteriores	Central	Posteriores
Altas	ĩ		ũ
Médias	ẽ		õ
Baixas		ẽ	

No PB, as vogais podem ser nasais ou nasalizadas (Cristófaro Silva, 2017). As vogais nasais ocorrem em final de sílaba, como em *sim* [ˈsĩ] ou seguidas de uma consoante oral na sílaba seguinte, como [t] em *cinto* [ˈsĩ.tʊ]. Vogais nasalizadas, por outro lado, podem ocorrer como nasais ou orais e são sempre seguidas de uma consoante nasal na sílaba seguinte: *caneta* [kẽˈne.tɐ] ~ [kaˈne.tɐ].

Esta seção tem como objetivo a caracterização acústica das vogais nasais e nasalizadas. Inicialmente serão tratados os parâmetros acústicos das vogais nasais e posteriormente serão consideradas as vogais nasalizadas. As vogais nasais são produzidas com dois ressoadores: cavidade oral e cavidade nasal. A interação entre as duas cavidades ocasiona várias diferenças na caracterização acústica de vogais orais e nasais.

A primeira característica acústica a ser discutida para as vogais nasais são os **formantes nasais** que têm a notação FN, podendo ser FN1, FN2, FN3. Além dos formantes nasais, as vogais nasais também possuem **formantes** orais que têm a notação **F**. Os formantes orais e nasais são visualizados no espectro como picos de energia. Os formantes nasais dependem essencialmente da configuração do trato nasal e da faringe. Considere a Figura 3.14.

Figura 3.14 – Espectro FFT das vogais orais (linha tracejada) [i,e,a,o,u] e nasais (linha contínua) [ĩ,ẽ,ɐ̃,õ,ũ] do PB.

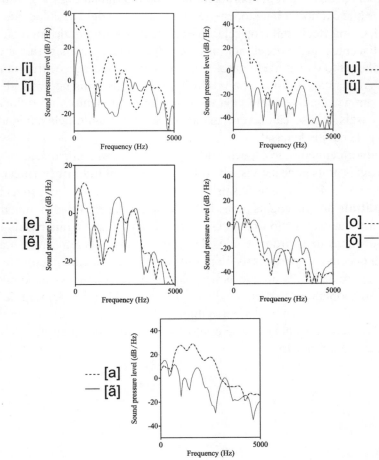

A Figura 3.14 ilustra o espectro FFT das vogais orais [i,e,a,o,u] (linha tracejada) e das vogais nasais [ĩ,ẽ,ɐ̃,õ,ũ] (linha contínua) do PB. Destaque é dado para os formantes orais e nasais com as letras F e FN respectivamente, sendo seguidas pelo número correspondente ao formante. A partir da Figura 3.14, é possível observar diferenças entre vogais orais e nasais relativas ao aparecimento de **formantes nasais** (FN). Na Figura 3.14, observa-se que, no espectro das vogais nasais, surgem picos de ressonância que não estão presentes no espectro das vogais orais. Os picos de ressonância adicionais são os formantes nasais que ocorrem devido à saída de ar nasal pelas fossas nasais.

A segunda característica acústica a ser discutida para as vogais nasais é a **amplitude**. A amplitude das vogais nasais é atenuada em relação aos sons adjacentes, o que caracteriza o **amortecimento**. A comparação de espectros de frequência de uma vogal oral com uma vogal nasal na Figura 3.14 permite observar que o amortecimento, em geral, é maior na vogal nasal do que na vogal oral. O amortecimento, ou seja, o decaimento da amplitude em relação aos sons adjacentes que é observado nas frequências das vogais nasais é devido ao acoplamento da cavidade nasal com a cavidade oral que ocorre na produção de vogais nasais. Isto é, na produção das vogais orais ocorre a absorção de energia acústica somente pela cavidade oral; enquanto, na produção das vogais nasais, a absorção de energia acústica ocorre tanto pela cavidade oral quanto pela cavidade nasal.

O amortecimento do espectro de vogais nasais em comparação ao espectro de vogais orais pode ser visto na diferença de amplitude, observada no eixo y, na Figura 3.14. As vogais nasais, em geral, apresentam valores mais baixos de **amplitude** do que vogais orais. Essa atenuação da amplitude também pode ser vista no achatamento dos picos de ressonância das vogais nasais em relação aos picos mais pronunciados das vogais orais. Assim, a frequência das ressonâncias das vogais nasais é amortecida e, consequentemente, apresenta maior largura de banda do que as frequências de ressonância das vogais orais devido ao acoplamento da cavidade nasal à cavidade oral. A largura de banda de um pico de ressonância é medida diminuindo-se 3 dB a partir da amplitude desse pico de ressonância. Nesse ponto, faz-se a medida da largura de banda. Considere a Figura 3.15.

Figura 3.15 – Picos de ressonância de uma vogal do PB, indicando a largura de banda de seu primeiro pico de ressonância.

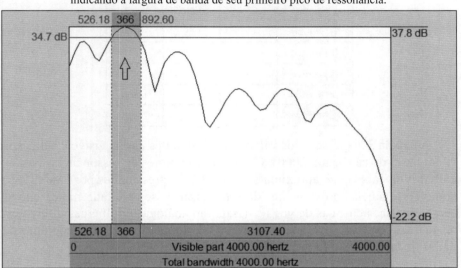

A Figura 3.15 apresenta a medida da largura de banda do primeiro pico de ressonância de uma vogal do PB. Esse pico apresenta uma amplitude de 37,8 dB. Assim, com o decréscimo de 3 dB a partir do pico, tem-se aproximadamente 34,7 dB e, nesse ponto, coleta-se a largura de banda do pico de ressonância. No exemplo ilustrado na Figura 3.15, a largura de banda foi de 366 Hz. Quanto maior a largura de banda, mais achatado é o pico de ressonância, ou seja, mais ele é amortecido.

A identificação dos picos de ressonância nasal é realizada considerando-se que os formantes nasais ocorrem em faixas de frequência razoavelmente fixas (uma vez que as cavidades nasais não possuem articuladores móveis) e estão em regiões próximas a 250 Hz, 1.000 Hz, 2.000 Hz, 3.000 Hz e 4.000 Hz (Fant, 1960). Assim, quando as frequências de ressonância oral estão muito próximas das frequências de ressonância nasal, não é possível identificar cada uma delas e o pico resultante passa a ser considerado um pico de ressonância oral. Quando, no entanto, os valores de frequência das ressonâncias oral e nasal estão em regiões distintas, é possível identificar tanto o pico de ressonância oral quanto o pico de ressonância nasal. Considere a Tabela 3.4.

Tabela 3.4 –Valores médios dos formantes nasais das vogais nasais do PB (Seara, 2000).

Vogais	FN1	FN2	FN3
[ĩ] tônico	-	959	-
[ẽ] tônico	242	1.215	-
[ẽ] tônica	252	-	2.833
[õ] tônico	236	-	1.809
[ũ] tônico	236	-	2.217

A Tabela 3.4 apresenta os valores dos formantes nasais visíveis para cada vogal nasal do PB (Seara, 2000). Cada um dos valores de ressonâncias nasais, exibidos na Tabela 3.4, aproxima-se dos valores apresentados por Fant (1960) como ressonâncias provenientes do trato nasal. Esse resultado indica que as características acústicas de vogais nasais são análogas em línguas diferentes, resguardando-se as particularidades de cada língua ou de cada conjunto de dados de uma mesma língua.

A terceira característica acústica a ser discutida para as vogais nasais são as **frequências dos formantes** orais. Todas as vogais, orais e nasais, apresentam formantes orais. Considere a Tabela 3.5.

Tabela 3.5 – Valores médios dos formantes orais das vogais orais e nasais do PB (Seara, 2000).

Vogais	F1	F2	F3
[i] tônico	**263**	**2.148**	**2.747**
[ĩ] tônico	*277*	*2.362*	*2.851*
[e] tônico	**401**	**1.964**	**2.481**
[ẽ] tônico	*503*	*2.038*	*2.548*
[a] tônico	**740**	**1.335**	**2.170**
[ẽ] tônico	*560*	*1.321*	*2.192*
[o] tônico	**427**	**877**	**2.410**
[õ] tônico	*488*	*786*	*2.675*
[u] tônico	**307**	**823**	**2.414**
[ũ] tônico	*269*	*718*	*2.628*

A Tabela 3.5 apresenta os valores médios dos formantes orais de vogais orais (em negrito) e de vogais nasais (em itálico) do PB. Os valores referem-se a vogais em posição tônica (Seara, 2000). Os padrões observados para as vogais nasais tônicas, em geral, se repetem para as vogais nasais átonas. Pautando-se nos resultados reportados nas páginas precedentes, é possível apresentar as seguintes generalizações:

Características acústicas de vogais e ditongos

[ĩ]	– Os valores médios de F1, apresentados na Tabela 3.5, indicam que a vogal nasal [ĩ] é mais anterior do que a vogal oral [i] devido aos valores de F2 serem mais altos para [ĩ]. – As frequências do primeiro formante nasal FN1 (Tabela 3.4), e do primeiro formante oral F1 (Tabela 3.5) da vogal [ĩ] estão bastante próximas e, dessa forma, é possível coletar apenas uma delas: a frequência de F1. – A principal característica das vogais nasais anteriores alta e média – [ĩ,ẽ] – é o formante nasal previsto para ocorrer em torno de 1.000 Hz – ou seja, FN2. – FN2 é visível porque esse formante está localizado entre F1 e F2.
[ẽ]	– Os valores médios dos formantes, apresentados na Tabela 3.5, indicam que a vogal nasal [ẽ] é menos alta e mais anterior do que a vogal oral [e] devido aos valores de F1 e F2. – A principal característica das vogais nasais anteriores alta e média – [ĩ,ẽ] – é o formante nasal previsto para ocorrer em torno de 1.000 Hz – ou seja, FN2.
[ɐ̃]	– Os valores médios dos formantes, apresentados na Tabela 3.5, indicam que a vogal nasal [ɐ̃] é menos baixa do que a vogal oral [a] devido aos valores de F1 serem mais baixos para [ɐ̃]. – No espectro da vogal [ɐ̃], o formante nasal previsto para ocorrer em torno de 1.000 Hz não é visível, porque essa vogal apresenta um formante oral próximo a esse valor, então o formante nasal se mistura ao formante oral, sendo possível coletar apenas F1. – A principal característica da vogal [ɐ̃] é um formante nasal na região próxima a F3. Pode ser observada também a duplicação de F3 em decorrência de agrupamentos (*clusters*) de formantes nessa vogal. A duplicação de F3 para a vogal [ɐ̃] ocorre porque, muito próximo a ele, surge um formante nasal em torno de 2.000 Hz (Fant, 1960).
[õ]	– Os valores médios dos formantes, apresentados na Tabela 3.5, indicam que [õ] é mais posterior do que a vogal oral [o] devido aos valores de F2 serem baixos para [õ]. – Ocorre elevação da frequência de F3 e o aparecimento de um formante nasal FN3 em torno de 2000 Hz, que se estende até o murmúrio nasal. Isso leva a uma separação entre dois agrupamentos (*clusters*) de formantes: um na faixa de frequência de FN1 (em torno de 300 Hz) e outro na faixa de frequência de FN3 (em torno de 2.000 Hz). A separação entre os dois agrupamentos é mais pronunciada nas vogais arredondadas, como [õ], do que nas vogais não-arredondadas (Maeda, 1993). – FN2, nesse caso, não é visualizado porque o F2 da vogal nasal [õ] é muito próximo de FN2, em torno de 1.000 Hz.
[ũ]	– Os valores médios dos formantes, apresentados na Tabela 3.5, indicam que a vogal nasal [ũ] não difere da vogal oral [u]. – As frequências do primeiro formante nasal FN1 e do primeiro formante oral F1 da vogal [ũ] estão bastante próximas e, dessa forma, é possível coletar apenas uma delas – a frequência de F1. – O primeiro formante nasal FN1, em Seara (2000), só pôde ser extraído em poucos dados da vogal [ũ] em razão da proximidade das frequências de FN1 e de F1. – A vogal nasal [ũ] apresenta um segundo formante nasal em frequências altas, em torno de 2.000 Hz, o que acarreta alteração na frequência de F3, que se torna mais alta do que F3 da vogal oral [u] (Sousa, 1994).

Exercício 3.13: Considere as três figuras abaixo que ilustram espectros de vogais orais e nasais correspondentes. Indique qual é a vogal – dentre [ẽ, ɛ̃, ũ] – associada com cada figura.

1.	[ ]
2.	[ ]
3.	[ ]

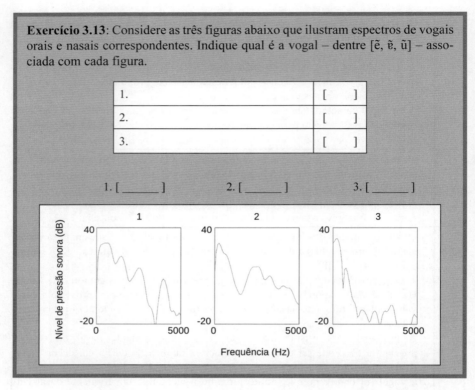

A quarta característica acústica a ser discutida para as vogais nasais diz respeito aos **antiformantes** ou **antirressonâncias**. Para melhor compreender a noção de antiformante, é necessário avaliar a relação entre a cavidade oral e a cavidade nasal na produção dos sons nasais. Considere a Figura 3.16.

Figura 3.16 – Diagrama esquemático de uma vogal nasal.

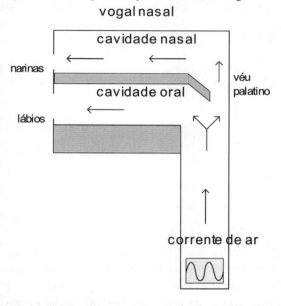

O diagrama da Figura 3.16 corresponde ao diagrama esquemático de um som nasal. Do ponto de vista acústico, esse diagrama apresenta dois tubos de ressonância (oral e nasal), ou seja, o trato vocal é ramificado. Se o trato vocal é ramificado, o espectro pode também mostrar a influência de antiformantes, que são bandas de frequência em que a energia acústica é seletivamente atenuada. Se, por outro lado, o trato vocal não for ramificado, antiformantes estarão ausentes no espectro. O resultado do antiformante é uma interferência destrutiva entre as ressonâncias de um tubo acústico sobre o outro. Dessa forma, devido ao acoplamento do tubo acústico da cavidade nasal, os componentes de frequência que estão próximos às frequências de ressonância do trato vocal cancelam-se, tornando-se antirressonâncias (antiformantes).

Os formantes aparecem no espectro como picos de energia, enquanto os antiformantes aparecem como vales espectrais pronunciados. O efeito de um antiformante no espectro aparece no abaixamento da amplitude dos formantes que estão acima ou abaixo dele. Esses antiformantes, no entanto, não são tão facilmente identificáveis como são os formantes orais e nasais.

Johnson (1997), na tentativa de identificação de antiformantes, observou que, sobrepondo espectros de frequência obtidos através da análise FFT e LPC, quando o espectro FFT apresenta um vale que o espectro LPC não consegue representar, muito provavelmente essa região pode ser identificada como um antiformante, cuja causa mais provável seja a nasalidade. Considere a Figura 3.17.

Figura 3.17 – Espectros da vogal nasal [ẽ]: análise obtida via FFT (linha contínua) e via Transformada Inversa de Fourier – análise Cepstral (linha pontilhada) (Vieira e Seara, 2017).

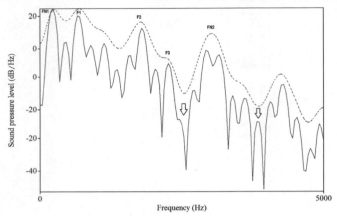

A Figura 3.17 ilustra os antiformantes – ou vales espectrais pronunciados – que estão presentes na produção da vogal [ẽ], evidenciados no espectro obtido através da análise FFT (linha contínua), porém ausentes no espectro obtido através da análise Cepstral (linha pontilhada), que tem mecanismo similar à análise LPC e não possui as restrições da análise LPC (Barbosa e Madureira, 2015).

A quinta característica acústica a ser discutida para as vogais nasais é o **murmúrio nasal**, comumente investigado como traço acústico das consoantes nasais. As vogais nasais, por serem igualmente produzidas com o abaixamento do véu palatino, também apresentam murmúrio nasal. O murmúrio nasal é caracterizado articulatoriamente pelo abaixamento do véu palatino e saída de fluxo de ar pelas fossas nasais. Acusticamente, o murmúrio nasal é caracterizado apenas por formantes nasais, sendo o primeiro formante nasal o mais reforçado em energia, em torno de 300 Hz (Fujimura, 1962) e os demais formantes nasais bastante amortecidos.

Seara (2000) descreveu o murmúrio nasal das cinco vogais nasais do PB, caracterizado por formantes nasais (FN) que variam dependendo da vogal. O murmúrio nasal apresenta especificidades quando uma vogal nasal é seguida de consoantes orais como em *canta* e *dança*. Considere a Figura 3.18.

Figura 3.18 – Forma de onda e espectrograma destacando entre linhas verticais tracejadas o murmúrio das vogais nasais [ẽ] seguidas da consoante oclusiva [t] e da consoante fricativa [s].

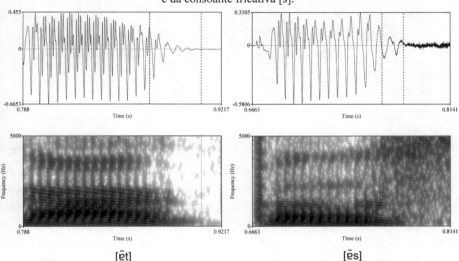

[ẽt]   [ẽs]

A Figura 3.18 ilustra a forma de onda e o espectrograma das vogais nasais [ẽ] seguidas da consoante oclusiva [t] na palavra *canta*, à esquerda, e da consoante fricativa [s] na palavra *dança*, à direita. O murmúrio nasal das vogais ilustradas na Figura 3.18 é destacado entre linhas verticais tracejadas. Comparando-se as regiões entre as linhas verticais na Figura 3.18, observa-se a diferença entre os murmúrios nasais de uma vogal nasal seguida de consoante oclusiva e de uma vogal nasal seguida de consoante fricativa. Diante da fricativa, há uma região bastante reduzida de murmúrio e, diante da oclusiva, essa região é bem mais evidente. Medeiros (2007) sugere que o murmúrio nasal nas vogais nasais está presente antes de consoantes oclusivas, mas, não necessariamente, antes de consoantes fricativas. Por outro lado, Jesus (2002: 217) sugere que o murmúrio nasal não apresenta informações espectrais que evidenciem a transição para a consoante seguinte. Portanto, estudos futuros poderão investigar o murmúrio nasal quando uma vogal nasal é seguida por diferentes consoantes orais.

Exercício 3.14: Para cada uma das figuras apresentadas no material de apoio disponível on-line, identifique os segmentos vocálicos como sendo orais ou nasais. Todas as palavras são dissílabas e oxítonas. Uma das vogais é oral e a outra nasal (oral-nasal), ou uma das vogais é nasal e a outra oral (nasal-oral). Siga o exemplo.

	Sequência de vogais
palavra_1	(oral-nasal)
palavra_2	
palavra_3	
palavra_4	

	Sequência de vogais
palavra_5	
palavra_6	
palavra_7	
palavra_8	

A sexta característica acústica a ser discutida para as vogais nasais são os diferentes **momentos acústicos**. As vogais nasais, a partir de sua constituição acústica, podem ser compostas por três momentos distintos: momento oral, momento nasal e momento do murmúrio nasal (Sousa, 1994; Seara, 2000). A observação acústica desses três momentos é feita via espectrograma e forma de onda, considerando-se o número de formantes visíveis ao longo da duração da vogal nasal. Observe a Figura 3.19.

Figura 3.19 – Composição acústica da vogal nasal [ẽ] com a forma de onda da vogal nasal [ẽ] (na parte superior), apresentando os três momentos; espectros de frequência (FFT e Cepstral sobrepostos) do momento oral da vogal [ẽ] (parte inferior à esquerda); espectros de frequência (FFT e Cepstral sobrepostos) do momento nasal da vogal [ẽ] (parte inferior no centro); espectros de frequência (FFT e Cepstral sobrepostos) do momento de murmúrio nasal (parte inferior à direita).

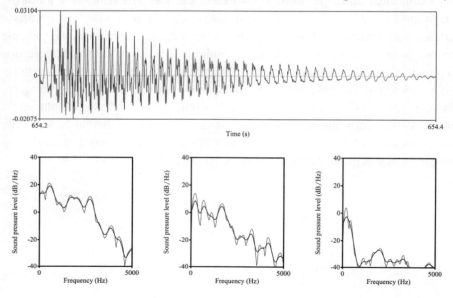

Características acústicas de vogais e ditongos

A Figura 3.19 apresenta a forma de onda da vogal [ẽ] e espectros de frequência obtidos através da análise FFT (linha mais clara) e Cepstral (linha mais escura) sobrepostos para cada um dos três momentos constitutivos da vogal nasal [ẽ]. No momento oral (Figura 3.19, parte inferior à esquerda), observa-se apenas a presença de quatro picos espectrais – os formantes orais F1, F2, F3 e F4 – que evidenciam a característica oral desse momento. No momento nasal (Figura 3.19, parte inferior no centro), observa-se o surgimento de formantes adicionais – os formantes nasais FN1, FN3 – que evidenciam a característica nasal desse momento. No momento de murmúrio nasal (Figura 3.19, parte inferior à direita), percebe-se uma grande atenuação do espectro e a manutenção dos formantes adicionais surgidos no momento nasal. É possível verificar então que cada um desses momentos tem as especificidades acústicas que são listadas a seguir.

Momentos acústicos constitutivos das vogais nasais	
momento oral	somente formantes orais
momento nasal	formantes orais e nasais
momento do murmúrio nasal	somente formantes nasais

Cada vogal nasal do PB é composta por dois ou três destes momentos acústicos que atuam em conjunto para dar a qualidade acústica nasal das vogais nasais. Considere a Tabela 3.6.

Tabela **3.6** – Percentual dos tipos de composição acústica das vogais nasais do PB, considerando-se os três momentos constitutivos: momento oral, momento nasal e murmúrio nasal (Seara, 2000).

Vogais	Momento oral + momento nasal + murmúrio nasal	Momento nasal + murmúrio nasal	Momento oral + murmúrio nasal
Tônica			
[ĩ]	88%	5%	7%
[ẽ]	39%	28%	33%
[ɐ̃]	32%	68%	0%
[õ]	66%	34%	0%
[ũ]	58%	38%	4%
Átona			
[ĩ]	41%	6%	53%
[ẽ]	65%	30%	5%
[ɐ̃]	38%	62%	0%
[õ]	63%	37%	0%
[ũ]	57%	39%	4%

A Tabela 3.6 apresenta os resultados de Seara (2000) quanto à caracterização das vogais nasais tônicas e átonas, considerando-se os três momentos acústicos constitutivos: momento oral, momento nasal e murmúrio nasal. Todas as vogais nasais, independentemente do contexto de tonicidade, apresentam, sistematicamente, dois tipos de composição: (momento oral + momento nasal + murmúrio nasal) e (momento nasal + murmúrio nasal), como ilustrado nas duas primeiras colunas da Tabela 3.6. Por outro lado, a composição do (momento oral + murmúrio nasal), que é ilustrado na última coluna da Tabela 3.6 – ocorre apenas com as vogais [ĩ], [ẽ] e [ũ], tônicas ou átonas. As vogais [ɐ̃] e [õ], por outro lado, não apresentam a composição de (momento oral + murmúrio nasal).

Ainda em relação às duas primeiras colunas, observa-se nos dados da Tabela 3.6 que as vogais nasais do PB, à exceção da vogal [ɐ̃], apresentam um maior percentual para a composição (momento oral + momento nasal + murmúrio nasal) do que para (momento nasal + murmúrio nasal). A vogal [ɐ̃] é a única que apresenta maior percentual para a composição (momento nasal + murmúrio nasal) do que para (momento oral + momento nasal + murmúrio nasal): 68% (tônica) e 62% (átona).

A sétima característica acústica a ser discutida para as vogais nasais é a **duração**. Os valores de duração dependem do contexto em que a vogal se encontra, da velocidade da fala, do tipo de elocução (por exemplo, fala lida ou

Características acústicas de vogais e ditongos

espontânea), dentre outros. Por essa razão, os resultados de valores de duração podem variar entre autores. Vários autores observaram que, no PB, as vogais nasais têm duração mais longa do que as vogais orais correspondentes (Matta Machado, 1981; Moraes e Wetzels, 1992; Jesus, 1999; Seara, 2000; Ninno, 2008). Considere a Tabela 3.7.

Tabela 3.7 – Valores médios de duração das vogais orais [i, a, u] e das vogais nasais [ĩ, ã, ũ] em produções de homens e mulheres (adaptado de Jesus, 1999: 75).

Sexo	[i]	[ĩ]	[a]	[ẽ]	[u]	[ũ]
Homens	92	149	126	162	93	149
Mulheres	113	172	168	196	120	164

A Tabela 3.7 apresenta os valores médios de duração para os pares de vogais [i, ĩ], [a, ã] e [u, ũ] respectivamente, de acordo com Jesus (1999: 75). Os valores médios de duração são apresentados para homens e mulheres. Os resultados apresentados na Tabela 3.7 indicam que a duração média das vogais nasais é estatisticamente maior do que a duração média das vogais orais correspondentes, tanto para os homens quanto para as mulheres.

Estudos, como os de Sousa (1994) e Seara (2000), também observaram que vogais nasais têm valores médios de duração maiores do que os valores médios de duração das vogais orais. Seara (2000) reporta que vogais tônicas orais ou nasais apresentam duração média maior do que as vogais átonas orais ou nasais correspondentes. Considere a Tabela 3.8.

Tabela 3.8 – Valores médios de duração de vogais orais e nasais em contextos átonos e tônicos, obtidos em Seara (2000) e Sousa (1994).

Vogais	Tônico		Átono
	Seara (2000)	Sousa (1994)	Seara (2000)
[i]	75	87	63
[ĩ]	132	156	128
[e]	83	98	72
[ẽ]	134	170	138
[a]	110	123	84
[ẽ]	145	163	133
[o]	93	116	83
[õ]	148	162	134
[u]	81	88	65
[ũ]	121	144	125

A Tabela 3.8 apresenta valores médios de duração de vogais orais (em negrito) e nasais (em itálico) em contexto tônico (Seara, 2000; Sousa, 1994) e pretônico (Seara, 2000). Esses resultados indicam que a relação esperada para os valores médios de duração entre vogais orais e nasais em contexto tônico e átono pretônico é: tônica nasal > átona nasal > tônica oral > átona oral. Estudos experimentais futuros devem confirmar essa predição.

Resumo:

	Características acústicas das vogais nasais	
1	Formantes nasais	Representados por formantes ou frequências de ressonância nasais ou formantes nasais que são visualizados como barras horizontais escuras no espectrograma, provenientes da saída de ar pela cavidade nasal. A notação é: FN1, FN2, FN3.
2	Amplitude	Caracteriza o amortecimento que reflete a atenuação ou decaimento da amplitude em relação aos sons adjacentes. Vogais nasais apresentam valores mais baixos de amplitude do que as vogais orais. Caracteriza o acoplamento da cavidade nasal à cavidade oral.
3	Frequências dos formantes	Representadas por formantes ou frequências de ressonância que são visualizados como barras horizontais escuras no espectrograma, maior concentração de energia na forma de onda e por picos no espectro. Refletem frequências de ressonâncias provenientes da saída de ar pela cavidade oral. A notação é: F1, F2, F3.
4	Antiformantes	Representados por vales espectrais pronunciados, resultantes da ramificação do trato vocal, gerada pelo acoplamento da cavidade nasal à cavidade oral.
5	Murmúrio nasal	Caracterizado pela presença de formantes nasais, sendo o primeiro formante o mais reforçado em energia, em torno de 300 Hz. Presente antes de consoantes oclusivas, mas não necessariamente presente antes de consoantes fricativas.
6	Momentos acústicos	Caracterizados por momentos acústicos oral, nasal e murmúrio nasal que compõem as produções de vogais nasais e que apresentam percentuais variados, dependendo da vogal.
7	Duração	Representada no eixo horizontal, das abscissas, tanto no espectrograma quanto na forma de onda. As vogais nasais apresentam valores médios de duração maiores do que os valores médios de duração atestados para as vogais orais correspondentes.

Características acústicas de vogais e ditongos

Exercício 3.15: Para cada uma das figuras apresentadas no material de apoio disponível on-line, identifique os segmentos vocálicos como sendo orais ou nasais. Todas as palavras são trissílabas. Algumas vogais são orais e outras nasais. Sublinhe a vogal tônica da palavra. Siga o exemplo.

	Sequência de vogais		Sequência de vogais
palavra_1	(nasal-oral-oral)	palavra_5	
palavra_2		palavra_6	
palavra_3		palavra_7	
palavra_4		palavra_8	

Exercício 3.16: Indique se cada uma das afirmativas abaixo é (V) 'verdadeira' ou (F) 'falsa'.

1.	( )	Uma vogal alta nasal apresenta valores médios de duração maiores do que uma vogal baixa nasal.
2.	( )	Vogais átonas nasais não apresentam valores médios de duração menores do que vogais átonas orais.
3.	( )	Formantes nasais FN1, FN2 e FN3 são visíveis para todas as vogais nasais.
4.	( )	Espectro de frequência é uma ferramenta crucial na análise de vogais nasais.
5.	( )	Todas as vogais nasais apresentam três momentos acústicos.
6.	( )	O murmúrio nasal é a característica acústica da transição dos formantes orais para os formantes nasais.
7.	( )	Toda vogal nasal apresenta formantes orais e também formantes nasais.
8.	( )	Os valores médios de duração das vogais baixas são mais altos do que os valores médios de duração das vogais orais correspondentes.

VOGAIS NASALIZADAS

As vogais nasalizadas do PB ainda necessitam de descrição específica. Alguns trabalhos preliminares sobre as vogais nasalizadas são encontrados em Jesus (1999, 2002); Ninno (2008); Souza e Pacheco (2012) e Mendonça (2017). A vogal **nasalizada** está relacionada com a **coarticulação** de uma vogal oral com uma consoante nasal da sílaba seguinte como em *cama*, *cana*, *ganha*. A vogal nasalizada apresenta todas as características acústicas apresentadas para as vogais nasais à exceção do murmúrio nasal.

125

Pautando-se nos valores médios dos dois primeiros formantes, F1 e F2, Mendonça (2017) apresenta o gráfico de F1 x F2 de vogais orais, nasais e nasalizadas do PB. Considere a Figura 3.20.

Figura 3.20 – Gráfico de F1 x F2 de vogais orais, nasais e nasalizadas.

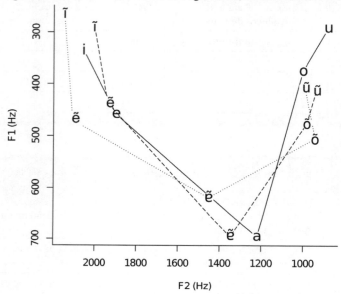

A Figura 3.20 apresenta o espaço acústico das vogais orais (linha contínua), nasais (linha pontilhada) e nasalizadas (linha tracejada) do PB. Pode-se observar, na Figura 3.20, o movimento de abaixamento da vogal nasalizada [ẽ] (linha tracejada) em relação à vogal nasal [ẽ] (linha pontilhada), a partir do valor de F1. A Figura 3.20 permite observar a posteriorização da vogal nasalizada [ẽ] em relação à vogal [a] oral e vogal nasal [ẽ], a partir do abaixamento do valor médio de F2.

A partir de análises preliminares, Mendonça (2017) sugere que, nas vogais nasalizadas, podem ser observados dois momentos acústicos: (a) **momento oral**, caracterizado por apresentar formantes orais; (b) **momento nasal**, caracterizado por exibir formantes orais e nasais. As vogais nasalizadas, no entanto, vão ser sempre compostas apenas por esses dois momentos acústicos, não possuindo o momento de murmúrio nasal característico das vogais nasais. Considere a Figura 3.21.

Características acústicas de vogais e ditongos

Figura 3.21 – Forma de onda e espectrograma de vogais [ẽ], em contexto tônico, seguidas, na sílaba seguinte, pelas consoantes [m,n,ɲ].

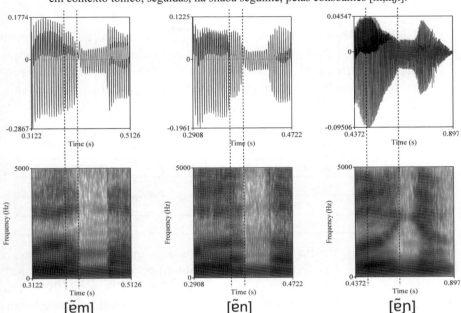

A Figura 3.21 apresenta a forma de onda e o espectrograma da vogal baixa nasalizada [ẽ] seguida por [m,n,ɲ] respectivamente. Indicam-se, entre linhas verticais tracejadas, os momentos constitutivos que compõem a vogal [ẽ] **nasalizada**: momento oral e momento nasal. O momento oral ocorre do início da vogal até antes da primeira linha vertical mostrada no espectrograma. O momento nasal ocorre entre as linhas verticais exibidas no espectrograma. A maior ou menor duração dos momentos acústicos depende da consoante nasal que segue a vogal nasalizada. No caso de [m,n], o momento oral tem maior duração do que o momento nasal. Por outro lado, no caso de [ɲ], o momento nasal tem maior duração do que o momento oral. Em seguida são apresentados os valores médios de duração de vogais nasalizadas. Considere a Tabela 3.9.

Tabela 3.9 – Valores médios de duração (em ms) de vogais nasalizadas tônicas e átonas, obtidos a partir dos dados adaptados de Mendonça (2017) para valores médios de duração (em ms) de vogais nasalizadas tônicas e átonas, produzidas por homens.

	Mendonça (2017)				
Vogais	[ɐ̃]	[ẽ]	[ĩ]	[õ]	[ũ]
Tônicas	143	129,4	110,2	145,2	128,2
Átonas	97	86,8	62,6	92,8	72,4

A Tabela 3.9 apresenta os valores médios de **duração** de vogais nasalizadas adaptados de Mendonça (2017) e Jesus (1999). Pode-se concluir pelos dados da Tabela 3.9 que a duração das vogais nasalizadas tônicas é maior do que a duração das vogais nasalizadas átonas. Mendonça (2017) observou que valores médios de duração das vogais nasalizadas são menores do que os valores médios de duração das vogais nasais, mas não mostram diferenças significativas em relação aos valores médios de duração das vogais orais. Considere a Tabela 3.10.

Tabela 3.10 – Valores médios de duração (em ms) de vogais nasais, nasalizadas e orais tônicas, produzidas por homens, adaptados de Mendonça (2017) e Jesus (1999).

	Nasais tônicas	Nasalizadas tônicas	Orais tônicas
[ẽ] e [a]	162	143	126
[ĩ] e [i]	149	110	92
[ũ] e [u]	149	128	93

A Tabela 3.10 ilustra os valores médios de duração de vogais nasais (primeira coluna), nasalizadas (segunda coluna) e orais (terceira coluna), em posição tônica, adaptados de Mendonça (2017) e Jesus (1999). Por limitações dos dados, os exemplos foram restritos às vogais altas e baixa. Valores para vogais médias poderão ser obtidos em estudos futuros. Os resultados da Tabela 3.10 indicam que os valores médios de duração das vogais nasais são estatisticamente diferentes dos valores médios de duração das vogais nasalizadas. Contudo, os valores médios de duração das vogais nasalizadas não mostram diferenças estatisticamente significativas em relação aos valores médios de duração das vogais orais (Mendonça, 2017). Estudos experimentais futuros poderão oferecer informações adicionais sobre a configuração acústica das vogais nasalizadas.

Características acústicas de vogais e ditongos

Exercício 3.17: Indique se cada uma das afirmativas abaixo é (V) 'verdadeira' ou (F) 'falsa'.

1.	( )	De acordo com a Figura 3.20, uma vogal baixa nasalizada é mais posterior do que uma vogal baixa nasal.
2.	( )	Vogais nasais e nasalizadas compartilham as mesmas características acústicas.
3.	( )	Na produção de vogais nasalizadas, o murmúrio nasal corresponde à consoante nasal adjacente à vogal.
4.	( )	De acordo com a Figura 3.20, pode-se afirmar que a vogal nasal alta anterior é mais baixa do que a vogal nasalizada correspondente.
5.	( )	De acordo com a Figura 3.20, a vogal baixa oral é mais baixa do que as vogais nasais e nasalizadas correspondentes.
6.	( )	De acordo com a Figura 3.20, as vogais médias anteriores orais e nasalizadas apresentam características acústicas bastante próximas.
7.	( )	De acordo com a Tabela 3.9, as vogais nasalizadas átonas apresentam valores médios de duração maiores do que as vogais tônicas correspondentes.
8.	( )	De acordo com a Tabela 3.9, a vogal baixa nasalizada átona é a que apresenta maiores valores médios de duração dentre todas as vogais nasalizadas.

DITONGOS E HIATOS

Os ditongos e hiatos são caracterizados acusticamente por:

1. transição formântica
2. duração

As características acústicas, listadas anteriormente, permitem identificar os hiatos e ditongos no PB. Ditongos combinam sempre uma vogal qualquer do PB com um *glide*: [j,w]. Nos ditongos podem ocorrer (*glide* + vogal) – que são ditongos crescentes – ou (vogal + *glide*) – que são ditongos decrescentes. Hiatos combinam sequências de vogais em sílabas distintas, e não serão listados nesta seção. Os ditongos no PB são:

Fonética Acústica

	Ditongos decrescentes orais				
glide posterior	aw	ew	ɛw	iw	ow

	Ditongos decrescentes nasais			
glide palatal	ẽj	ẽj	õj	ũj
glide posterior	ẽw			

	Ditongos crescentes orais			
glide palatal	jɐ	je	jo	ju
glide posterior	wɐ	we	wu	

A primeira característica acústica a ser discutida para os ditongos e hiatos é a **transição formântica** ou **trajetória de formantes**, que reflete a mudança de configuração formântica que ocorre entre as duas vogais. A mudança formântica nos ditongos ocorre, sobretudo, nos dois primeiros formantes (F1 e F2) e pode ser observada visualmente nos espectrogramas através da mudança contínua de trajetória das barras horizontais escuras dos formantes. Por outro lado, em hiatos, a transição formântica é menos contínua do que em ditongos, e é possível observar **estados estacionários** para cada vogal. Estados estacionários refletem padrões formânticos estáveis por certo período de tempo, e caracterizam um padrão específico, que no caso dos hiatos caracteriza cada uma das vogais em sequência. Considere a Figura 3.22.

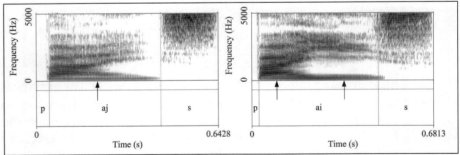

Figura 3.22 – Espectrograma das palavras *pais* e *país*.

A Figura 3.22 ilustra os espectrogramas das palavras *pais* (à esquerda) e *país* (à direita). A seta na figura da esquerda aponta para a transição gradual entre a vogal e o *glide* na palavra *pais*. As setas na figura da direita indicam os estados estacionários das vogais [a] e [i] que expressam a estabilidade formântica de cada uma das vogais. A transição entre *glide* e vogal pode apresentar desafios que são relacionados com a natureza da transição formântica em ditongos e hiatos (Haupt, 2011: 60). Considere a Figura 3.23.

Figura 3.23 – Adaptação das trajetórias dos ditongos decrescentes estudados por Moutinho, Rua e Teixeira (2005) para o português europeu (reportado em Haupt, 2011: 66).

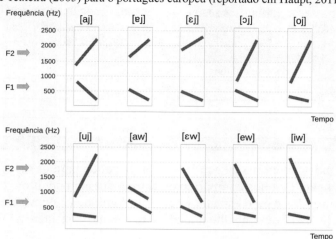

A Figura 3.23 apresenta as trajetórias dos formantes de ditongos decrescentes estudados por Moutinho, Rua e Teixeira (2005) para o português europeu. Os autores mostraram que há trajetórias semelhantes entre os hiatos e os ditongos crescentes, por exemplo, em [i'a] e ['ja]. Por outro lado, os autores observaram que os hiatos e os ditongos decrescentes apresentam trajetórias de formantes diferentes, por exemplo, em [a'i] e ['aj].

Moutinho, Rua e Teixeira (2005) constataram também que ditongos crescentes/hiatos e os ditongos decrescentes têm comportamento diferente quanto ao F2 do *glide*: no ditongo crescente, o F2 é semelhante ao da vogal [i] do hiato, enquanto no ditongo decrescente, o F2 tem frequências mais baixas, especialmente para o ditongo [oj]. Estudos que descrevam hiatos e ditongos no PB são desejáveis e devem ser empreendidos. Mendes (2018) é uma tentativa nesse sentido.

Como generalização, tem-se que a transição formântica entre as vogais de um hiato é mais abrupta do que em ditongos. Adicionalmente, em hiatos, as vogais apresentam estados estacionários, enquanto em ditongos a transição formântica é contínua.

Fonética Acústica

> **Exercício 3.18**: Para cada uma das figuras apresentadas no material de apoio disponível on-line, identifique os segmentos vocálicos como sendo monotongos ou ditongos. Todas as palavras são dissílabas. A sequência das sílabas nas palavras apresenta (monotongo-ditongo) ou (ditongo-monotongo). Siga o exemplo.
>
> | palavra_1 | (monotongo-ditongo) | palavra_5 | |
> |---|---|---|---|
> | palavra_2 | | palavra_6 | |
> | palavra_3 | | palavra_7 | |
> | palavra_4 | | palavra_8 | |

A segunda característica acústica a ser discutida para os ditongos e hiatos é a **duração**. Estudos comparativos entre a duração de ditongos e hiatos foram encontrados para o espanhol e inglês (Aguilar, 1999; Macleod 2007). Mendes Jr. (2018) é um trabalho inicial sobre o tema. Considere a Figura 3.24.

Figura 3.24 – Espectrograma do monotongo [a], do monotongo [ẽ], do ditongo oral [aj], do ditongo nasal [ẽj] e do hiato [ai].

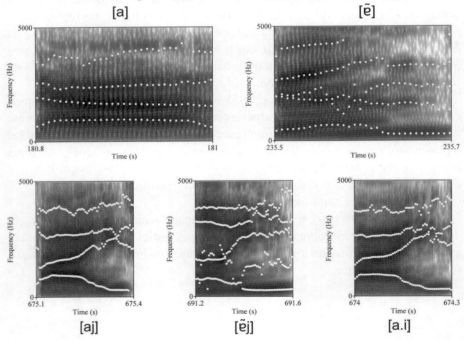

Características acústicas de vogais e ditongos

A Figura 3.24 ilustra o espectrograma do monotongo oral [a], do monotongo nasal [ẽ], do ditongo oral [aj], do ditongo nasal [ẽj] e do hiato [a.i]. Os monotongos [a] e [ẽ] apresentam estabilidade formântica, enquanto os ditongos [aj] e [ẽj] apresentam transição formântica gradual. O hiato [a.i] apresenta transição formântica relativamente abrupta, além de estados estacionários explícitos.

Considerando-se os dados apresentados na Figura 3.24, é possível fazer a predição de que os valores médios de duração atestados para os ditongos nasais serão maiores do que os valores médios de duração atestados para os ditongos orais, que por sua vez terão valores médios de duração maiores do que os monotongos nasais e, finalmente, os monotongos orais apresentarão os menores valores médios de duração. Hiatos apresentarão os maiores valores médios de duração dentre todos os casos considerados na Figura 3.24. Portanto, espera-se a seguinte relação para os valores médios de duração de ditongos e monotongos: hiatos > ditongos nasais > ditongos orais > monotongos nasais > monotongos orais. Essa predição deve ser comprovada em estudos futuros que deverão levar em consideração a posição tônica ou átona do ditongo ou monotongo.

Exercício 3.19: Consulte o Apêndice deste livro para obter instruções sobre como abrir os áudios do Exercício 3.19, que foram disponibilizados no material de apoio on-line. Cada um dos áudios deve ser aberto com o TextGrid correspondente. Você deverá calcular o valor da duração do ditongo que foi destacado. Siga o exemplo.

	Duração da vogal ou ditongo		Duração da vogal ou ditongo
palavra_1	145 ms	palavra_5	
palavra_2		palavra_6	
palavra_3		palavra_7	
palavra_4		palavra_8	

Alguns ditongos do PB podem ser reduzidos a um monotongo. Por exemplo, o ditongo crescente [wʊ] pode ser reduzido ao monotongo [ʊ] em exemplos como *vácuo* [ˈvakwʊ] ~ [ˈvakʊ]. Um ditongo decrescente como [ej] pode ser reduzido ao monotongo [e] em exemplos como *feira* [ˈfejɾɐ] ~ [ˈfeɾɐ]. Por outro lado, o ditongo nasal [ẽj] pode ser reduzido para [ɪ]: *homem* [ˈõmẽj] ~ [ˈõmɪ]. O ditongo nasal [ẽw] pode ser reduzido ao monotongo oral [ʊ] em exemplos como *ficaram* [fiˈkaɾẽw] ~ [fiˈkaɾʊ] ou para o monotongo [ɐ] em exemplos como *cantavam* [kãˈtavãw] ~ [kãˈtavɐ]. A alternância entre ditongos e monotongos no PB é complexa e varia tanto regionalmente quanto lexicalmente.

133

Considerando que a redução de ditongos em monotongos leva à perda segmental, a hipótese mais simples é postular que ditongos terão duração maior do que os monotongos correspondentes aos ditongos que foram reduzidos. Contudo, essa hipótese não é comprovada em todos os casos analisados na literatura.

Haupt (2011) e Haupt e Seara (2012) analisaram a redução dos ditongos [aj,ej,oj] para os monotongos correspondentes: [a,e,o]. Exemplos são: *baixa* [ˈbajʃɐ] ~ [ˈbaʃɐ], *queima* [ˈkejmɐ] ~ [ˈkemɐ] e *noite* [ˈnojtʃɪ] ~ [ˈnotʃɪ]. Os resultados obtidos pelas autoras indicam que a redução dos ditongos para monotongos resulta em formas intermediárias, as quais foram denominadas ditongo preservado e ditongo-monotongado. Esses trabalhos oferecem evidências de que a não realização do *glide* nos casos descritos não implica simplesmente o apagamento total do *glide*. De fato, propriedades duracionais e formânticas ofereceram evidências de que a redução segmental de um ditongo para um monotongo é complexa e gradiente.

Cristofolini (2011) analisou acusticamente a redução do ditongo [ow] em casos como *louco* [ˈlowkʊ] ~ [ˈlokʊ]. A autora observou que há casos em que o ditongo é observado e, como esperado, ocorre mudança de padrões formânticos na transição entre [o] e [w]. Contudo, nos casos em que ocorreram monotongos, a autora notou que não foi observada regularidade nos formantes da vogal [o], que seria típica para um monotongo. Cristofolini (2011) também observou que a vogal [o] decorrente da monotongação de [ow] apresenta duração maior do que a vogal [o] regular. A autora sugere que a maior duração de [o] decorrente da redução de [ow] para [o] pode expressar a manutenção temporal que seria destinada ao ditongo. Esse resultado, segundo a autora, pode refletir que o apagamento do *glide* alonga a duração da vogal ou que o *glide* seria apenas reduzido mantendo suas propriedades em coarticulação com a vogal anterior.

De maneira análoga aos resultados de Haupt (2001) e Haupt e Seara (2012), o trabalho de Cristofolini (2011) oferece evidência de que a não realização do *glide* – nos casos de redução de ditongo – não implica simplesmente o apagamento do *glide*, mas possivelmente reflete a reorganização temporal dos segmentos envolvidos: ditongos reduzidos apresentam maior duração do que os monotongos correspondentes.

Cristófaro Silva et al. (2012) analisaram a redução do ditongo nasal [ẽw] para o monotongo [ʊ] ou [ɐ]. O estudo foi restrito a formas verbais do tipo *ficaram* [fiˈkarẽw] ~ [fiˈkarʊ] ou *cantavam* [kẽˈtavẽw] ~ [kẽˈtavɐ]. Esse estudo difere do de Haupt (2011), Haupt e Seara (2012) e Cristofolini (2011) por, pelo menos, duas razões. A primeira delas é que o trabalho de Cristófaro Silva et al. (2012) envolveu ditongos nasais átonos postônicos e os demais trabalhos mencionados envolveram ditongos nasais tônicos ou átonos pretônicos. Outra

Características acústicas de vogais e ditongos

diferença é que os ditongos analisados por Cristófaro Silva et al. (2012) eram nasais e os ditongos analisados nos demais trabalhos eram orais. Finalmente, os dados de Cristófaro Silva et al. (2012) envolviam exclusivamente formas verbais e os dados dos demais trabalhos não tiveram restrição de classe morfológica. Cristófaro Silva et al. (2012) verificaram que a redução do ditongo nasal [ẽw] para o monotongo [ʊ] ou [ɐ] implica a redução de valores de duração: os monotongos reduzidos a partir do ditongo [ẽw] apresentam duração menor do que a duração dos ditongos nasais correspondentes. Os resultados de Cristófaro Silva et al. (2012) indicam que há perda temporal (duração) quando ditongos postônicos são reduzidos a monotongos.

Finalmente, os ditongos podem surgir no PB a partir de monotongos como, por exemplo, a palavra *paz*, que pode ocorrer com um monotongo – ['pas] – ou com um ditongo – ['pajs]. Albano (1999), Silva et al. (2001) e Peixoto (2011) analisaram esses casos. Os três estudos indicam que a presença do *glide* não é categórica: o *glide* pode estar presente ou ausente. As autoras observaram que propriedades acústicas, como duração e configuração formântica, apresentam diferenças nos casos em que o *glide* esteja ou não presente. Como em trabalhos anteriores discutidos nesta seção, é possível afirmar que a inserção de *glide* em monotongos tem natureza complexa e gradiente.

A caracterização acústica dos ditongos e hiatos do PB é ainda incipiente e conta com poucos trabalhos (Albano, 1999; Dias e Machado, 2001; Silva et al., 2001; Demasi, 2010; Haupt, 2011; Haupt e Seara, 2012; Peixoto, 2011; Cristofolini, 2011; Cristófaro Silva et al., 2012; Fonseca et al., 2015; Mendes, 2018). Assim, a caracterização acústica apresentada nesta seção buscou evidenciar elementos que venham subsidiar investigações futuras sobre ditongos e hiatos no PB. Alguns estudos experimentais sobre ditongos e hiatos em outras línguas são: Lehiste e Petterson (1961), Borzone de Manrique (1976, 1979), Jha (1986), Maddieson e Emmorey (1985), Clermont (1993).

Exercício 3.20: O material de apoio disponível on-line apresenta diversas figuras. Você deverá indicar as que apresentam um ditongo e as que apresentam um monotongo. Todas as palavras são monossílabas. Siga o exemplo.

	Monotongo	Ditongo
palavra_1		x
palavra_2		
palavra_3		
palavra_4		
palavra_5		
palavra_6		

	Monotongo	Ditongo
palavra_7		
palavra_8		
palavra_9		
palavra_10		
palavra_11		
palavra_12		

Resumo:

Características acústicas dos ditongos e hiatos		
1	Transição formântica	Expressa, visualmente, a mudança de trajetória dos formantes na evolução temporal do espectrograma. Em hiatos, a transição formântica é mais abrupta do que em ditongos. Hiatos apresentam estados estacionários explícitos, enquanto ditongos apresentam trajetória contínua na transição formântica.
2	Duração	Representada no eixo horizontal, das abscissas, tanto no espectrograma quanto na forma de onda. Os hiatos tendem a apresentar maiores valores de duração do que ditongos. Ditongos, por sua vez, tendem a apresentar valores de duração maiores do que monotongos. A seguinte relação pode ser definida para a duração: hiatos > ditongos > monotongos.

Características acústicas de consoantes

Este capítulo apresenta as características acústicas das consoantes do PB. Consoantes são sons produzidos com uma grande aproximação dos articuladores, resultando em obstruções totais ou parciais do trato vocal. Os parâmetros acústicos que caracterizam as consoantes são diferentes dos parâmetros acústicos que caracterizam as vogais. Cada seção deste capítulo aborda as características acústicas de cada uma das classes de consoantes a partir do modo de articulação: oclusivas, nasais, fricativas, africadas, tepe, vibrante, aproximante retroflexa e laterais.

OCLUSIVAS

As consoantes oclusivas são caracterizadas acusticamente por:

1. ausência de energia
2. barra de vozeamento ou barra de sonoridade
3. ruído transiente ou soltura da oclusão (*burst*)
4. VOT
5. *loci* acústico consonantal ou F2 de transição
6. configuração espectral da soltura da oclusão

As características acústicas listadas anteriormente permitem identificar o modo de articulação oclusivo e aspectos particulares relacionados aos pontos de articulação e ao vozeamento das consoantes oclusivas do PB, que são:

Oclusivas	Símbolo do IPA	Exemplos
bilabial não-vozeada	[p]	**pip**oca; **pr**ato; **pl**anta
bilabial vozeada	[b]	**bab**ado; **br**isa; **bl**usa
alveolar não-vozeada	[t]	**t**atu; **tr**uta; a**t**leta
alveolar vozeada	[d]	**d**a**d**o; **dr**omedário
velar não-vozeada	[k]	**c**a**qu**i; **cr**avo; **cl**ube
velar vozeada	[g]	**g**aroto; a**g**ora; **gr**uta; **gl**ândula

Os diagramas da Figura 4.1 ilustram de maneira esquemática a configuração de uma: vogal baixa central, oclusiva bilabial, oclusiva alveolar e oclusiva velar. Considere as Figuras 4.1(a-d).

Figura 4.1 – Diagramas de: (a) vogal baixa central, (b) oclusiva bilabial, (c) oclusiva alveolar e (d) oclusiva velar.

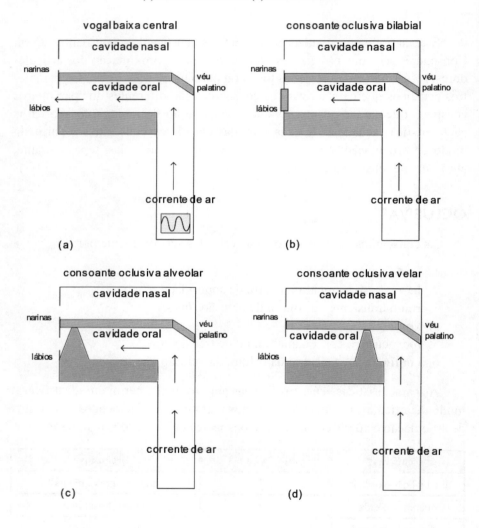

A Figura 4.1(a) ilustra a articulação de uma vogal baixa central oral em que o ar que vem dos pulmões passa livremente pelo trato vocal e escapa pela boca através dos lábios. Os diagramas da Figura 4.1(b-d) ilustram a articulação de consoantes oclusivas e não há escape da corrente de ar pelo trato oral e nem pelo trato nasal. Isso porque o véu palatino obstrui o escape de ar pela cavidade nasal e há bloqueio na cavidade oral. Em 4.1(b), o bloqueio da passagem da corrente de ar ocorre pelo fechamento dos lábios (sons oclusivos bilabiais). Em 4.1(c), o bloqueio da passagem da corrente de ar ocorre pela língua tocando os alvéolos (sons oclusivos alveolares). Em 4.1(d), o bloqueio da passagem da corrente de ar ocorre pela parte superior-posterior da língua tocando o véu palatino (sons oclusivos velares). Em todos os sons oclusivos ilustrados na Figura 4.1(b-d), não há escape da passagem da corrente de ar, de maneira que não há troca de energia entre o trato vocal e o meio exterior. Somente após a soltura dos articuladores é que a energia será veiculada. O bloqueio da passagem da corrente de ar que é característico das consoantes oclusivas é refletido pela ausência de energia no sinal acústico da fala.

A primeira característica acústica a ser discutida para as consoantes oclusivas é a **ausência de energia** no sinal acústico da fala, que caracteriza o momento de bloqueio ou de oclusão da passagem de ar no trato vocal, que é promovido pelo encontro entre dois articuladores. O correlato acústico da ausência de energia no sinal acústico da fala é visualmente expresso pelo espaço quase em branco no espectrograma, que é característico das consoantes oclusivas. Considere a Figura 4.2.

Figura 4.2 – Forma de onda, camada de etiquetagem e espectrograma da palavra *acaba* [aˈkabɐ], produzida por uma informante feminina.

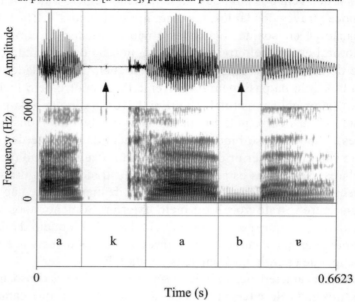

A Figura 4.2 ilustra a forma de onda e o espectrograma da palavra *acaba* [aˈkabɐ], produzida por uma informante feminina. Observe que, tanto na forma de onda quanto no espectrograma, as consoantes [k] e [b] têm como correlato visual um espaço quase em branco que corresponde à ausência de energia no sinal acústico. A ausência de energia no sinal acústico da fala é característica das consoantes oclusivas do PB: [p,b,t,d,k,g]. Na forma de onda é possível visualizar a baixa amplitude que expressa a queda de intensidade em relação aos segmentos vocálicos adjacentes, e, na Figura 4.2, é destacada por setas.

Na forma de onda da Figura 4.2, observam-se pulsos glotais durante a produção da consoante [b]. Os pulsos glotais, no caso de [b], indicam que esse é um som vozeado. Por outro lado, a ausência de pulsos glotais em [k] indica que esse é um som não-vozeado. Os pulsos glotais são correlatos acústicos da vibração das pregas vocais em sons vozeados. Outro correlato do vozeamento é a barra de vozeamento que será considerada a seguir.

Características acústicas de consoantes

Exercício 4.1: O material de apoio disponível on-line apresenta 10 figuras de formas de onda correspondentes a palavras distintas. Cada palavra apresenta três consoantes oclusivas. Avalie a forma de onda de cada palavra e indique se o som é uma vogal (V) ou uma oclusiva (O). Siga o exemplo.

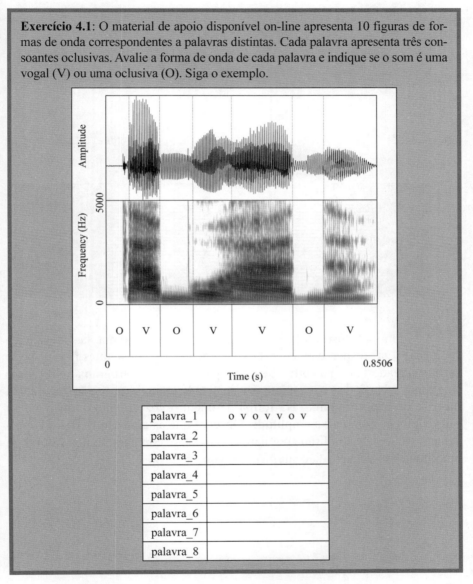

palavra_1	o v o v v o v
palavra_2	
palavra_3	
palavra_4	
palavra_5	
palavra_6	
palavra_7	
palavra_8	

A segunda característica acústica a ser discutida para as consoantes oclusivas é a **barra de vozeamento** ou **barra de sonoridade**, que é correlato acústico da vibração das pregas vocais. Considere a Figura 4.3.

Fonética Acústica

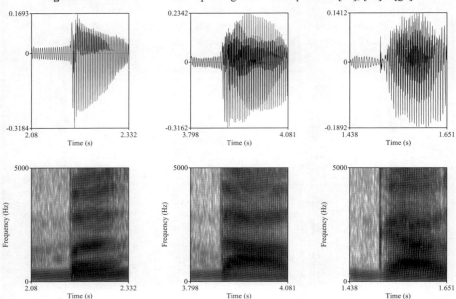

Figura 4.3 – Forma de onda e espectrograma das sequências [ba], [da] e [ga].

A Figura 4.3 ilustra a forma de onda e o espectrograma das sequências [ba], [da], [ga] respectivamente. O vozeamento das consoantes [b,d,g] pode ser visualizado tanto na forma de onda quanto no espectrograma. No espectrograma, a barra de vozeamento é visualizada como uma região escurecida na base do espectrograma. Na forma de onda, o vozeamento corresponde a pulsos glotais com baixa amplitude. Observe que as consoantes [b,d,g] apresentam valores de amplitude regulares e baixos, se comparados aos valores de amplitude das vogais adjacentes a essas consoantes.

Características acústicas de consoantes

Exercício 4.2: O material de apoio disponível on-line contém diversas figuras de palavras dissílabas que apresentam duas consoantes oclusivas. Você deverá indicar as oclusivas vozeadas e as oclusivas não-vozeadas por um (x) na coluna correspondente do quadro de respostas. Siga o exemplo.

	Oclusiva vozeada	Oclusiva não-vozeada
palavra_1	x x	
palavra_2		
palavra_3		
palavra_4		
palavra_5		
palavra_6		
palavra_7		
palavra_8		
palavra_9		
palavra_10		

A terceira característica acústica a ser discutida para as consoantes oclusivas é o **ruído transiente** ou **soltura da oclusão** (*burst*), que representa o momento do afastamento de dois articuladores. Na forma de onda das consoantes oclusivas, o ruído transiente é visualizado pela presença de estrias estreitas e verticais que são exibidas logo após a ausência de energia no sinal acústico da fala, que caracteriza a soltura da oclusão. Considere a Figura 4.4.

Figura 4.4 – Forma de onda das sequências [pa, ta, ka] à esquerda e [ba, da, ga] à direita.

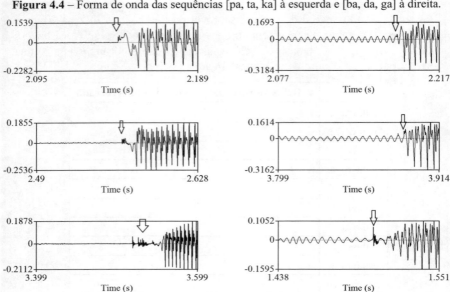

A Figura 4.4 ilustra as formas de onda das sequências [pa, ta, ka] (à esquerda) e [ba, da, ga] (à direita). As setas indicam a posição do **ruído transiente**. Contudo, nem sempre o ruído transiente é visível no sinal acústico, uma vez que a soltura dos articuladores pode ser tênue e não apresentar energia acústica suficiente para promover uma explosão que tenha correlato acústico. Portanto, o ruído transiente é uma característica que pode ou não estar presente nas consoantes oclusivas.

Exercício 4.3: O material de apoio disponível on-line apresenta figuras com a forma de onda de 08 palavras. Cada palavra contém duas consoantes oclusivas. Avalie a forma de onda de cada figura e indique com uma seta o local em que ocorre o ruído transiente (*burst*) para cada uma das oclusivas. Siga o exemplo.

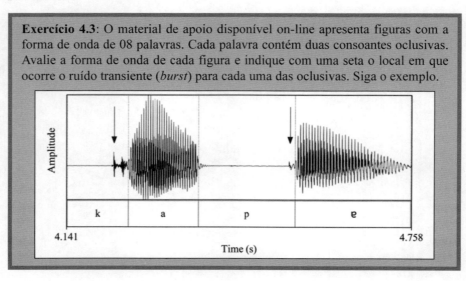

A quarta característica acústica a ser discutida para as consoantes oclusivas é o VOT (*Voice Onset Time*), que é pronunciado [ve.ɔˈte] em português. O VOT é também denominado **tempo de início do vozeamento** e corresponde ao momento em que a vibração das pregas vocais, ou seja, o vozeamento, é retomado após o término da soltura da oclusão (Lisker e Abramson, 1964). O VOT indica a relação temporal entre dois eventos: 1) a soltura da oclusão, que é um evento supraglótico, isto é, que ocorre na cavidade oral, posicionada acima da laringe; e 2) o início do vozeamento, que é um evento que acontece na laringe. Em outras palavras, a medida do VOT corresponde à medida de duração, em milissegundos, do evento acústico compreendido entre a soltura dos articuladores e o início do vozeamento. O valor do VOT pode ser zero, positivo ou negativo. Considere a Figura 4.5.

Figura 4.5 – Diagrama com valores de VOT.

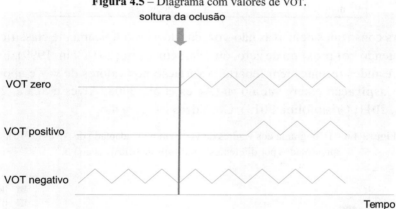

A Figura 4.5 ilustra, na posição horizontal, três diagramas de valores de VOT: zero, positivo ou negativo. A linha vertical indica o momento em que ocorre a soltura da oclusão. Na posição horizontal, a linha reta indica a ausência de vozeamento e a linha em zigue-zague indica a presença de vozeamento. O valor do VOT é medido em (ms) e toma como referência o momento de início do vozeamento (linha em zigue-zague) em relação à soltura da oclusão.

O valor de VOT é zero se a soltura da oclusão coincidir com o início do vozeamento, ou seja, o início do vozeamento ocorre no momento exato em que ocorre a soltura da oclusão. Portanto, nesse caso, não há diferença de tempo (ms) entre eles. O VOT zero é característico de consoantes oclusivas não-vozeadas que são tipicamente produzidas sem aspiração.

O valor de VOT é positivo quando o início do vozeamento ocorrer após a soltura da oclusão: mede-se o tempo (ms) desde a soltura da oclusão até o primeiro pulso glotal. O VOT positivo indica, então, que o início do vozeamento ocorre em algum momento após a soltura da oclusão. O VOT positivo é característico de consoante oclusiva não-vozeada ou aspirada, i.e., uma consoante produzida com **aspiração**. O VOT positivo de consoantes oclusivas não-vozeadas sem aspiração é denominado **retardo curto** e o VOT de consoantes oclusivas aspiradas é denominado **retardo longo**. Para fins de referência, são apresentados os valores de VOT para oclusivas não-aspiradas, levemente aspiradas, aspiradas e fortemente aspiradas, reportados em Cho e Ladefoged (1999). Considere a Tabela 4.1.

Tabela 4.1 – Valores de VOT reportados por Cho e Ladefoged (1999).

Duração	Classificação
0 ms - 35 ms	não-aspiradas
35 ms - 55 ms	levemente aspiradas
55 ms - 95 ms	aspiradas
95 ms - 150 ms	fortemente aspiradas

As consoantes oclusivas não-vozedas do PB são tipicamente classificadas como tendo VOT próximo de zero, ou seja, sem aspiração (Klein, 1999). Entretanto, estudos recentes têm reportado variação nos valores de VOT e apontam para a **aspiração** emergente no PB (Alves et al., 2008; Alves e Seara, 2008; Alves, 2011; Cristofolini, 2013). Considere a Figura 4.6.

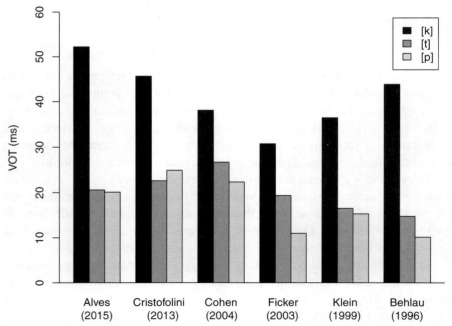

Figura 4.6 – Histograma dos valores de VOT (em ms), adaptado de Alves (2015), apresentados por diferentes estudiosos de oclusivas do PB.

A Figura 4.6 mostra um gráfico com os valores de VOT encontrados por diferentes estudos e evidencia a presença de valores mais elevados do que 35 ms, que já caracterizariam oclusivas levemente aspiradas no PB. Considerando-se os valores de VOT apresentados na Figura 4.6 e os valores de VOT reportados por Cho e Ladefoged (1999), é possível afirmar que as oclusivas velares no PB apresentam valores de VOT compatíveis com os encontrados para oclusivas levemente aspiradas ou aspiradas.

Finalmente, o valor de VOT é negativo (cf. Figura 4.5) quando o início do vozeamento ocorre antes da soltura da oclusão: mede-se o tempo em (ms) desde o início do vozeamento até o momento em que ocorreu a soltura da oclusão. O VOT negativo é também denominado **pré-sonorização**. O sinal negativo é usado, apenas, para indicar que o início do vozeamento é anterior à soltura da oclusão. O VOT negativo é característico de consoantes oclusivas vozeadas e é expresso, visualmente no espectrograma, pela barra de vozeamento e na forma de onda por pulsos glotais regulares de baixa amplitude. Considere a Tabela 4.2.

Tabela 4.2 – Média geral de VOT e valores mínimo e máximo, em (ms), das oclusivas não-vozeadas e vozeadas do PB (Klein, 1999).

Oclusivas não-vozeadas	Bilabiais	Dentais-Alveolares	Velares
Média geral de duração do VOT	15,49	17,13	33,90
Valor mínimo e máximo observado	6,90 : 28,30	8,20 : 25,50	16,30 : 54,90
Oclusivas vozeadas	Bilabiais	Dentais-Alveolares	Velares
Média geral de duração do VOT	-104,98	-93,31	-76,93
Valor mínimo e máximo observado	-162,30 : -76,93	-138,45 : -52,75	-130,9 : -35,45

A Tabela 4.2 exibe os valores da média geral e os valores mínimos e máximos de duração do VOT, para as consoantes oclusivas do PB (Klein, 1999). De acordo com os resultados apresentados na Tabela 4.2, no PB as consoantes não-vozeadas apresentam valores positivos de VOT e as consoantes vozeadas apresentam valores negativos de VOT.

Fonética Acústica

> **Exercício 4.4**: Consulte o Apêndice deste livro para obter instruções sobre como abrir os áudios e TextGrids correspondentes ao Exercício 4.4, que foram disponibilizados no material de apoio on-line. Cada palavra apresenta uma consoante oclusiva que foi destacada, e da qual você deverá indicar o valor do VOT na tabela que segue. Siga o exemplo.

	VOT
palavra_1	-71.62 ms
palavra_2	
palavra_3	
palavra_4	
palavra_5	
palavra_6	
palavra_7	
palavra_8	

Nesta seção, foram consideradas, até o momento, quatro características acústicas relevantes para a caracterização das consoantes oclusivas: ausência de energia no sinal acústico, ruído transiente, barra de vozeamento e VOT. A ausência de energia no sinal acústico, que corresponde à oclusão, e o ruído transiente são dois parâmetros acústicos que identificam o **modo de articulação** oclusivo. Por outro lado, o VOT e a barra de vozeamento permitem caracterizar os sons como vozeados e não-vozeados. Em seguida, serão analisados os correlatos acústicos do ponto de articulação das consoantes oclusivas do PB.

O **ponto de articulação** das consoantes oclusivas pode ser caracterizado acusticamente pelo VOT e pelas configurações espectrais do **ruído transiente** que é relacionado com a soltura da explosão. Inicialmente, será considerado o VOT e, em seguida, serão consideradas as configurações espectrais do ruído transiente.

Cho e Ladefoged (1999) observaram que a relação entre a duração do VOT e o ponto de articulação das consoantes oclusivas decorre do tamanho relativo da cavidade oral na frente ao ponto onde é feita a obstrução. Para as oclusivas velares, o deslocamento da língua cria um espaço maior à frente do ponto de obstrução. À medida que o deslocamento da língua se anterioriza, o espaço à frente da língua diminui. Como consequência, em sons com espaços anteriores maiores – como as oclusivas velares –, a pressão do ar será maior do que nos sons com cavidades anteriores menores – como as oclusivas alveolares e bilabiais. Em razão da maior pressão de ar na cavidade que se forma na frente do ponto de obstrução para as consoantes velares, o VOT será mais longo para [k], por exemplo, do que para [p] e [t]. Em outras

148

palavras, quanto maior o tamanho da cavidade oral à frente do ponto de obstrução, maior a pressão e maiores serão os valores de VOT. Essa observação pode ser confirmada em dados de VOT de oclusivas não-vozeadas do PB: [k] > [t] > [p]. Considere a Tabela 4.3.

Tabela 4.3 – Valores médios de duração de VOT, em (ms), encontrados para as oclusivas não-vozeadas e vozeadas do PB em diferentes estudos (adaptado de Prestes, 2013).

Autores	[p]	[t]	[k]
Istre (1985)	11,95	18,48	38,53
Major (1992)	11	15	35
Klein (1999)	15,58	16,69	36,36
Reis e Nobre-Oliveira (2007)	17,27	23,55	46,55
Alves e Dias (2010)	37,67/31,38	36,52	47,83/52,95
França (2011)	19,56	21,66	47,20
Schwartzhaupt (2012)	15,13	17,87	58,05

A Tabela 4.3 é adaptada de Prestes (2013) e apresenta valores médios de duração de VOT reportados em alguns estudos que investigaram as consoantes oclusivas não-vozeadas do PB. Os dados apresentados na Tabela 4.3 confirmam que, quanto maior for o tamanho da cavidade oral à frente do ponto de obstrução, maior será a pressão e maiores serão os valores de VOT. Ou seja, em relação ao ponto de articulação os valores de VOT decrescem na seguinte ordem: velar > alveolar > bilabial, ou seja, [k] > [t] > [p].

Por outro lado, a relação entre o tamanho da cavidade oral à frente do ponto de obstrução e os valores de VOT opera de maneira diferente para as oclusivas vozeadas. Isso porque, apesar de o volume das cavidades se manter o mesmo para as consoantes não-vozeadas e vozeadas, a pressão de ar é diferente em razão da vibração das pregas vocais. Considere a Tabela 4.4.

Tabela 4.4 – Valores médios, em ms, encontrados para o VOT das oclusivas vozeadas do PB em diferentes estudos (adaptado de Prestes, 2013).

Autores	[b]	[d]	[g]
Istre (1983)	-39,45	-60,59	-53,69
Klein (1999)	-92,27	-92,07	-78,20
Melo et al. (2017)	-101,9	-95,6	-80,4

A Tabela 4.4, também adaptada de Prestes (2013), apresenta valores médios de duração do VOT reportados por alguns estudos que investigaram as consoantes oclusivas vozeadas do PB. Os resultados da Tabela 4.4 indicam que os valores de VOT, no caso das oclusivas vozeadas, mostram uma tendência

Fonética Acústica

inversa à apresentada pelas consoantes oclusivas não-vozeadas. Nesse caso, desconsiderando-se o sinal negativo, pode-se afirmar que as consoantes mais anteriores (bilabial e alveolar) tendem a apresentar valores maiores de VOT do que as consoantes velares: [b,d] > [g].

Exercício 4.5: Indique se cada uma das afirmativas abaixo é (V) 'verdadeira' ou (F) 'falsa'.

1.	( )	As consoantes oclusivas apresentam queda de intensidade em relação aos sons adjacentes.
2.	( )	Os índices de duração de VOT de consoantes oclusivas não-vozeadas é sempre precedido do sinal negativo (-).
3.	( )	O ruído transiente é atestado acusticamente no momento em que articulatoriamente ocorre o afastamento dos articuladores envolvidos na produção de oclusivas.
4.	( )	O VOT zero expressa que não houve soltura da obstrução que é típica das consoantes oclusivas.
5.	( )	As consoantes oclusivas não-vozeadas podem ser classificadas como aspiradas quando apresentam valores altos de VOT.
6.	( )	As consoantes oclusivas bilabiais e alveolares apresentam valores médios de duração de VOT menores do que os valores médios de duração de VOT das oclusivas velares.
7.	( )	Oclusivas velares não-vozeadas apresentam valores médios de duração de VOT menores do que os valores médios de duração de VOT das demais oclusivas não-vozeadas.
8.	( )	Consoantes oclusivas não-vozeadas apresentam pulsos glotais na forma de onda que são correlatos acústicos da ausência de vibração das pregas vocais.

A quinta característica acústica a ser discutida para as consoantes oclusivas é o **F2 de transição**, também denominado *locus* **acústico conso-nantal**. O F2 de transição corresponde à região de maior energia na transição do segundo formante, F2, entre uma oclusiva e a vogal seguinte, sendo fator que contribui para caracterizar o ponto de articulação das consoantes oclusivas. O F2 de transição é medido no ponto de transição da consoante oclusiva para a vogal seguinte e está relacionado com a cavidade posterior à obstrução: quanto menor a cavidade posterior à obstrução maior será o valor do F2 de transição.

Delattre, Liberman e Cooper (1955) mostraram que os valores médios de F2 na transição entre oclusiva velar e vogal apontam para uma região de aproximadamente 3.000 Hz. Por outro lado, os valores de F2 na transição entre oclusiva alveolar e vogal apontam para uma região em torno de 1.800 Hz.

No caso do F2 de transição entre oclusiva bilabial e vogal, os valores médios de frequência se localizam em torno de 720 Hz. Os valores do F2 de transição obtidos têm a seguinte relação: [k] > [t] > [p]. Considere a Figura 4.7.

Figura 4.7 – Trajetória dos formantes na transição entre as consoantes oclusivas vozeadas [b, d, g] e as vogais adjacentes, adaptado de Delattre et al. (1955).

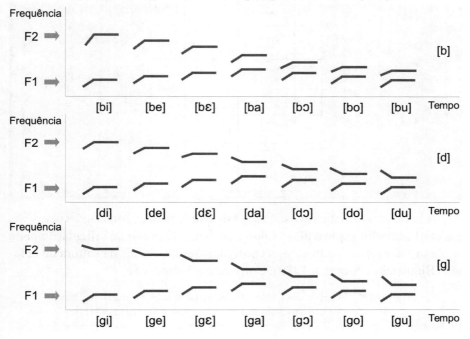

A Figura 4.7 ilustra a trajetória dos formantes na transição entre as consoantes oclusivas vozeadas [b,d,g] e as vogais adjacentes. Observe que a trajetória de F2 apresenta configurações distintas relacionadas aos pontos de articulação de consoantes oclusivas vozeadas e do contexto vocálico seguinte: para [b], a trajetória de F2 é descendente e, para [g], a trajetória de F2 é ascendente. Quanto a [d], a trajetória de F2 varia em função da natureza da vogal seguinte: a trajetória será descendente diante de vogais anteriores e será ascendente diante de vogais posteriores. Portanto, a caracterização do ponto de articulação de uma oclusiva vozeada deve levar em conta o F2 de transição o qual permite identificar os correlatos acústicos do ponto de articulação.

Fonética Acústica

Exercício 4.6: Numere a segunda coluna de acordo com a primeira ao avaliar o F2 de transição para as sílabas [be, bo, bu, ga, gi, go].

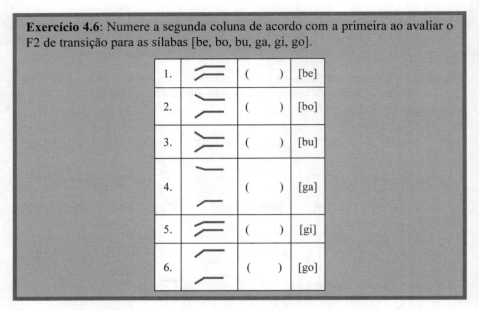

A sexta característica acústica a ser discutida para as consoantes oclusivas é a **configuração espectral** do ruído transiente. O ponto de articulação pode também estar relacionado com as configurações espectrais da soltura da oclusão (Blumstein e Stevens, 1979). Considere a Figura 4.8.

Figura 4.8 – Espectro das consoantes oclusivas que evidencia os padrões de soltura da oclusão definidos por Blumstein e Stevens (1979).

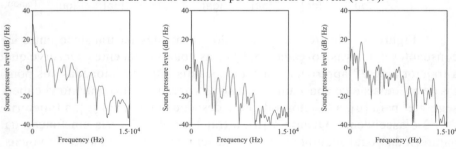

A Figura 4.8 ilustra o espectro das consoantes oclusivas e evidencia os padrões de soltura da oclusão definidos por Blumstein e Stevens (1979). Observe, na Figura 4.8, que, para oclusivas bilabiais [p] e [b], ocorre um padrão espectral descendente ou plano denominado **difuso descendente**, com picos na região de frequências baixas. Por outro lado, as oclusivas alveolares [t] e [d] apresentam um padrão espectral ascendente com frequências distribuídas ao longo de todo o espectro. As oclusivas alveolares [t,d] apresentam duas regiões espectrais proeminentes, com picos em frequências baixas entre 800

Características acústicas de consoantes

e 1.600 Hz e um pico adicional em torno de 1.800 Hz. Por isso, o padrão espectral das consoantes oclusivas alveolares é também chamado **difuso ascendente**. Por sua vez, as oclusivas velares [k] e [g] apresentam um padrão espectral **compacto**, com picos de energia em regiões médias de frequência entre 1.200 e 3.500 Hz. Os padrões de vot e das configurações espectrais da oclusão atuam em conjunto para caracterização acústica do ponto de articulação das consoantes oclusivas.

Resumo:

Características acústicas das oclusivas		
1	Ausência de energia	Representada no espectrograma por espaço quase em branco e na forma de onda por amplitude baixa com queda abrupta da intensidade em relação aos sons adjacentes. Caracteriza o momento de bloqueio ou de oclusão da passagem de ar no trato vocal que é promovido pelo encontro total entre dois articuladores. Diferencia os sons oclusivos dos outros sons consonantais.
2	Barra de vozeamento ou barra de sonoridade	Representada por barra escura próxima ao eixo horizontal no espectrograma. Na forma de onda, apresenta valores de amplitude regulares e baixos. Reflete o correlato acústico da vibração das pregas vocais e, portanto, estará presente nos espectrogramas de consoantes vozeadas e ausente nos espectrogramas de consoantes não-vozeadas.
3	Ruído transiente ou soltura da oclusão (*burst*)	Representado na forma de onda por estrias estreitas e verticais que são exibidas logo após a ausência de energia no sinal acústico. Reflete o momento do afastamento de dois articuladores e ocorre imediatamente após a soltura da oclusão. O ruído transiente pode ou não estar presente na consoante oclusiva.
4	VOT (*Voice Onset Time*)	Corresponde ao momento em que a vibração das pregas vocais, ou seja, o vozeamento, é retomado após o término da soltura da oclusão. Pode ter valor positivo, negativo ou zero e permite avaliar o vozeamento ou ausência de vozeamento da consoante oclusiva. Contribui para identificar o ponto de articulação da consoante oclusiva.
5	F2 de transição ou *locus* acústico consonantal	Corresponde ao valor de F2 obtido no ponto de transição da consoante oclusiva para a vogal que a segue. Relacionado com a cavidade posterior à constrição: quanto menor a cavidade posterior à obstrução maior será o valor do F2 de transição. Contribui para identificar o ponto de articulação da consoante oclusiva.
6	Configuração espectral da soltura da oclusão	Corresponde aos picos de frequência no espectro que contribuem para identificar o ponto de articulação da consoante oclusiva.

Fonética Acústica

Exercício 4.7: O material de apoio disponível on-line apresenta 10 figuras de formas de onda e espectrogramas correspondentes a palavras distintas. Cada palavra apresenta três consoantes oclusivas. Avalie o correlato acústico de cada palavra e indique o vozeamento das oclusivas vozeadas (por +) e das oclusivas não-vozeadas (por -). Siga o exemplo.

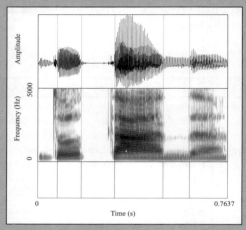

	Oclusiva 1	Oclusiva 2	Oclusiva 3
palavra_1	+	-	+
palavra_2			
palavra_3			
palavra_4			
palavra_5			
palavra_6			
palavra_7			
palavra_8			

NASAIS

As consoantes nasais são caracterizadas acusticamente por:

1. murmúrio nasal
2. formantes nasais
3. amplitude
4. antiformantes

As características acústicas listadas anteriormente permitem identificar o modo de articulação nasal e caracterizar cada uma das consoantes nasais do PB, que são:

Características acústicas de consoantes

Nasais	Símbolo do IPA	Exemplos
bilabial vozeada	[m]	mamão; amor
alveolar vozeada	[n]	navio; anedota
palatal vozeada	[ɲ]	caminho; nhoque

Os diagramas da Figura 4.9 ilustram de maneira esquemática a configuração das três consoantes nasais do PB: bilabial, alveolar, palatal. Considere as Figuras 4.9(a-c).

Figuras 4.9 – Diagrama esquemático da consoante nasal bilabial (a), consoante nasal alveolar (b) e consoante nasal palatal (c).

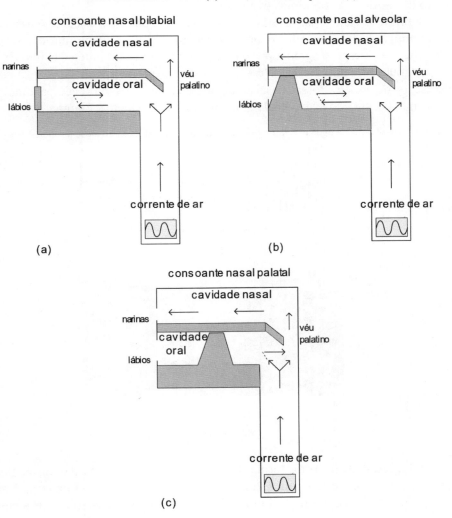

155

Os diagramas apresentados na Figura 4.9 ilustram a articulação de uma consoante nasal bilabial em 4.9(a), de uma consoante nasal alveolar em 4.9(b) e de uma consoante nasal palatal em 4.9(c). Na Figura 4.9(a), o ar que vem dos pulmões passa livremente pela cavidade nasal e escapa pelas narinas, mas não há escape da corrente de ar pela cavidade oral. O bloqueio da passagem da corrente de ar ocorre na região oral através do encontro dos lábios inferior e superior (sons nasais bilabiais); da língua tocando os alvéolos (sons nasais alveolares) e da parte posterior da língua tocando o palato (sons nasais palatais). Todos os sons mostrados nos esquemas da Figura 4.9 são produzidos com o escape da corrente de ar somente pela cavidade nasal. Essa característica dos sons nasais tem consequências para os correlatos acústicos da nasalidade que serão discutidos nas próximas páginas.

A primeira característica acústica a ser discutida para as consoantes nasais é o **murmúrio nasal** que define o modo de articulação nasal. O murmúrio nasal é identificado no espectrograma por uma região de baixa amplitude das frequências. O murmúrio nasal reflete o correlato acústico que ocorre em consequência do escape de ar pelas fossas nasais – devido ao abaixamento do véu palatino – enquanto a obstrução na cavidade oral é mantida. Considere a Figura 4.10.

Figura 4.10 – Forma de onda e espectrograma da consoante nasal [n] na sequência sonora [ˈẽnɐ].

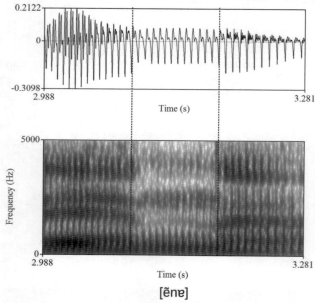

A Figura 4.10 ilustra a forma de onda e o espectrograma da consoante nasal [n] na sequência sonora [ˈẽnɐ]. O murmúrio nasal é delimitado na Figura 4.10 por linhas verticais destacadas na transcrição. Observe o aspecto contíguo do murmúrio nasal com as vogais adjacentes. Ao comparar a forma de onda da consoante nasal na Figura 4.10 com a forma de onda das vogais adjacentes, pode ser observado que a consoante nasal tem forma de onda com valores de amplitude menores do que os valores de amplitude das vogais adjacentes. A amplitude menor da consoante nasal é identificada pela região mais clara no espectrograma.

Exercício 4.8: O material de apoio disponível on-line apresenta diversas figuras cujos segmentos foram destacados entre linhas verticais. Você deverá determinar qual é a posição ocupada pela consoante nasal dentre os segmentos consonantais. Todas as palavras apresentam três consoantes, e a consoante nasal ocupa a 1ª, 2ª ou 3ª posição na palavra. Siga o exemplo.

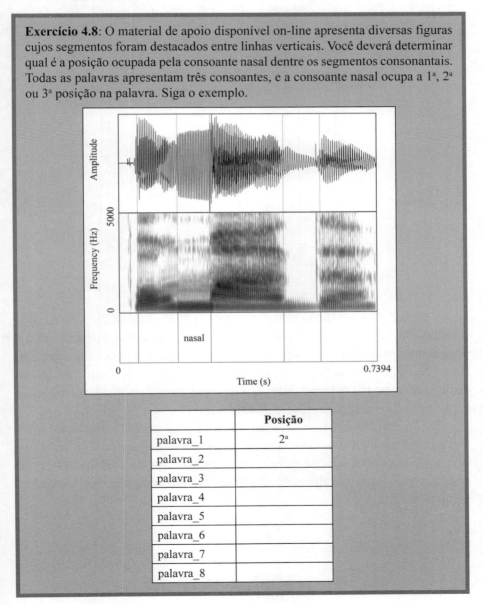

	Posição
palavra_1	2ª
palavra_2	
palavra_3	
palavra_4	
palavra_5	
palavra_6	
palavra_7	
palavra_8	

A segunda característica acústica a ser discutida para as consoantes nasais são os **formantes nasais** que têm a notação FN. Os formantes nasais expressam correlatos acústicos das ressonâncias na cavidade nasal e são representados por **FN1**, **FN2** e **FN3**. Diferentemente das vogais nasais, que possuem formantes orais e nasais, as consoantes nasais possuem apenas formantes nasais. Os sons nasais podem ser reconhecidos no sinal acústico por seus formantes nasais, que podem ser identificados em espectros de frequência. Considere a Figura 4.11.

Figura 4.11 – Formantes nasais observados em uma consoante nasal [n] do PB produzida por um informante masculino.

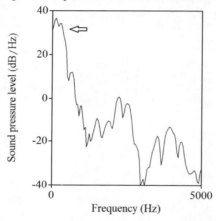

A Figura 4.11 apresenta o espectro obtido através da análise FFT da consoante nasal [n]. O pico de maior amplitude no espectro da consoante nasal é chamado de **primeiro formante nasal (FN1)** e sua frequência varia entre 250 Hz e 300 Hz. O murmúrio nasal é caracterizado por FN1 de grande intensidade quando comparado com os demais formantes nasais presentes no espectro. O primeiro formante nasal FN1 é destacado na Figura 4.11 por uma seta.

O espectro auxilia a observação dos formantes nasais e também indica que a energia é menor nas consoantes nasais quando comparadas com as vogais adjacentes. Ou seja, os valores de amplitude das consoantes nasais são mais baixos do que os valores de amplitude das vogais adjacentes. Considere a Figura 4.12.

Figura 4.12 – Espectro obtido através da análise FFT (a) da consoante nasal [n] e (b) espectro obtido através da análise FTT da vogal [e] da sequência ['ẽnɐ].

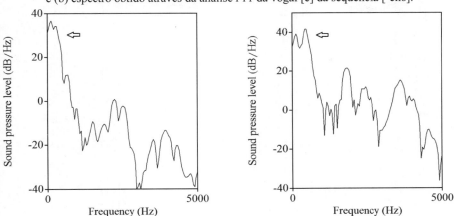

A Figura 4.12 exibe o primeiro pico de frequência nos espectros FFT da consoante nasal alveolar (à esquerda) e da vogal [e] (à direita) na sequência ['ẽnɐ]. Observe que o primeiro pico de frequência no espectro obtido através da análise FFT tem amplitude semelhante, tanto para [n] quanto para [e], ratificando a alta energia do primeiro pico de frequência (FN1) para a consoante nasal. Entretanto, nos espectros da Figura 4.12, os demais picos de frequência da consoante nasal [n] têm amplitude mais baixa do que os demais picos de frequência da vogal [e]. Consequentemente, é possível afirmar que o murmúrio nasal tem energia total menor do que a energia total da vogal adjacente. A baixa energia total nas consoantes nasais, quando comparada com a energia total das vogais adjacentes, reflete o amortecimento ou atenuação da amplitude.

A terceira característica acústica a ser discutida para as consoantes nasais é a **amplitude** que reflete o **amortecimento** de energia nas consoantes nasais. A amplitude das consoantes nasais é caracterizada pelo decaimento da energia dos formantes nasais FN em relação à amplitude dos sons adjacentes. Em razão da rápida absorção de energia na produção dos sons nasais, ou seja, de seu grande amortecimento, os formantes nasais sofrem uma grande atenuação de energia, apresentando amplitude baixa.

A quarta característica acústica a ser discutida para as consoantes nasais está relacionada aos **antiformantes** ou **antirressonâncias**. Antiformantes são regiões de frequências em que a energia é bastante atenuada e são representados como **vales espectrais** acentuados. Essa atenuação ocorre, por exemplo, quando o trato vocal é ramificado – na cavidade oral e nasal – como acontece em sons nasais. Portanto, os antiformantes são resultantes do acoplamento da cavidade nasal à cavidade oral. Considere a Figura 4.13.

Figura 4.13 – Espectro obtido através da análise FFT do murmúrio nasal da consoante [n] com indicação de regiões de antiressonância nas setas.

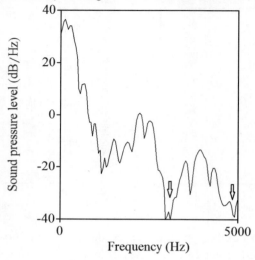

A Figura 4.13 ilustra o espectro obtido através da análise FFT do murmúrio nasal da consoante [n]. As regiões de antiformantes são expressas como vales espectrais pronunciados que são indicados na Figura 4.13 por setas. A atenuação dos formantes nasais acima de FN1 e FN2 é resultante da presença de antiformantes que, por sua vez, é resultante do acoplamento do trato oral ao trato nasal.

As características acústicas apresentadas anteriormente, ou seja, murmúrio nasal, formantes nasais, amplitude e antiformantes, são observadas para as três consoantes nasais do PB: [m,n,ɲ]. Contudo, considerando-se particularidades de produção de cada uma das consoantes nasais primeiramente são consideradas as características acústicas de [m,n] e, em seguida, são consideradas as características de [ɲ]. Considere a Figura 4.14.

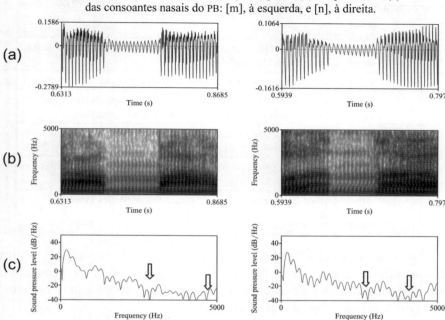

Figura 4.14 – Forma de onda (a), espectrograma (b) e espectro FFT (c) das consoantes nasais do PB: [m], à esquerda, e [n], à direita.

A Figura 4.14 exibe a forma de onda, o espectrograma e o espectro de duas consoantes nasais do PB [m,n]. É possível observar a região do murmúrio nasal na forma de onda que apresenta amplitude muito baixa em relação aos sons adjacentes. A baixa amplitude que caracteriza o amortecimento é visualizada, na forma de onda, pela queda abrupta dos valores de amplitude observados no eixo y do gráfico (Figura 4.14(a)). A baixa amplitude é visualizada, no espectrograma, pelo evidente clareamento na região da produção das consoantes nasais em relação às vogais adjacentes (Figura 4.14(b)).

Os formantes nasais podem ser observados nos **espectros** de frequência de cada uma das consoantes nasais (Figura 4.14 (c)). O amortecimento pode ser visto na atenuação em amplitude evidenciada nos espectros de frequência das consoantes nasais (Figura 4.14(c)). Os antiformantes são expressos pelos vales pronunciados visíveis nos espectros de frequência (Figura 4.14 (c)).

Fonética Acústica

> **Exercício 4.9**: Indique se cada uma das afirmativas abaixo é (V) 'verdadeira' ou (F) 'falsa'.
>
> | | | |
> |---|---|---|
> | 1. | ( ) | Os formantes nasais são idênticos aos formantes orais, exceto pela baixa amplitude decorrente da nasalidade. |
> | 2. | ( ) | O espectro de frequência permite identificar os formantes orais e nasais. |
> | 3. | ( ) | O murmúrio nasal é identificado no espectrograma pela alta amplitude das consoantes nasais em relação aos segmentos adjacentes. |
> | 4. | ( ) | O amortecimento é expresso pela baixa amplitude dos formantes nasais das consoantes nasais. |
> | 5. | ( ) | O murmúrio nasal expressa o correlato acústico do escape de ar pelas fossas nasais. |
> | 6. | ( ) | Antiformantes são representados acusticamente por vales espectrais acentuados. |

Quanto ao **ponto de articulação** das consoantes nasais [m,n], Fant (1960), Fujimura (1962), Sousa (1994), Seara (2000) e Vieira (2017) fornecem uma caracterização acústica para as consoantes nasais a partir de seus formantes nasais (FN), conforme ilustrado na Tabela 4.5.

Tabela 4.5 – Valores médios dos formantes nasais de consoantes nasais [m, n] conforme Fant (1960), Fujimura (1962), Sousa (1994), Seara (2000) e Vieira (2017).

Frequência de formantes nasais (em Hz)			
Formantes	Estudos	Consoante nasal [m]	Consoante nasal [n]
FN1	Fant (1960)	250	300
	Fujimura (1962)	300	300
	Sousa (1994)	240	240
	Seara (2000) *tônica*	260	260
	átona	244	262
	Vieira (2017)	251	261
FN2	Fant (1960)	1.000	100
	Fujimura (1962)	800	1.000
	Sousa (1994)	1.240	1.232
	Seara (2000) *tônica*	812	1.113
	átona	600	918
	Vieira (2017)	1.129	1.451

FN3	Fant (1960)		2.000	2.200
	Fujimura (1962)		-	1.400
	Sousa (1994)		2.272	2.512
	Seara (2000)	*tônica*	1.733	2.048
		átona	1.091	1.927
	Vieira (2017)		2.141	2.231
FN4	Fant (1960)		3.000	
	Fujimura (1962)		4.000	
	Sousa (1994)		3.560	
	Seara (2000)	*tônica*	2.395	
		átona	2.391	
	Vieira (2017)		2.833	2.959
FN5	Fant (1960)		4.000	-
	Fujimura (1962)		-	2.600-2.700
	Sousa (1994)		-	-
	Seara (2000)	*tônica*	3.500	
		átona	3.482	
	Vieira (2017)		-	-

A Tabela 4.5 apresenta os valores médios de formantes nasais para as consoantes nasais [m,n]. Os valores médios, apresentados por Sousa (1994), Seara (2000) e Vieira (2017), referem-se às consoantes nasais [m,n] do PB. Observam-se, ainda, nos resultados de Seara (2000), valores referentes à posição tônica e átona.

Os resultados mostrados na Tabela 4.5 indicam que FN1 apresenta valor de frequência praticamente constante para as consoantes nasais [m,n]. Fant (1960) observou, para consoantes nasais sintetizadas, formantes nasais (FN) razoavelmente fixos em 250 Hz (FN1), 1.000 Hz (FN2), 2.000 Hz (FN3), 3.000 Hz (FN4) e 4.000 Hz (FN5). O autor verificou também que o formante nasal em torno de 1.000 Hz nem sempre é detectado em espectrogramas devido à sua baixa intensidade, ou seja, grande atenuação da amplitude (Fant, 1960). Valores baixos de FN1 são característicos de toda consoante nasal. Como já salientado por Fant (1960), FN2 pode ser ou não detectado para as consoantes nasais [m] e [n]. Vieira (2017), Seara (2000) e Sousa (1994) também mencionam diversas irregularidades para FN2, nem sempre sendo possível detectá-lo (ou seja, seu efeito é provavelmente atenuado ou anulado pelo efeito de um antiformante na mesma região de frequência). Considere a Figura 4.15.

Figura 4.15 – Espectro obtido através da análise FFT de [n] com indicação da região de FN2 e de uma antirressonância em sua vizinhança.

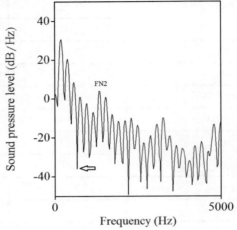

A Figura 4.15 ilustra o espectro obtido através da análise FFT da consoante nasal [n] destacando a região de FN2. Na região de FN2 ocorre também um antiformante, indicado pela seta horizontal na Figura 4.15, que leva à maior atenuação da amplitude de FN2 em relação à amplitude dos formantes nasais adjacentes. Para a diferenciação do **ponto de articulação** das consoantes nasais [m,n], é necessário considerar FN2 e FN3, que apresentam valores mais baixos para [m] do que para [n].

A partir daqui, serão consideradas particularidades acústicas da consoante nasal palatal [ɲ], devido à sua complexidade e variação no PB. Vieira (2017) observou produções gradientes da consoante [ɲ] em análises acústicas com falantes adultos do PB. Cristófaro Silva (2017) reporta produções de consoantes nasais palatais, e também de um segmento vocálico nasalizado: [j̃]. As pesquisas de Sousa (1994), Seara (2000) e as de Gamba (2011, 2015) indicam também a ocorrência de um segmento vocálico nasal alto anterior como variante da consoante nasal palatal.

Vieira e Seara (2017) analisaram dados de consoantes nasais palatais e associaram análises espectrográficas e espectrais para classificar as variantes da nasal palatal em [ɲ] ou [j̃] ou ainda para classificá-las como tendendo para características mais vocálicas ou para características mais consonantais. Critérios das análises espectrais somados à análise da intensidade da amplitude – escurecimento e clareamento no espectrograma – foram os mais fidedignos para a identificação das produções encontradas. As análises acústicas apresentadas em Vieira e Seara (2017) permitiram a observação da gradiência da consoante nasal palatal do PB, possibilitando caracterizar acusticamente o contínuo que vai da produção de uma consoante nasal palatal até a produção de um som vocálico nasalizado. Considere a Figura 4.16.

Figura 4.16 – Espectrogramas das produções encontradas por Vieira e Seara (2017) para a consoante nasal palatal.

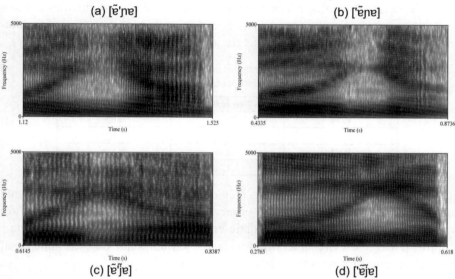

(a) [ẽ'ɲɐ]   (b) ['ẽɲɐ]
(c) [ẽ'jɐ̃]   (d) ['ẽjɐ̃]

A Figura 4.16 exemplifica, a partir de espectrogramas, os tipos acústicos apresentados por Vieira e Seara (2017): (1) consoante nasal palatal com características consonantais em contexto tônico em 4.16(a); (2) consoante nasal palatal com características consonantais em contexto átono em 4.16(b); (3) variante nasal com características vocálicas em contexto tônico em 4.16(c); (4) variante nasal com características vocálicas em contexto átono em 4.16(d). A análise das produções da consoante nasal palatal que apresentavam características vocálicas evidenciaram maior intensidade na região de FN2 e FN3 e maior amplitude nas frequências mais altas, refletida pelo escurecimento no espectrograma. A análise das produções da consoante nasal palatal que apresentavam características consonantais evidenciaram menor intensidade na região de FN2 e FN3 e perda de amplitude nas frequências mais altas, refletida pelo clareamento no espectrograma. Pautando-se nessa classificação, Vieira e Seara (2017) apresentam valores médios de formantes nasais que foram obtidos para cada uma das quatro variantes ilustradas na Figura 4.16. Considere a Tabela 4.6.

Tabela 4.6 – Médias do primeiro (FN1), segundo (FN2) e terceiro (FN3) formantes nasais referentes às classificações apresentadas em Vieira e Seara (2017).

	Média de FN1	Média de FN2	Média de FN3
Consoante nasal palatal	210 Hz	1.354 Hz	2.233 Hz
Características mais consonantais	219 Hz	1.865 Hz	3.112 Hz
Características mais vocálicas	218 Hz	1.602 Hz	3.040 Hz
Variante vocálica	246 Hz	2.325 Hz	3.207 Hz

Vieira (2017) analisou separadamente todos os dados produzidos como a consoante nasal palatal e reportou as frequências dos formantes nasais juntamente com os intervalos entre essas frequências. Considere a Tabela 4.7.

Tabela 4.7 – Valores médios dos formantes nasais (em Hz), obtidos em Vieira (2017) para a produção de consoantes nasais palatais do PB.

Formantes nasais	Feminino	Masculino
FN1	251	265
FN2	1.365	1.591
FN3	2.386	2.436
FN4	3.121	3.295

A Tabela 4.7 apresenta valores médios dos formantes nasais da consoante nasal palatal do PB. Vieira (2017) observou que a consoante nasal palatal foi a que apresentou maior variabilidade entre falantes. Estudos experimentais futuros poderão esclarecer a complexidade e variabilidade da consoante nasal palatal [ɲ] em diferentes variedades dialetais do PB.

Resumo:

Características acústicas das consoantes nasais		
1	Murmúrio nasal	Representado no espectrograma por regiões de baixa amplitude das frequências quando comparado com sons adjacentes. Diferencia os sons nasais dos outros sons consonantais.
2	Formantes nasais	Representados por picos de frequência no espectro. O primeiro formante nasal FN1 tem valores entre 250 Hz e 300 Hz e apresenta o pico de maior energia no espectro. FN2 e FN3 devem ser considerados para a diferenciação do ponto de articulação de [m] e [n], sendo mais baixos para [m] do que para [n].
3	Amplitude	Caracteriza o amortecimento que reflete a atenuação ou decaimento da amplitude em relação aos sons adjacentes. A baixa amplitude é visualizada, no espectrograma, pelo evidente clareamento na região da produção das consoantes nasais em relação às vogais adjacentes.
4	Antiformantes	Representados por frequências de antiformantes ou antirressonâncias, resultantes da ramificação do trato vocal, gerada pelo acoplamento da cavidade nasal à cavidade oral. São visualizados no espectro como vales espectrais acentuados.

Características acústicas de consoantes

Exercício 4.10: Para cada uma das figuras apresentadas no material de apoio disponível on-line, você deverá indicar as vogais, ditongos, consoantes oclusivas e consoantes nasais. Cada palavra contém seis segmentos (para fins deste exercício, ditongos ocupam uma única lacuna). Determine, adicionalmente, se a palavra é oxítona, paroxítona ou proparoxítona. Siga o exemplo.

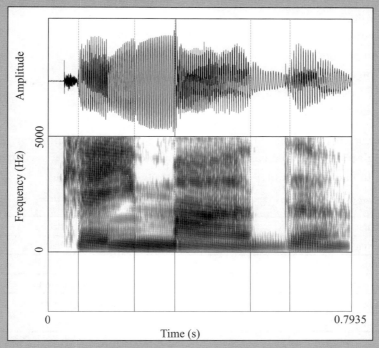

	1º	2º	3º	4º	5º	6º	Categoria
palavra_1	Ocl	Dit	Nasal	Vogal	Ocl	Vogal	paroxítona
palavra_2							
palavra_3							
palavra_4							
palavra_5							
palavra_6							
palavra_7							
palavra_8							

FRICATIVAS

As consoantes fricativas podem ser anteriores ou posteriores e cada uma dessas classes será tratada separadamente nesta seção. As consoantes fricativas anteriores são caracterizadas acusticamente por:

1. ruído
2. barra de vozeamento ou barra de sonoridade
3. amplitude
4. pico espectral
5. F2 de transição ou *locus* acústico consonantal
6. duração

As características acústicas listadas acima permitem identificar o modo de articulação fricativo e caracterizar o ponto de articulação e o vozeamento de cada uma das consoantes fricativas anteriores do PB, que são:

Fricativas	Símbolo do IPA	Exemplos
lábio-dental não-vozeada	[f]	farofa; freio; flecha
lábio-dental vozeada	[v]	vovó; livro; Vladimir
alveolar não-vozeada	[s]	saci; pasta; paz
alveolar vozeada	[z]	zero; azeite; mesmo
alveopalatal não-vozeada	[ʃ]	xaxado; pasta; paz
alveopalatal vozeada	[ʒ]	jato; hoje; mesmo

Os diagramas da Figura 4.17 ilustram, de maneira esquemática, a configuração de fricativas: labiodental, alveolar e alveopalatal. Considere a Figura 4.17.

Figuras 4.17 – Diagramas esquemáticos da consoante fricativa labiodental (a), consoante fricativa alveolar (b) e consoante fricativa alveopalatal (c).

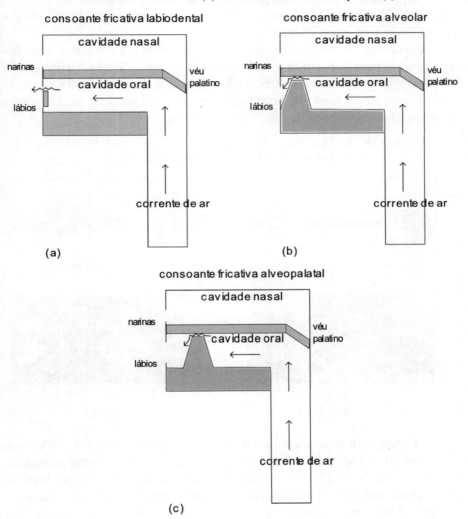

Os diagramas esquemáticos, apresentados na Figura 4.17, ilustram a articulação de uma consoante fricativa labiodental em 4.17(a), consoante fricativa alveolar em 4.17(b) e consoante fricativa alveopalatal em 4.17(c). Nos diagramas da Figura 4.17, a corrente de ar que vem dos pulmões tem acesso somente à cavidade oral (o levantamento do véu palatino impede o ar de penetrar na cavidade nasal). Os diagramas da Figura 4.17 indicam que, como há aproximação entre os articuladores, a corrente de ar encontra dificuldade para passar pelo trato vocal estreitado, e as partículas de ar se

Fonética Acústica

juntam e se separam causando **fricção**. A fricção provoca um **ruído** causado pela turbulência da passagem da corrente de ar pela parte estreita do trato vocal. Nos diagramas da Figura 4.17, uma linha em zigue-zague indica a região em que ocorre a fricção.

A primeira característica acústica a ser discutida para as consoantes fricativas anteriores é o **ruído** que é resultado da **turbulência** decorrente da passagem do ar na constrição estreita do trato vocal presente nas fricativas. O ruído caracteriza o modo de articulação fricativo e diferencia as consoantes fricativas dos outros sons da fala. Considere a Figura 4.18.

Figura 4.18 – Forma de onda e espectrograma das consoantes fricativas [f] e [v] nas sequências [a'fa] (à esquerda) e [a'va] (à direita).

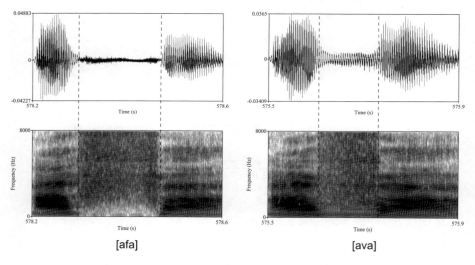

[afa]   [ava]

A Figura 4.18 ilustra a forma de onda e espectrograma das consoantes fricativas [f], à esquerda, e [v], à direita, destacadas entre linhas tracejadas nas sequências [a'fa] e [a'va]. O ruído característico das consoantes fricativas é observado visualmente no espectrograma por hachuras verticais espaçadas. Sempre que o espectrograma apresentar hachuras verticais o evento acústico correspondente será uma consoante fricativa.

Observe que, na forma de onda das consoantes fricativas apresentadas na Figura 4.18, é possível observar o aspecto aperiódico da onda sonora. As fricativas são caracterizadas por ondas sonoras aperiódicas que refletem a inexistência de ciclos glotais em intervalos regulares de tempo.

Características acústicas de consoantes

Exercício 4.11: Para cada uma das figuras apresentadas no material de apoio disponível on-line, você deverá indicar as vogais, ditongos, consoantes oclusivas, consoantes nasais e fricativas. Cada palavra contém seis segmentos (para fins deste exercício, ditongos ocupam uma única lacuna). Siga o exemplo.

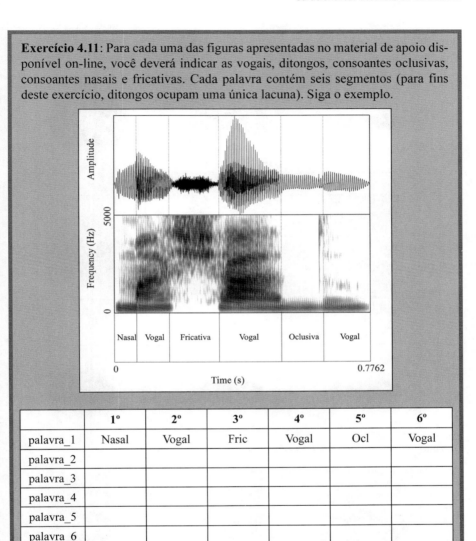

	1º	2º	3º	4º	5º	6º
palavra_1	Nasal	Vogal	Fric	Vogal	Ocl	Vogal
palavra_2						
palavra_3						
palavra_4						
palavra_5						
palavra_6						
palavra_7						
palavra_8						

A segunda característica acústica a ser discutida para as consoantes fricativas é a **barra de vozeamento** ou **barra de sonoridade**. Na Figura 4.18, a barra de vozeamento ocorre para a fricativa vozeada [v], à direita, mas não ocorre para a fricativa não-vozeada [f], à esquerda. Assim, de maneira análoga às consoantes oclusivas, a barra de vozeamento permite diferenciar as fricativas vozeadas das fricativas não-vozeadas. Considere a Figura 4.19.

Figura 4.19 – Espectrogramas das consoantes não-vozeadas [f, s, ʃ] (parte superior) e das consoantes vozeadas [v, z, ʒ] (parte inferior).

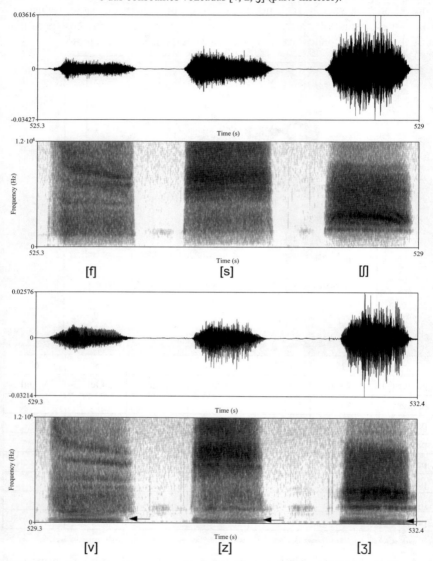

A Figura 4.19 ilustra os espectrogramas das consoantes não-vozeadas [f,s,ʃ], na parte superior, e das consoantes vozeadas [v,z,ʒ], na parte inferior. A barra de vozeamento é destacada por setas na parte inferior dos espectrogramas para as consoantes vozeadas [v,z,ʒ] da Figura 4.19.

A terceira característica acústica a ser discutida para as consoantes fricativas é a **amplitude**. Fricativas labiodentais apresentam os menores valores de amplitude dentre as fricativas anteriores. À medida que a articulação da fricativa se torna mais posterior, ocorre o aumento da amplitude. Assim, as fricativas labiodentais são as que apresentam menores valores de amplitude, as fricativas alveolares apresentam valores intermediários de amplitude e as fricativas alveopalatais apresentam valores maiores de amplitude quando comparadas com as demais fricativas anteriores. Essas observações são visualizadas nas formas de onda da Figura 4.19, em que a amplitude da forma de onda aumenta à medida que a fricativa se torna mais posterior. A seguinte relação pode ser definida para a amplitude das fricativas anteriores: [f,v] < [s,z] < [ʃ,ʒ]. Para estudos sobre fricativas alveolares na fala de crianças falantes do PB consulte Berti (2005, 2006).

Exercício 4.12: Em cada uma das figuras apresentadas no material de apoio disponível on-line, ocorre uma consoante fricativa. Todas as palavras são dissílabas. Indique, no quadro abaixo, se a fricativa que ocorre na palavra é vozeada (+) ou não-vozeada (-). Siga o exemplo.

	Fricativa vozeada	Fricativa não-vozeada		Fricativa vozeada	Fricativa não-vozeada
palavra_1		-	palavra_7		
palavra_2			palavra_8		
palavra_3			palavra_9		
palavra_4			palavra_10		
palavra_5			palavra_11		
palavra_6			palavra_12		

A quarta característica acústica a ser discutida para as consoantes fricativas é o **pico espectral** que corresponde à medida da frequência do ruído fricativo no momento de amplitude mais alta. O pico espectral tem relação com parâmetros articulatórios. A generalização é de que as fricativas com articulação anterior [f,v] apresentem menor energia – e, portanto, menor pico espectral – do que as fricativas articuladas em região mais posterior, como [s,z,ʃ,ʒ]. Considere a Figura 4.20.

Figura 4.20 – Diagrama articulatório e o espectro das fricativas não-vozeadas [f, s, ʃ].

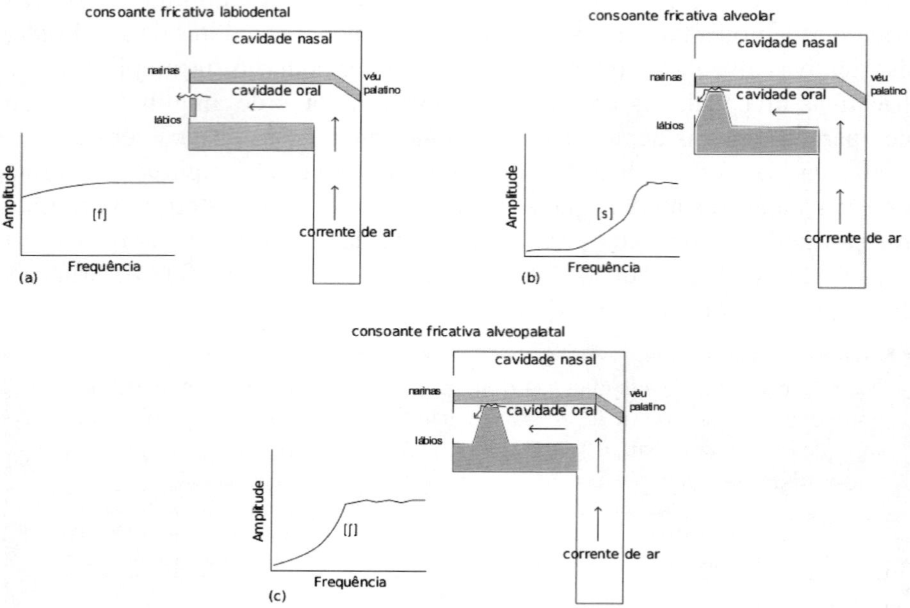

A Figura 4.20 ilustra o diagrama articulatório e o espectro das fricativas não-vozeadas [f,s,ʃ]. Observa-se que a fricativa articulada na região mais anterior do trato vocal, a labiodental [f], apresenta baixa amplitude do ruído, enquanto as fricativas articuladas mais posteriormente – a alveolar [s] e a alveopalatal [ʃ] – apresentam alta amplitude do ruído. A energia do ruído – seja baixa ou alta – se deve principalmente à extensão da cavidade anterior à constrição (Kent e Read, 2002; Shadle, 1985). Considere a Figura 4.21.

Figura 4.21 – Espectros FFT das consoantes fricativas [ʃ] (parte superior) e [s] (parte inferior).

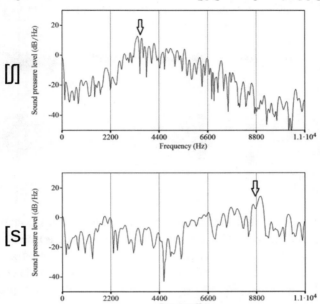

A Figura 4.21 ilustra os espectros FFT das consoantes [ʃ] (parte superior) e [s] (parte inferior) produzidas nas sequências [aˈʃa] e [aˈsa]. O pico espectral tem relação com o tamanho da cavidade anterior à constrição: quanto menor a cavidade anterior à constrição maior será a frequência do pico espectral. Portanto, considerando-se que a cavidade anterior à constrição na fricativa [s] é menor do que na fricativa [ʃ], observa-se que o pico espectral de frequência mais alta ocorre em [s] – como indicado pela seta na parte inferior na Figura 4.21 – e o pico espectral de frequência mais baixa ocorre em [ʃ] – como indicado pela seta na parte superior na Figura 4.21.

A quinta característica acústica a ser discutida para as consoantes fricativas é o **F2 de transição** ou *locus* **acústico consonantal**, que é medido no ponto de transição da consoante fricativa para a vogal seguinte. O F2 de transição está relacionado com a cavidade posterior à constrição: quanto menor a cavidade posterior à constrição, maior será o valor do F2 de transição (Berti, 2006). Considere a Figura 4.22.

Fonética Acústica

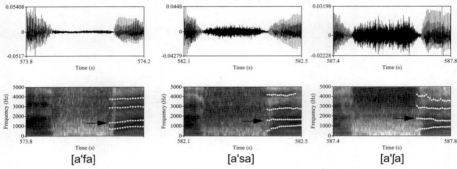

Figura 4.22 – Forma de onda e espectrogramas com destaque para o F2 de transição nas fricativas [f,s,ʃ] produzidas nas sequências [aˈfa] (à esquerda), [aˈsa] (ao meio) e [aˈʃa] (à direita).

A Figura 4.22 indica por setas o F2 de transição das consoantes fricativas [f, s, ʃ] nas sequências [aˈfa], à esquerda, [aˈsa], ao centro e [aˈʃa], à direita. O valor do F2 na transição de [f] para [a] é mais baixo (1.369 Hz) do que o valor do F2 na transição de [s] para [a] (1.640 Hz) e ambos os valores do F2 de transição para [f] e [s] são mais baixos do que o valor do F2 na transição de [ʃ] para [a] (1.723 Hz). Observa-se que o valor do F2 na transição tem a relação [f] < [s] < [ʃ]. Essa relação ocorre porque a cavidade que se forma atrás da constrição durante a produção da fricativa [ʃ] é menor do que a cavidade que se forma atrás da constrição durante a produção da fricativa [s] que, por sua vez, é menor do que a cavidade que se forma atrás da constrição durante a produção de [f]. Espera-se relação análoga para as consoantes vozeadas: [v] < [z] < [ʒ].

Características acústicas de consoantes

Exercício 4.13: Indique se cada uma das afirmativas abaixo é (V) 'verdadeira' ou (F) 'falsa'.

1.	( )	A barra de sonoridade é uma pista acústica que contribui para caracterizar o ponto de articulação das fricativas.
2.	( )	Quanto maior for a cavidade posterior à constrição, menor será o F2 de transição.
3.	( )	O ruído inerente às fricativas é crucial para caracterizar o modo de articulação fricativo.
4.	( )	A caracterização do ponto de articulação das fricativas pode ser determinada pelo exame do pico espectral.
5.	( )	O pico espectral tem relação com a dimensão da cavidade anterior à constrição: o pico espectral será maior quanto menor for a cavidade anterior à constrição.
6.	( )	As fricativas não-vozeadas são caracterizadas acusticamente pelo ruído transiente que imediatamente segue a soltura da oclusão.
7.	( )	O pico espectral expressa o momento de amplitude mais alta da frequência do ruído fricativo.
8.	( )	As fricativas anteriores apresentam menor pico espectral por serem produzidas com menor energia.

A sexta característica acústica a ser discutida para as consoantes fricativas é a **duração**. A duração é um instrumento adicional, além da barra de vozeamento, para distinguir as consoantes fricativas não-vozeadas das consoantes fricativas vozeadas. Considere a Figura 4.23.

Figura 4.23 – Espectrograma da palavra *fava*.

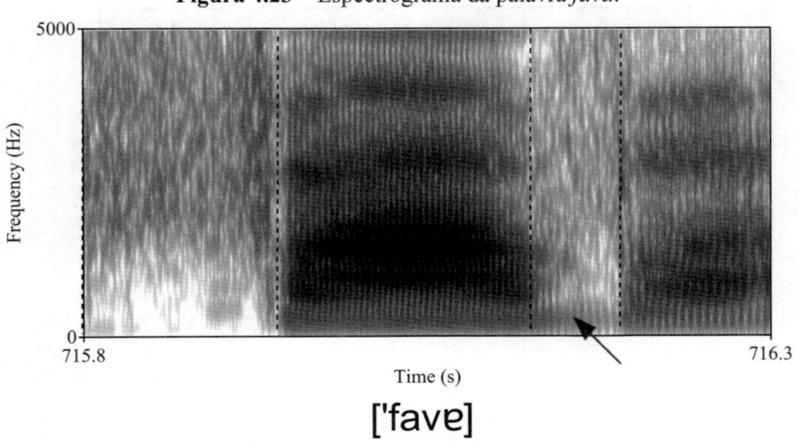

['favɐ]

Na Figura 4.23, a palavra *fava* apresenta um som fricativo não-vozeado [f] e um som fricativo vozeado [v], indicados entre as barras verticais tracejadas. A barra de vozeamento destacada em [v] por uma seta é característica dos sons vozeados e não ocorre na consoante não-vozeada [f]. Quanto à duração, a consoante não-vozeada [f] apresenta maior duração do que a consoante vozeada [v].

Para a interpretação e análise dos valores de duração das fricativas a serem discutidas nas próximas páginas, é relevante compreender como se dá o cálculo da duração relativa. A **duração relativa** tem por objetivo normalizar a duração absoluta ou segmental que pode variar de acordo com vários fatores, tais como acento, qualidade vocálica, grau de ênfase, posição dentro da palavra ou frase, velocidade de fala, dentre outros fatores.

A duração relativa é um cálculo matemático que tem por objetivo diminuir os efeitos de fatores que podem influenciar a duração intrínseca dos segmentos. A duração relativa da fricativa, em Ferreira e Pacheco (2012), foi normalizada em função da palavra em que a fricativa se encontrava. Cada fricativa em Ferreira-Silva e Pacheco (2012) foi considerada um **som-alvo**, ou seja, o som tomado como objeto de estudo. Os valores de duração relativa de Ferreira-Silva e Pacheco (2012), a serem discutidos nas próximas páginas, foram obtidos por meio da razão entre a duração absoluta do ruído fricativo, em (ms), dividida pela duração total da palavra, e o resultado dessa operação é multiplicado por 100. O resultado expressa o percentual ocupado pela fricativa dentro da palavra. O resultado da duração relativa é apresentado em índices percentuais representados por (%). Oliveira (2011) sugere o seguinte procedimento para a obtenção de valores de duração relativa:

Procedimento para o cálculo da duração relativa
1. Medir a duração da palavra em que ocorre o som-alvo.
2. Medir a duração do som-alvo.
3. Dividir a duração do som-alvo pela duração da palavra.
4. Multiplicar por 100 o resultado da divisão.

Exercício 4.14: Consulte o Apêndice deste livro para obter instruções sobre como abrir os áudios do Exercício 4.14, que foram disponibilizados no material de apoio on-line. Cada um dos áudios deve ser aberto com o TextGrid correspondente que indicará a duração da palavra e a duração da consoante fricativa. Você deverá calcular o percentual ocupado pela fricativa na palavra pela operação: (som/palavra) x 100. Siga o exemplo.

	Duração da palavra	Duração da fricativa	%
palavra_1	599 ms	138 ms	23%
palavra_2			
palavra_3			
palavra_4			
palavra_5			
palavra_6			

A explicação de como se procede o cálculo da duração relativa permite a interpretação de resultados que são discutidos nas próximas páginas para a duração relativa das fricativas. Considere a Figura 4.24.

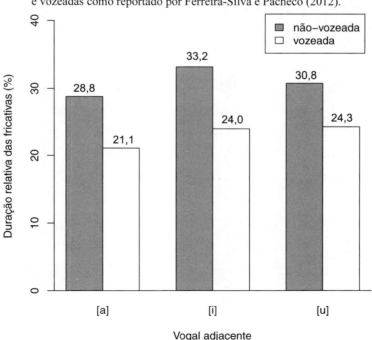

Figura 4.24 – Gráfico da duração relativa das fricativas não-vozeadas e vozeadas como reportado por Ferreira-Silva e Pacheco (2012).

A Figura 4.24 apresenta resultados obtidos por Ferreira-Silva e Pacheco (2012) quanto à duração relativa das fricativas não-vozeadas – barras em cinza – e fricativas vozeadas – barras em branco. Para cada par de barras na Figura 4.24, a fricativa é adjacente a uma das vogais [a, i, u] e os valores reportados referem-se à fricativa em posição de início de sílaba. Os dados do gráfico da Figura 4.24 indicam que as fricativas vozeadas têm duração relativa menor do que as fricativas não-vozeadas. Tanto as características de vozeamento quanto de duração de fricativas se aplicam para toda a classe: fricativas vozeadas apresentam barra de vozeamento e têm duração relativa menor do que as fricativas não-vozeadas correspondentes (Ferreira-Silva e Pacheco, 2012; Oliveira, 2011).

O resultado de Ferreira-Silva e Pacheco (2012) de que a duração relativa das fricativas vozeadas é menor do que a duração relativa das fricativas não-vozeadas foi confirmado em outros estudos do PB (Samczuk e Gama Rossi, 2004; Haupt, 2007; Ferreira-Silva e Pacheco, 2012). O fato de a duração relativa das fricativas vozeadas ser menor do que a duração relativa das fricativas não-vozeadas segue uma tendência geral das línguas naturais (cf. Hogan e Rozsypal, 1980; Crystal e House, 1988; Stevens et al., 1992; Docherty, 1992; Jesus, 2001).

Além de corroborar resultados sobre a duração relativa das fricativas em relação ao vozeamento, o estudo de Ferreira-Silva e Pacheco (2012) mostrou, adicionalmente, que a duração das fricativas depende de sua posição na organização da sílaba. Considere a Figura 4.25.

Figura 4.25 – Gráfico de duração relativa das fricativas não-vozeadas em posição de início de sílaba e em posição final de sílaba, como reportado por Ferreira-Silva e Pacheco (2012).

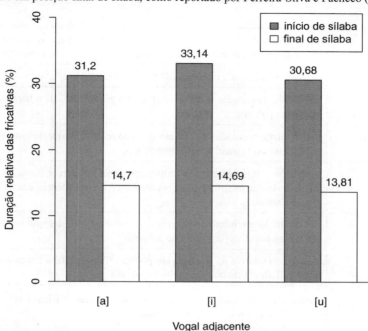

A Figura 4.25 ilustra que, em posição de início de sílaba, as fricativas alveolares não-vozeadas apresentam duração relativa maior do que as fricativas alveolares em posição final de sílaba. Portanto, o estudo de Ferreira-Silva e Pacheco (2012) mostra que, em relação às fricativas alveolares não-vozeadas, existe a seguinte relação da duração relativa: (início de sílaba) > (final de sílaba).

Ferreira-Silva e Pacheco (2012) observaram também que as fricativas em posição de início de sílaba apresentam valores de duração relativa maior quando em início de palavra – por exemplo, na palavra *foca* – ou quando em meio de palavra – por exemplo, na palavra *bafo*. As autoras mostraram que a duração relativa das fricativas é maior em início de palavras do que no meio de palavras. Ou seja, em início de palavra as fricativas têm a seguinte relação quanto à duração relativa: (início de palavra) > (meio de palavra).

Finalmente, Ferreira-Silva e Pacheco (2012) mostraram que a duração relativa das fricativas em posição final de sílaba tem valores maiores em posição medial de palavra – como, por exemplo, na palavra *pasta*, do que em posição final de palavra – como, por exemplo, na palavra *rapaz*. Ou seja, em posição final de sílaba, as fricativas alveolares têm a seguinte relação quanto à duração relativa: (final de sílaba em posição medial de palavra) > (final de sílaba em posição final de palavra).

Fonética Acústica

Exercício 4.15: Indique se cada uma das afirmativas abaixo é (V) 'verdadeira' ou (F) 'falsa'.

1.	( )	Fricativas não-vozeadas têm ausência da barra de vozeamento e têm duração relativa maior do que as fricativas vozeadas correspondentes.
2.	( )	A duração relativa é uma medida precisa e pontual.
3.	( )	O cálculo da duração relativa determina o percentual que a fricativa ocupa na palavra.
4.	( )	As fricativas vozeadas do PB têm duração relativa maior do que as fricativas não-vozeadas correspondentes.
5.	( )	A tendência das fricativas vozeadas apresentarem menor duração relativa do que as fricativas não-vozeadas é uma tendência das línguas naturais.
6.	( )	As fricativas em início de palavra apresentam maior duração relativa do que as fricativas em meio de palavras.
7.	( )	A duração relativa da fricativa em posição final de sílaba é maior em final de palavra do que em meio de palavra.
8.	( )	A duração é um parâmetro que permite diferenciar as fricativas vozeadas das fricativas não-vozeadas

Os resultados de Ferreira-Silva e Pacheco (2012) indicam, também, que a duração é um parâmetro que permite diferenciar o ponto de articulação das fricativas. Considere a Tabela 4.8.

Tabela 4.8 – Média da duração relativa de consoantes fricativas do PB (%) nos contextos de [i,a,u]. Fonte: Ferreira-Silva; Pacheco (2012).

	Contexto vocálico		
Fricativas	**/i/**	**/a/**	**/u/**
[f]	31,7	27,2	28,7
[v]	20,7	18,8	24,1
[s]	33	30	30,8
[z]	27,4	22	25,6
[ʃ]	35	29,4	33
[ʒ]	23,8	22,5	23,3

A Tabela 4.8 apresenta a média da duração relativa de consoantes fricativas do PB nos contextos de [i,a,u] (Ferreira-Silva e Pacheco, 2012). Os resultados da Tabela 4.8 indicam que há uma tendência de as fricativas labiodentais

Características acústicas de consoantes

[f,v] terem duração relativa menor do que as fricativas alveolares [s,z]. Por sua vez, as fricativas alveolares [s,z] apresentam duração menor do que as fricativas pós-alveolares [ʃ,ʒ]. Como generalização, os dados de Ferreira-Silva e Pacheco (2012) indicam que a média da duração relativa das consoantes fricativas não-vozeadas tende a ser [f] < [s] < [ʃ]. O estudo de Ferreira-Silva e Pacheco (2012) indica também que a média da duração relativa das consoantes fricativas vozeadas tende a ser [v] < [ʒ] < [z].

Finalmente, os dados de Ferreira-Silva e Pacheco (2012) sugerem, também, a sensibilidade da duração das consoantes fricativas ao contexto vocálico seguinte. As autoras indicam que há uma tendência de maior duração relativa das consoantes fricativas quando adjacentes a [i] ou [u] (Ferreira-Silva e Pacheco, 2012: 25).

Resumo:

Características acústicas das fricativas anteriores		
1	Ruído	Representado no espectrograma por hachuras verticais. Caracteriza o modo de articulação fricativo e o diferencia dos outros sons consonantais.
2	Barra de vozeamento ou barra de sonoridade	Representada por barra escura próxima ao eixo horizontal no espectrograma. Na forma de onda, apresenta valores de amplitude regulares e baixos. Reflete o correlato acústico da vibração das pregas vocais e, portanto, estará presente nos espectrogramas de todas as consoantes vozeadas, e ausente nos espectrogramas das consoantes não-vozeadas.
3	Amplitude	Representada na forma de onda por diferentes valores dependendo do ponto de articulação da fricativa. A amplitude da forma de onda aumenta à medida que a fricativa se torna mais posterior. A seguinte relação pode ser definida para a amplitude das fricativas anteriores: [f,v] < [s,z] < [ʃ,ʒ].
4	Pico espectral	Corresponde à medida da frequência do ruído fricativo no momento de amplitude mais alta.
5	F2 de transição ou *locus* acústico consonantal	Corresponde ao valor de F2 obtido no ponto de transição da consoante fricativa para a vogal que a segue. Relacionado com a cavidade posterior à constrição: quanto menor a cavidade posterior à obstrução, maior será o valor do F2 de transição. A seguinte relação pode ser definida para o valor do F2 na transição para as fricativas anteriores: [f,v] < [s,z] < [ʃ,ʒ].
6	Duração	Representada no eixo horizontal, das abscissas, tanto no espectrograma quanto na forma de onda. Contribui para caracterizar o vozeamento, o ponto de articulação, e as diferentes posições que a fricativa anterior ocupa na sílaba. A seguinte relação pode ser definida para a duração relativa das fricativas anteriores: não-vozeadas > vozeadas.

183

Exercício 4.16: Para cada uma das figuras apresentadas no material de apoio disponível on-line, você deverá indicar as vogais, ditongos, consoantes oclusivas, nasais e fricativas. Siga o exemplo.

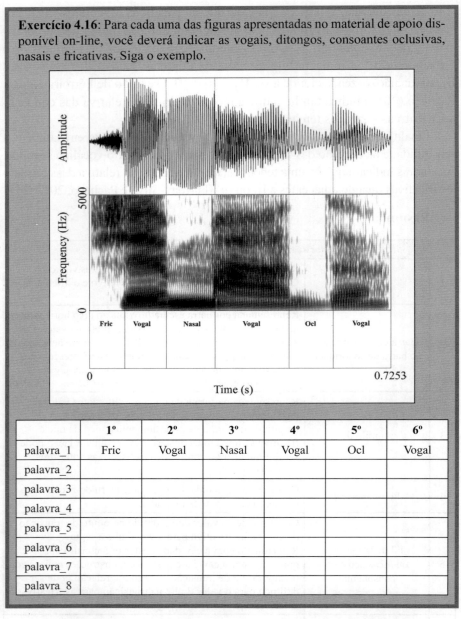

	1º	2º	3º	4º	5º	6º
palavra_1	Fric	Vogal	Nasal	Vogal	Ocl	Vogal
palavra_2						
palavra_3						
palavra_4						
palavra_5						
palavra_6						
palavra_7						
palavra_8						

A seguir, são consideradas as características acústicas das **fricativas posteriores**. No PB, as fricativas posteriores são associadas com a classe denominada róticos, que é relacionada com os sons de "r" (classe de sons que engloba também o tepe, a vibrante e a aproximante retroflexa). O quadro que segue apresenta as consoantes fricativas posteriores do PB, que são:

Fricativas	Símbolo do IPA	Exemplos
velar não-vozeada	[x]	rato; carro; carta; calor
velar vozeada	[ɣ]	rato; carro; carta; calor
uvular não-vozeada	[χ]	rato; carro; carta; calor
uvular vozeada	[ʁ]	rato; carro; carta; calor
glotal não-vozeada	[h]	rato; carro; carta; calor
glotal vozeada	[ɦ]	rato; carro; carta; calor

As consoantes fricativas posteriores são articuladas no trato vocal desde a região velar até a região glotal. Como é observado para as demais fricativas, o principal correlato acústico das fricativas posteriores é o ruído decorrente da constrição. Considere a Figura 4.26.

Figura 4.26 – Forma de onda e espectrograma das fricativas posteriores [x, χ, h].

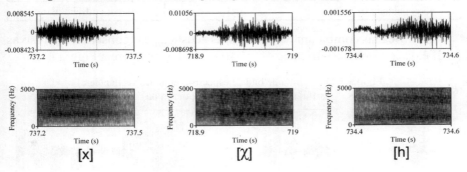

A Figura 4.26 ilustra a forma de onda e espectrograma das fricativas posteriores [x,χ,h]. A principal característica observada, visualmente, no espectrograma são as hachuras verticais espaçadas que são correlatos acústicos do **ruído** das fricativas. As fricativas posteriores apresentam concentração de energia em baixas frequências, na região dos dois primeiros formantes. As fricativas velares apresentam concentração de energia em torno de F2 da vogal adjacente e pouca ou nenhuma energia em frequências altas (Reetz e Jongman, 2008). Estudos que caracterizem as fricativas posteriores no PB devem ainda ser realizados em pesquisas futuras. Jesus e Shaddle (2005) realizaram um estudo sobre as fricativas posteriores do português europeu (PE), e seus resultados poderão, oportunamente, ser contrastados com estudos do PB.

185

Fonética Acústica

AFRICADAS

As consoantes africadas são caracterizadas acusticamente por:

1. ausência de energia
2. ruído transiente ou soltura da oclusão (*burst*)
3. ruído
4. barra de vozeamento ou barra de sonoridade
5. duração

As características acústicas listadas acima permitem identificar o modo de articulação africado e caracterizar cada uma das consoantes africadas que são:

Africadas	Símbolo do IPA	Exemplos
alveopalatal não-vozeada	[tʃ]	título; atitude; poste
alveopalatal vozeada	[dʒ]	diabo; endívia; idade

As africadas combinam características acústicas das consoantes oclusivas [t, d] e das consoantes africadas [ʃ, ʒ]: [tʃ] e [dʒ]. Considere a Figura 4.27.

Figura 4.27 – Forma de onda e espectrograma das sequências [aˈtʃa] (à esquerda) e [aˈdʒa] (à direita).

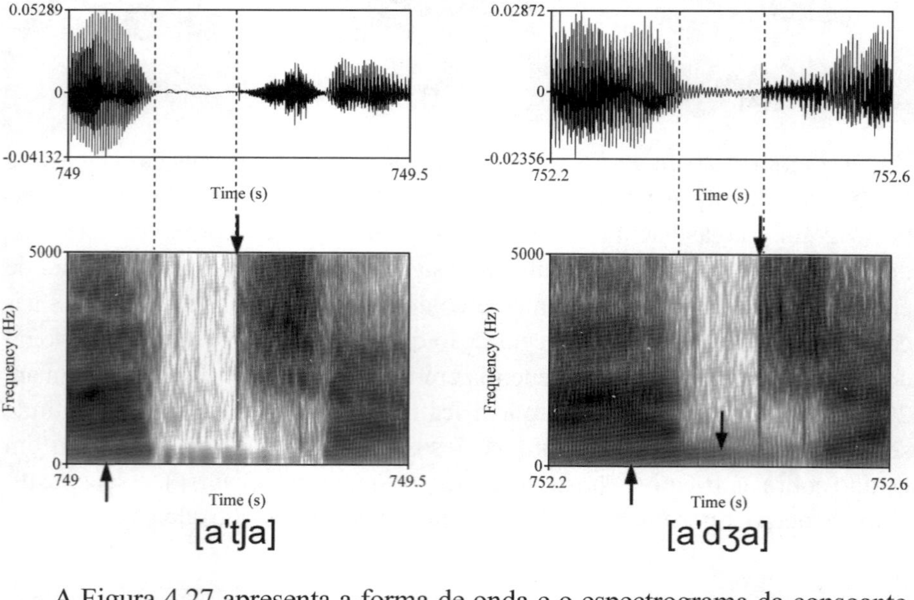

A Figura 4.27 apresenta a forma de onda e o espectrograma da consoante africada não-vozeada [tʃ] na sequência [aˈtʃa], à esquerda, e da africada vozeada [dʒ] na sequência [aˈdʒa], à direita. Africadas são constituídas, portanto, de uma parte inicial semelhante a consoantes oclusivas e uma parte final semelhante a consoantes fricativas.

A primeira característica acústica a ser discutida para as africadas é a **ausência de energia** no sinal acústico da fala, que é característica das consoantes oclusivas e consiste da parte inicial da africada. Na Figura 4.27, a ausência de energia no sinal acústico da fala é destacada entre linhas verticais na forma de onda. No espectrograma, a ausência de energia é visualmente representada pelo espaço quase em branco na Figura 4.27, entre as linhas verticais tracejadas. A baixa **amplitude** tem como correlato visual a queda de energia na forma de onda na Figura 4.27.

A segunda característica acústica a ser discutida para as africadas é o **ruído transiente**, que é também característica das consoantes oclusivas e ocorre imediatamente após a soltura da oclusão na parte inicial da africada não-vozeada [tʃ]. Na Figura 4.27, a soltura da oclusão é destacada por uma seta acima do espectrograma, e é caracterizada, visualmente, por estrias estreitas e verticais na forma de onda. A soltura da oclusão reflete o momento de afastamento dos dois articuladores: ponta da língua e região alveolar.

A terceira característica acústica a ser discutida para as africadas é o **ruído**, que é característico das consoantes fricativas e está destacado por uma seta abaixo do espectrograma na Figura 4.27. O ruído é representado no espectrograma por hachuras verticais que, na africada, correspondem à parte de fricção que segue a oclusão. No espectrograma, o ruído tem pico espectral de grande amplitude em torno de 3.000 Hz e a transição da fricativa para a vogal está em torno de 2.000 Hz (que são características das fricativas alveopalatais).

A quarta característica acústica a ser discutida para as africadas é a **barra de vozeamento**. A barra de vozeamento está presente na africada vozeada [dʒ] e ausente na africada não-vozeada [tʃ]. Na Figura 4.27, a barra de vozeamento é destacada por uma seta dentro do espectrograma da africada vozeada [dʒ]. Na forma de onda, o correlato acústico do vozeamento é expresso por valores de amplitude regulares e baixos, refletindo o correlato acústico das pregas vocais.

A quinta característica acústica a ser discutida para as africadas é a **duração**. A duração pode contribuir para diferenciar a africada não-vozeada [tʃ] da africada vozeada [dʒ]. A africada não-vozeada [tʃ] apresenta duração relativa maior do que a africada vozeada [dʒ] (Oliveira, 2011). A duração relativa maior para africadas não-vozeadas do que para africadas vozeadas, [tʃ] > [dʒ], é também atestada para as consoantes fricativas: [f, s, ʃ] > [v, z, ʒ] (cf. seção "Fricativas"). Portanto, a distinção de vozeamento entre as africadas não-vozeadas e vozeadas tem como correlatos acústicos dois parâmetros: a barra de vozeamento (presente somente nas africadas vozeadas) e a duração relativa (maior para as africadas não-vozeadas). Barboza (2013) analisou correlatos acústicos envolvidos em fenômenos de lenição das africadas.

Exercício 4.17: O material de apoio disponível on-line apresenta diversas figuras. Para cada uma delas, você deverá indicar se ocorre uma ou mais consoante fricativa ou africada, e também se a consoante é vozeada ou não-vozeada. Siga o exemplo.

	Fricativa vozeada	Fricativa não-vozeada	Africada vozeada	Africada não-vozeada
palavra_1			x	
palavra_2				
palavra_3				
palavra_4				
palavra_5				
palavra_6				
palavra_7				
palavra_8				

Resumo:

Características acústicas das africadas		
1	Ausência de energia	Representada no espectrograma por espaço quase em branco e na forma de onda por ausência de energia. Caracteriza o momento de bloqueio ou de oclusão da passagem de ar no trato vocal que é promovido pelo encontro total entre dois articuladores na parte inicial da africada.
2	Ruído transiente ou soltura da oclusão (*burst*)	Representado na forma de onda por estrias estreitas e verticais que são exibidas logo após a ausência de energia no sinal acústico. Reflete o momento do afastamento de dois articuladores e ocorre imediatamente após a soltura da oclusão. O ruído transiente pode ou não estar presente nas africadas.
3	Ruído	Representado no espectrograma por hachuras verticais. Caracteriza o modo de articulação fricativo. Na africada, corresponde à parte de fricção que segue a oclusão.
4	Barra de vozeamento ou barra de sonoridade	Representada por barra escura próxima ao eixo horizontal no espectrograma. Na forma de onda, apresenta valores de amplitude regulares e baixos. Reflete o correlato acústico da vibração das pregas vocais e, portanto, estará presente nos espectrogramas das consoantes vozeadas, e ausente nos espectrogramas das consoantes não-vozeadas.
5	Duração	Representada no eixo horizontal, das abscissas, tanto no espectrograma quanto na forma de onda. Contribui para caracterizar o vozeamento. As africadas não-vozeadas apresentam maior duração do que as africadas vozeadas. A seguinte relação pode ser definida para a duração relativa das africadas: [tʃ] > [dʒ].

Exercício 4.18: Para cada uma das figuras apresentadas no material de apoio disponível on-line, você deverá indicar as vogais, ditongos, consoantes oclusivas, nasais, fricativas e africadas. Siga o exemplo.

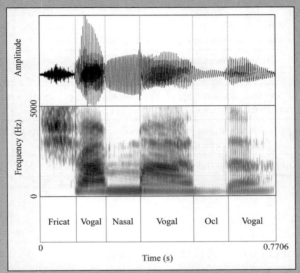

	1º	2º	3º	4º	5º	6º
palavra_1	Fric	Vogal	Nasal	Vogal	Ocl	Vogal
palavra_2						
palavra_3						
palavra_4						
palavra_5						
palavra_6						
palavra_7						
palavra_8						

Fonética Acústica

> **Exercício 4.19**: Indique se cada uma das afirmativas abaixo é (V) 'verdadeira' ou (F) 'falsa'.
>
> | 1. | ( ) | As fricativas posteriores apresentam grande variabilidade no PB. |
> |---|---|---|
> | 2. | ( ) | Africadas são representadas acusticamente pela ausência de energia que é imediatamente seguida de ruído fricativo. |
> | 3. | ( ) | A barra de vozeamento diferencia as fricativas, sendo que as africadas não-vozeadas apresentam barra de vozeamento. |
> | 4. | ( ) | As africadas não-vozeadas apresentam duração relativa maior do que as africadas vozeadas correspondentes. |
> | 5. | ( ) | O ruído transiente expressa o momento em que se desfaz a obstrução da parte oclusiva da africada. |
> | 6. | ( ) | O pico espectral do ruído fricativo é sempre abaixo de 3.000 Hz. |

TEPE

O tepe é caracterizado acusticamente por:

1. ausência de energia
2. ruído transiente ou soltura da oclusão (*burst*)
3. vogal de apoio

As características acústicas, listadas anteriormente, permitem identificar o modo de articulação do tepe e o distinguir das demais consoantes. No PB, o tepe é associado com a classe denominada **róticos**, que é relacionada com sons de "r" (classe de sons que engloba também as fricativas posteriores, a vibrante e a aproximante retroflexa) e é exemplificado a seguir:

Tepe	Símbolo do IPA	Exemplos
tepe	[ɾ]	arara; prato; parto; calor

O tepe é articulado com um único movimento, rápido e pontual, que causa uma breve obstrução da passagem da corrente de ar na região alveolar. A obstrução da passagem da corrente de ar é compreendida como um fechamento do trato vocal na região alveolar que é imediatamente seguido pela abertura do trato vocal nessa região (Recasens, 1991). O fechamento e abertura do trato vocal são breves e o movimento realizado pelo corpo da língua em direção aos alvéolos é rapidamente finalizado. Assim, o tepe pode ser compreendido como um som que é produzido em dois momentos: um breve momento de **fechamento** da passagem da corrente de ar ou fechamento do trato vocal que

190

é imediatamente seguido pelo breve momento de **abertura** da obstrução que retoma a passagem da corrente de ar. O termo **obstrução**, neste caso, reflete uma oclusão muito breve.

A primeira característica acústica a ser discutida para o tepe é a **ausência de energia** no sinal acústico da fala, que tem como correlato visual uma faixa quase em branco no espectrograma. Considere a Figura 4.28.

Figura 4.28 – Forma de onda e espectrograma da sequência [aˈɾa].

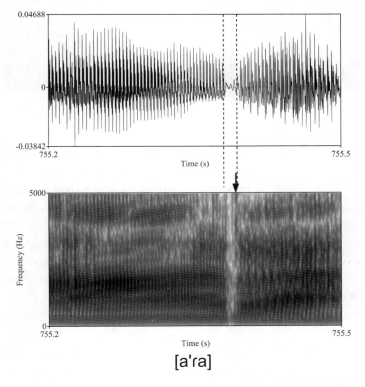

[aˈɾa]

A Figura 4.28 ilustra a forma de onda e o espectrograma da sequência [aˈɾa]. No espectrograma, o tepe é identificado pela região mais clara do que os sons adjacentes. Na forma de onda, é observada pouca energia do tepe, que é expressa pela amplitude baixa e é destacada entre linhas verticais. Na produção do tepe, ocorre a queda de intensidade em relação às vogais adjacentes. A ausência de energia no sinal acústico da fala expressa o breve momento de obstrução que corresponde à fase de fechamento do trato vocal na articulação do tepe.

A segunda característica acústica a ser discutida para o tepe é o **ruído transiente** ou **soltura da oclusão** (*burst*) que é expresso, visualmente, pela presença de estrias estreitas e verticais que são exibidas na forma de onda por sinal aperiódico e, na Figura 4.28, é destacada por uma seta. Considere a Figura 4.29.

Fonética Acústica

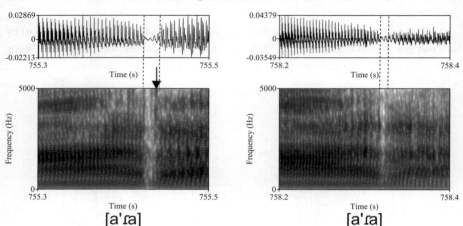

Figura 4.29 – Forma de onda e espectrograma de tepe intervocálico com ruído transiente (à esquerda) e sem ruído transiente (à direita).

A Figura 4.29 ilustra a forma de onda e o espectrograma de dois tepes intervocálicos em sequência [aˈɾa], indicados por linhas verticais tracejadas. A Figura 4.29, à esquerda, apresenta a produção de um tepe em que ocorreu o ruído transiente, sendo possível observar as estrias estreitas e verticais que são destacadas por uma seta. A Figura 4.29, à direita, apresenta a produção de um tepe sem o ruído transiente. O **ruído transiente** no tepe pode ser muito breve ou mesmo não ocorrer como correlato acústico. Observe que, nas duas figuras, ocorre uma breve faixa vertical, quase em branco, que corresponde ao tepe.

O tepe compartilha com as consoantes oclusivas a ausência de energia no sinal acústico, refletida pela queda de intensidade em relação às vogais adjacentes, a baixa energia na forma de onda e o ruído transiente ou soltura da oclusão. Contudo, a duração da obstrução nas consoantes oclusivas é consideravelmente maior do que no tepe – que é um segmento com duração muito breve. Silva (1999) avaliou a duração do tepe intervocálico no PB e teve como resultado em média 15 a 20 ms.

Tipicamente, o tepe é vozeado e apresenta a barra de vozeamento na parte inferior do espectrograma (cf. Figuras 4.28 e 4.29). Contudo, Jesus e Shadle (2005) reportam o tepe sem vozeamento para o português europeu. Os autores sugerem que, na articulação do tepe sem vozeamento, a constrição na região alveolar não é total, de maneira que ocorre uma soltura de oclusão de baixa amplitude que pode ser interpretada como correspondendo a um ruído fricativo. Assim, o tepe sem vozeamento pode ser compreendido como um tepe alveolar fricativo.

Rennicke (2015) encontrou tepes sem vozeamento no PB em encontros consonantais postônicos, em exemplos como *out<u>r</u>as* ou *semp<u>r</u>e*, e em posição intervocálica, em exemplos como *ca<u>r</u>o*. A autora reporta que, em seu *corpus*, o índice de tepes sem vozeamento é baixo e ocorre, principalmente, no ambiente postônico. A autora sugere que há diferentes graus de fricção em tepes sem vozeamento (o que ela denomina de tepe alveolar desvozeado). Considere a Figura 4.30.

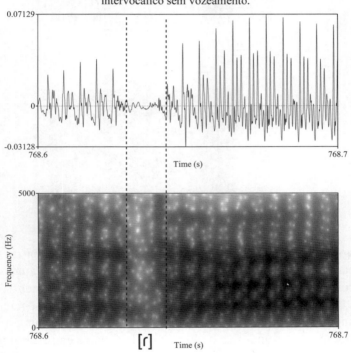

Figura 4.30 – Forma de onda e espectrograma de um tepe intervocálico sem vozeamento.

A Figura 4.30 ilustra a forma de onda e o espectrograma de um tepe intervocálico sem vozeamento, que é destacado entre as linhas tracejadas. Observe que não ocorre a barra de vozeamento, embora a breve interrupção da passagem da corrente de ar possa ser observada pela faixa vertical quase em branco, no espectrograma.

Além da posição intervocálica que foi discutida no início desta seção, o tepe no PB ocorre também em encontros consonantais, por exemplo, em *prato* [ˈpɾatʊ], e em final de sílaba, por exemplo, em *carta* [ˈkaɾtɐ] ou *par* [ˈpaɾ]. Em seguida, serão consideradas as características acústicas do tepe em encontros consonantais e, posteriormente, serão discutidas as características acústicas do tepe em posição final de sílaba.

Fonética Acústica

A terceira característica acústica a ser discutida para o tepe é a **vogal de apoio** ou **elemento vocálico**, que é atestado em encontros consonantais e em final de sílabas. Considere a Figura 4.31.

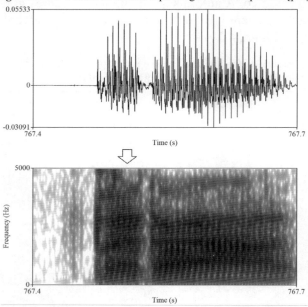

Figura 4.31 – Forma de onda e espectrograma da sequência [pɾa].

A Figura 4.31 ilustra a forma de onda e o espectrograma no encontro consonantal tautossilábico [pɾa]. Em encontros consonantais tautossilábicos, o tepe ocorre em conjunto com uma **vogal de apoio** ou **elemento vocálico** (Nishida, 2005, 2009; Silveira, 2007). Na Figura 4.31, a consoante oclusiva [p] é seguida da vogal de apoio, do tepe e da vogal [a]. Portanto, a vogal de apoio – destacada por uma seta na Figura 4.31 – ocorre entre a primeira consoante do encontro consonantal tautossilábico e o tepe. Embora não seja usual, seria possível sugerir a equivalência das transcrições [pɾa] e [pᵃɾa], sendo que a última transcrição indicaria a vogal de apoio entre as consoantes do encontro consonantal tautossilábico. Contudo, a literatura, de maneira geral, não indica a vogal de apoio nas transcrições fonéticas. Essa tendência geral da literatura é também adotada neste livro.

A vogal de apoio nos grupos consonantais do PB tem, sistematicamente, características acústicas da vogal que ocorre após o tepe. A diferença entre a vogal de apoio e a vogal que é núcleo da sílaba está na duração: a **vogal de apoio** é breve quando comparada com a vogal regular que segue o encontro consonantal tautossilábico (Nishida, 2005). A similaridade entre a vogal de apoio e a vogal que é núcleo da sílaba é uma característica do PB e, em outras línguas, a vogal de apoio pode, por exemplo, ser um *schwa*, como no caso do norueguês (Kvale e Foldvik, 1995), ou do búlgaro e do tcheco (Jetchev, 1995). A vogal de apoio no PB, que precede o tepe em encontros consonantais com oclusivas, tem, em média, duração de 16 a 26 ms e, nos encontros consonantais com consoantes fricativas, a vogal de apoio tem, em média, duração de 12 a 36 ms (Nishida, 2005). Nos dados analisados por Nishida (2005), o número de ocorrências da vogal de apoio nos encontros consonantais com oclusivas foi maior do que nos encontros com fricativas. Oliveira (2017) analisou acusticamente casos em que o tepe pode não ocorrer em encontros consonantais tautossiábicos do tipo: (oclusiva + tepe).

Nishida (2005) observa que, em encontros consonantais que são precedidos por uma fricativa – como, por exemplo, nas palavras *fraco* ou *livro* – o tepe pode ocorrer como uma **aproximante**. Para fins ilustrativos, um exemplo desse caso é apresentado a seguir. Considere a Figura 4.32.

Figura 4.32 – Forma de onda e espectrograma da palavra *fraco* com destaque para a aproximante que ocorre no encontro consonantal com o rótico.

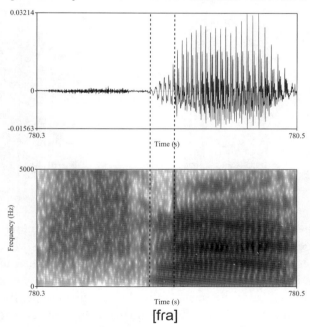

[fra]

A Figura 4.32 ilustra o tepe aproximante que ocorre no encontro consonantal [fɾ], que é destacado entre as linhas verticais tracejadas. Estudos futuros devem considerar em detalhes as características acústicas do tepe em encontros consonantais do tipo (fricativa + tepe) em exemplos como *fɾaco* ou *livɾo*.

Outro contexto em que o tepe ocorre no PB é em final de sílaba em meio de palavra – por exemplo, em *carta* – ou em final de sílaba em final de palavra – como na palavra *par*. Considere a Figura 4.33.

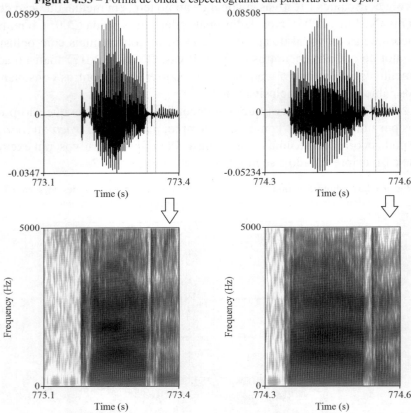

Figura 4.33 – Forma de onda e espectrograma das palavras *carta* e *par*.

A Figura 4.33 apresenta a forma de onda e o espectrograma das palavras *carta*, à esquerda, e *par*, à direita. Observe que depois da vogal tônica [a] ocorre o tepe, que é seguido por uma vogal de apoio, destacada por setas. Foi indicado, nos parágrafos precedentes, que, em encontros consonantais, a vogal de apoio tem características da vogal que segue o tepe. Por outro lado, no caso em que o tepe ocorre em final de sílaba, como ilustrado pelas palavras *par* e *carta* na Figura 4.33, a vogal de apoio é média central reduzida e corresponde ao *schwa* [ə] (Clemente, 2005). Portanto, no PB, a vogal de apoio não apenas ocorre antes do tepe em encontros consonantais e após o tepe em final de sílaba, mas a vogal de apoio tem natureza diferente: é uma vogal média central reduzida quando o tepe ocorre em final de sílaba e é uma vogal com características similares à vogal que segue o tepe em encontros consonantais.

Exercício 4.20: O material de apoio disponível on-line apresenta diversas figuras. Para cada uma delas, você deverá indicar se o tepe ocorre em posição intervocálica, posição pós-vocálica em meio de palavra, em final de palavra ou em encontro consonantal tautossilábico. Siga o exemplo.

	Intervocálico	Pós-vocálico em meio de palavra	Final de palavra	Encontro consonantal tautossilábico
palavra_1				x
palavra_2				
palavra_3				
palavra_4				
palavra_5				
palavra_6				
palavra_7				
palavra_8				
palavra_9				
palavra_10				
palavra_11				
palavra_12				

Leite (2010) analisou dados da cidade de Campinas (SP) e encontrou em posição pós-vocálica tepes aproximantes. A autora reporta que, no **tepe aproximante**, ocorre a estrutura formântica regular e contínua típica das vogais, mas, na forma de onda, a amplitude é menor quando comparada com a vogal precedente. Rennicke (2015) também encontrou tepes aproximantes na região de Lavras (MG), em exemplos como *para* ou *próxima*. Em seu estudo, Rennicke (2015) verifica a existência de aproximantes alveolares em encontros consonantais, independentemente de sua posição com relação ao acento, isto é, a aproximante alveolar pode ocorrer em encontros consonantais em posição tônica, pretônica ou postônica. Considere a Figura 4.34.

Figura 4.34 – Forma de onda e espectrograma da palavra *brasileiro (mas)* (Rennicke, 2015: 126).

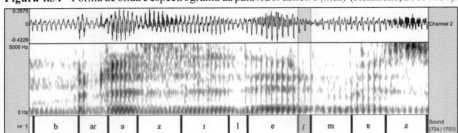

A Figura 4.34 ilustra a forma de onda e o espectrograma da palavra *brasileiro* em que ocorre o tepe aproximante, que é destacado entre linhas verticais. As principais características do tepe aproximante são apresentar estrutura formântica – que é a característica típica das aproximantes –, e a ausência do **ruído transiente** que caracteriza a soltura da oclusão. O tepe aproximante é um segmento de breve duração. As características acústicas do tepe aproximante podem ser explicadas pela articulação incompleta do momento de fechamento do tepe – que neste caso não se completa – explicando, assim a estrutura formântica presente no tepe aproximante (Rennicke, 2015). Ferraz (2005) documentou o **tepe retroflexo**. Considere a Figura 4.35.

Figura 4.35 – Forma de onda e espectrograma de um tepe retroflexo na palavra *porta*.

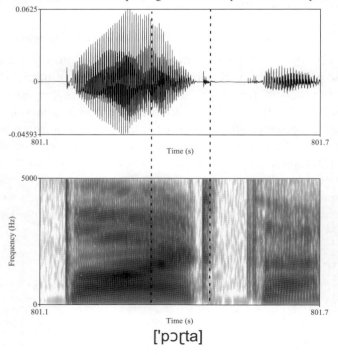

198

A Figura 4.35 ilustra a forma de onda e o espectrograma de um tepe retroflexo na palavra *porta*, que é destacado entre linhas verticais tracejadas. Estudos futuros poderão esclarecer as características acústicas do tepe retroflexo. Leite (2004) reporta ainda a ocorrência de uma **aproximante alveolar**. Considere a Figura 4.36.

Figura 4.36 – Forma de onda e espectrograma de uma aproximante alveolar na palavra *verdade* ilustrada em Leite (2004: 88).

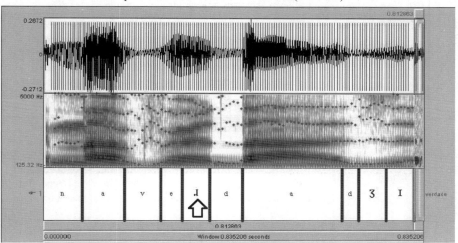

A Figura 4.36 ilustra a forma de onda e espectrograma de uma aproximante alveolar na palavra *verdade*. A aproximante alveolar em final de sílaba foi estudada por Leite (2004, 2010) e também por Rennicke (2015). Na Figura 4.36, a aproximante alveolar é destacada por uma seta, sendo possível observar a estrutura formântica que é característica das aproximantes.

Esta seção apresentou as principais características do tepe no PB, em diversos contextos: posição intervocálica, encontros consonantais e posição final de sílaba. Em posição final de sílaba, foram descritos tipos de tepes reportados na literatura: tepe sem vozeamento, tepe aproximante, tepe retroflexo e aproximante alveolar (Leite, 2004; Ferraz, 2005; Rennicke, 2015). Estudos experimentais que discutam o tepe em diferentes variedades do PB devem ser empreendidos.

Resumo:

Características acústicas do tepe		
1	Ausência de energia	Representada no espectrograma por espaço quase em branco. Expressa o breve momento de obstrução que corresponde à fase de fechamento do trato vocal na articulação do tepe. Na forma de onda, apresenta baixa energia que é expressa pela amplitude baixa. Ocorre também a queda de intensidade em relação às vogais adjacentes.
2	Ruído transiente ou soltura da oclusão (*burst*)	Representado na forma de onda por estrias estreitas e verticais que são exibidas logo após a ausência de energia no sinal acústico. Reflete o momento do afastamento dos articuladores que corresponde à fase de abertura da passagem da corrente de ar na articulação do tepe, e ocorre imediatamente após a soltura da oclusão. O ruído transiente pode ser muito breve ou não ocorrer no tepe.
3	Vogal de apoio ou elemento vocálico	Representada por estrutura formântica com duração muito breve que corresponde ao elemento vocálico que ocorre antes do tepe quando em encontro consonantal, e após o tepe em final de sílaba. Em encontros consonantais, a vogal de apoio tem características acústicas da vogal que segue o tepe. Em final de sílaba, a vogal de apoio é uma vogal média reduzida, ou *schwa* [ə].

Exercício 4.21: Para cada uma das figuras apresentadas no material de apoio disponível on-line, você deverá indicar as vogais, ditongos, consoantes oclusivas, nasais, fricativas, africadas e tepe. Siga o exemplo.

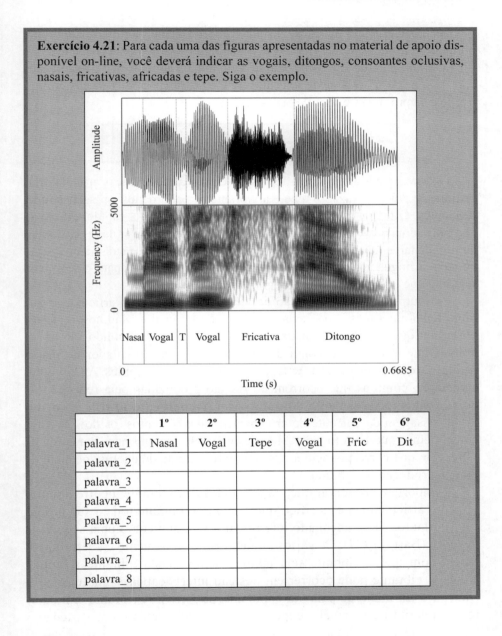

	1º	2º	3º	4º	5º	6º
palavra_1	Nasal	Vogal	Tepe	Vogal	Fric	Dit
palavra_2						
palavra_3						
palavra_4						
palavra_5						
palavra_6						
palavra_7						
palavra_8						

VIBRANTE

A vibrante é caracterizada acusticamente por:

1. ausência de energia ou fechamento oral
2. elementos vocálicos ou aberturas orais

As características acústicas, listadas anteriormente, permitem identificar o modo de articulação da vibrante e o distinguir das demais consoantes. No PB, a vibrante é associada com a classe denominada **róticos**, que é relacionada com os sons de "r" (classe de sons que engloba também fricativas posteriores, o tepe e a aproximante retroflexa). A vibrante do PB é:

Vibrante	Símbolo do IPA	Exemplos
vibrante alveolar	[r]	rota; carroça

Observe que a vibrante e o tepe apresentam características articulatórias distintas, e por essa razão o tepe e a vibrante são abordados em seções independentes. O tepe é articulado com um único movimento, rápido e pontual, que causa uma breve obstrução da passagem da corrente de ar na região alveolar. Imediatamente após o movimento pontual e preciso que causa a obstrução no tepe, a língua assume a posição articulatória apropriada para o segmento seguinte que tipicamente é uma vogal (Catford, 1977).

Por outro lado, a articulação da vibrante requer que o articulador que vibra tenha uma massa pequena. Por isso, Ladefoged e Maddieson (1996) observam que as vibrantes mais comuns nas línguas do mundo são as vibrantes que envolvem a ponta da língua, que é um articulador de massa pequena e que, por isso, consegue realizar movimentos rápidos. As vibrantes alveolares, como as que ocorrem no PB, são produzidas pela repetição de dois eventos: o fechamento do trato vocal (**fechamento oral**) e a abertura da passagem da corrente de ar (**abertura oral**). Juntos, os dois eventos constituem o que Ladefoged e Maddieson (1996) denominam **períodos de vibração**, que correspondem à ausência intermitente de energia no sinal de fala na produção da vibrante.

É importante observar que, na articulação da vibrante, ocorre um movimento articulatório específico que é mantido durante toda a sua produção. Portanto, não é adequado interpretar a vibrante como uma sequência de tepes (Barry, 1997). Os vários momentos de fechamento e abertura oral fazem com que a vibrante seja também denominada vibrante múltipla. No PB, a vibrante pode ocorrer em posição intervocálica, como em *carro* [ˈkaɾʊ], e em início de palavra, como em *rua* [ˈruɐ]. A vibrante tem ocorrência restrita no PB atual, sendo atestada principalmente em variedades regionais do sul do Brasil.

A primeira característica acústica a ser discutida para a vibrante é a **ausência de energia** no sinal de fala que corresponde ao momento de fechamento do trato vocal. A ausência de energia tem como correlato acústico no espectrograma um espaço quase em branco, e na forma de onda a amplitude é baixa quando comparada com a fase de abertura oral. Durante o fechamento do trato vocal, a ponta da língua está em contato com os alvéolos e o contato entre os articuladores pode ser total ou parcial. Por isso, há ausência de energia ou há alguma energia de baixa frequência (inferior a 1.000 Hz). Cada momento de ausência de energia nas vibrantes tem duração muito breve. Tipicamente, os momentos de fechamento do trato vocal, em que há ausência de energia nas vibrantes, têm duração mais breve do que os momentos de ausência de energia observada para o tepe (Silva, 1996).

O fechamento oral caracteriza os breves momentos de oclusão na vibrante. Após o fechamento do trato vocal, os articuladores se afastam e é produzido um segundo momento da vibrante. Esse segundo momento corresponde à abertura oral que ocorre imediatamente após a fase de fechamento do trato vocal e leva à produção de elementos vocálicos.

A segunda característica acústica a ser discutida para a vibrante são os **elementos vocálicos** que refletem os momentos de abertura da passagem da corrente de ar ou abertura oral. Os elementos vocálicos têm como correlato acústico no espectrograma um evento acústico de aspecto contínuo, com estrutura de formantes, semelhante a uma vogal, porém muito breve. Nas aberturas orais das vibrantes, os valores de duração dos elementos vocálicos são mais altos do que os valores de duração dos elementos vocálicos atestados para o tepe (Silva, 1996).

O número de aberturas e fechamentos orais que ocorre na articulação de uma vibrante pode variar dependendo da língua em questão. Nos casos em que a vibrante ocorre no espanhol, foram atestados entre três a cinco fases de fechamento e abertura oral (Almeida e Dorta, 1993). Para o finlandês e o russo, Ladefoged e Maddieson (1996) reportaram de dois a três períodos de vibração. Para o PB, Silva (1996) também registrou de dois a três períodos de vibração. Considere a Figura 4.37.

Figura 4.37 – Forma de onda e espectrograma da sequência [a'ra] produzida com a vibrante alveolar.

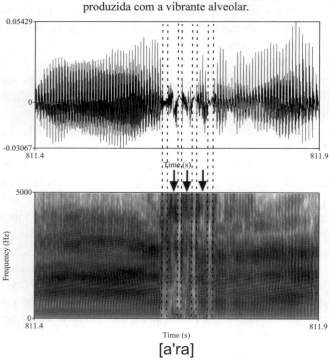

A Figura 4.37 ilustra a forma de onda e o espectrograma da vibrante na sequência sonora [a'ra] – posição intervocálica – em que ocorrem quatro momentos de fechamento do trato vocal e três momentos de abertura da passagem da corrente de ar durante a produção da vibrante. Na Figura 4.37, os momentos de ausência de energia – que correspondem aos momentos de fechamento – são destacados entre linhas verticais, e os elementos vocálicos – que correspondem aos momentos de abertura oral – são indicados por setas. Considere a Figura 4.38.

Características acústicas de consoantes

Figura 4.38 – Forma de onda e espectrograma da sequência ['ra] na palavra *rato* produzida com a vibrante alveolar.

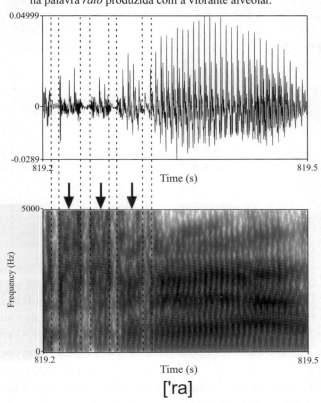

['ra]

A Figura 4.38 ilustra a forma de onda e o espectrograma da vibrante na sequência ['ra] – com a vibrante em posição inicial de palavra. Ocorrem quatro momentos de fechamento oral, indicados por linhas verticais tracejadas, e três momentos de abertura da passagem da corrente de ar, indicados por setas, durante a articulação da vibrante. No PB, contextos em que as vibrantes deveriam ocorrer, como em posição intervocálica – *carro* ['karʊ] – e início de palavra – *rua* ['rua] –, têm apresentado fricativas posteriores no lugar da vibrante: ['hua] e ['kahʊ].

Ladefoged e Maddieson (1996: 217) destacam que qualquer desvio que ocorra na passagem da corrente de ar pode desestabilizar a articulação da vibrante e pode levar a uma articulação característica das fricativas ou aproximantes. A vibrante ocorre em espanhol e em italiano e representa um desafio para aprendizes brasileiros dessas línguas, uma vez que a vibrante tende a ser um som pouco atestado atualmente no PB. Estudos adicionais que caracterizem a vibrante no PB e no aprendizado de espanhol e em italiano como línguas adicionais de falantes brasileiros ainda devem ser empreendidos.

Fonética Acústica

> **Exercício 4.22**: Para cada uma das figuras apresentadas no material de apoio disponível on-line, você deverá indicar quais apresentam um tepe e quais apresentam uma vibrante. São quatro palavras com um tepe e quatro palavras com uma vibrante. Siga o exemplo.
>
> | | Tepe | Vibrante |
> |------------|------|----------|
> | palavra_1 | | x |
> | palavra_2 | | |
> | palavra_3 | | |
> | palavra_4 | | |
> | palavra_5 | | |
> | palavra_6 | | |
> | palavra_7 | | |
> | palavra_8 | | |

Tipicamente, a fonologia do PB associa o tepe ao r-fraco que ocorre em encontros consonantais (*prato*) e em posição intervocálica (*caro*). Em oposição ao r-fraco, no PB tem-se o R-forte que ocorre em início de sílaba que é também início de palavra (*rato*), em início de sílaba em meio de palavra após consoante (*Israel*) e em posição intervocálica (*carro*). O contraste entre o r-fraco e o R-forte ocorre no PB somente em posição intervocálica: *caro* e *carro*. Historicamente, esse contraste correspondia ao tepe (*caro*) e à vibrante (*carro*). Esse contraste é ainda atestado em algumas variedades do PB, no português europeu, em espanhol e em italiano. O contraste fonológico entre o r-fraco e o R-forte prevê que esses segmentos sejam distintos. Contudo, o estudo de Aguilera (1994) documenta o tepe em início de palavra em exemplos como *relâmpago* (carta 107 de Aguilera, 1994) ou *redemoinho* (carta 132 de Aguilera, 1994), registrados no estado do Paraná. Seria apropriado desenvolver estudos que investiguem se, nesses casos, uma vogal precede o tepe em início de palavra (seja um artigo ou uma palavra terminada em vogal). Se o tepe em início de palavra for sistematicamente precedido de uma vogal, pode haver evidência de que, de fato, o tepe é interpretado como estando em posição intervocálica. Portanto, estudos futuros devem analisar esses casos em que o r-fraco ou o R-forte ocorrem em início de palavras.

206

Características acústicas de consoantes

Resumo:

Características acústicas da vibrante		
1	Ausência de energia ou fechamento oral	Representada, no espectrograma, por espaço quase em branco, e na forma de onda pela amplitude baixa quando comparada com a fase de abertura oral em que ocorrem os elementos vocálicos. Caracteriza os breves momentos de oclusão que correspondem às fases de fechamento do trato vocal na produção da vibrante.
2	Elementos vocálicos ou aberturas orais	Representados por estruturas formânticas com durações breves que correspondem aos elementos vocálicos. São representados, no espectrograma, por regiões escurecidas com característica vocálica de formantes. Caracteriza o momento do afastamento dos articuladores que corresponde à fase de abertura da passagem de ar na articulação da vibrante, e ocorre imediatamente após a fase de fechamento oral. Os elementos vocálicos da vibrante apresentam valores de duração maiores do que os atestados para as vogais de apoio que ocorrem com o tepe em encontros consonantais tautossilábicos ou em final de sílaba.

APROXIMANTE RETROFLEXA

As aproximantes retroflexas são caracterizadas acusticamente por:

1. trajetória contínua de F1, F2 e F3
2. trajetória ascendente de F2
3. trajetória descendente de F3
4. F3 acima de 2.000 Hz

No PB, a aproximante retroflexa é associada com a classe denominada **róticos**, que é relacionada aos sons de "r" (classe de sons que engloba também fricativas posteriores, o tepe e a vibrante). As características acústicas listadas anteriormente permitem identificar a aproximante retroflexa no PB que é:

Aproximante retroflexa	Símbolo do IPA	Exemplos
aproximante retroflexa	[ɻ]	arara; prato; parto; calor

A primeira característica acústica a ser discutida para a aproximante retroflexa é a **trajetória contínua de F1, F2 e F3**. As aproximantes retroflexas apresentam estrutura formântica semelhante à observada para as vogais. Considere a Figura 4.39.

207

Fonética Acústica

Figura 4.39 – Forma de onda e espectrograma da sequência [a'ɻa].

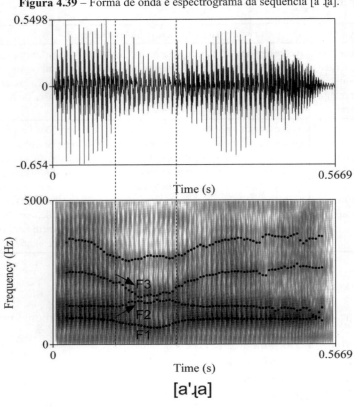

[a'ɻa]

A Figura 4.39 ilustra a forma de onda e o espectrograma da sequência sonora [a'ɻa], em que a aproximante retroflexa está indicada entre linhas verticais tracejadas. No espectrograma da Figura 4.39, os formantes presentes na aproximante retroflexa têm como correlato visual linhas horizontais escuras que estão destacadas entre linhas verticais. As linhas horizontais escuras no espectrograma refletem a trajetória contínua de F1, F2 e F3.

A segunda característica acústica a ser discutida para a aproximante retroflexa é a **trajetória ascendente de F2** que, na Figura 4.39, é destacada por uma seta. A terceira característica acústica da aproximante retroflexa no PB é a **trajetória descendente de F3** que, na Figura 4.39, é destacada também por uma seta. A quarta característica acústica da aproximante retroflexa diz respeito aos **valores de F3 acima de 2.000 Hz**. Os valores de F3 podem ser confirmados no eixo vertical da Figura 4.39. Portanto, a Figura 4.39, apresenta as quatro características acústicas das aproximantes retroflexas: trajetória contínua de F1, F2, F3; trajetória ascendente de F2; trajetória descendente de F3 e valores de F3 acima de 2.000 Hz.

No PB, a aproximante retroflexa ocorre tipicamente em final de sílaba. O final de sílaba pode estar no final da palavra – como em *mar* – ou o final de sílaba pode estar no meio da palavra sendo seguido por outra consoante – como em *marca*.

Ferraz (2005) estudou a aproximante retroflexa na região de Pato Branco, interior do estado do Paraná. O autor verificou a trajetória contínua de F1, F2 e F3, o movimento ascendente de F2 longo e abrupto e o movimento levemente descendente de F3. Adicionalmente, o autor observou que os valores médios de F3 eram sistematicamente superiores a 2.000 Hz para a aproximante retroflexa.

Para medir a frequência dos formantes, são tomados como referência os valores obtidos no ponto médio de cada estrutura formântica da aproximante retroflexa. O **ponto médio** é obtido dividindo-se por 2 a duração da estrutura formântica correspondente à aproximante retroflexa. O valor da frequência indicada para F3 nesse ponto médio é considerado como resultado. Em um grande conjunto de dados, obtém-se a média de todos os valores que foram obtidos para F3. Considere a Tabela 4.9.

Tabela 4.9 – Frequências médias dos três primeiros formantes da aproximante retroflexa em diferentes posições na palavra (Ferraz, 2005: 61-2).

	Final de sílaba em MEIO de palavra	Final de sílaba em FINAL de palavra
F1	539 Hz	539 Hz
F2	1.493 Hz	1.497 Hz
F3	2.104 Hz	2.094 Hz

A Tabela 4.9 apresenta os valores das frequências médias de F1, F2 e F3 da aproximante retroflexa, obtidas para o rótico em final de sílaba, que coincide com meio de palavra (segunda coluna) e, em final de sílaba, que coincide com final de palavra (terceira coluna) (Ferraz, 2005). As diferenças de frequências médias entre os formantes são, aparentemente, desprezíveis. Por isso, é possível afirmar que a posição da aproximante retroflexa na palavra não interfere no valor das frequências de seus formantes (Ferraz, 2005).

Um resultado importante obtido por Ferraz (2005) é de que, no PB, os valores de F3 são superiores a 2.000 Hz. Camargos (2013) encontrou valores de F3 entre 2.169 Hz e 2.265 Hz para falantes de Belo Horizonte, o que corrobora os resultados apresentados por Ferraz (2005). Por outro lado, Lehiste (1964) e Lindau (1985) reportam valores abaixo de 2.000 Hz para a aproximante retroflexa em inglês. Lindau (1985) indica que a aproximante retroflexa em inglês apresenta valores médios de F3 de 1.560 Hz. Portanto, os resultados de estudos do PB apontam para características específicas da aproximante retroflexa em contraponto com o inglês e, possivelmente, outras línguas: a aproximante retroflexa no PB apresenta valores de F3 maiores do que 2.000 Hz e, no inglês, os valores de F3 para a aproximante retroflexa são menores do que 2.000 Hz.

Fonética Acústica

A diferença entre os valores de F3 em PB e em inglês leva Ferraz (2005) e Camargos (2013) a se referirem ao som em questão como "aproximante retroflexa", transcrita com o símbolo [ɻ] do IPA. Em inglês, por outro lado, os autores se referem ao flepe retroflexo, transcrito com o símbolo [ɽ] do IPA.

Estudos experimentais futuros são necessários para definir os parâmetros acústicos específicos para a aproximante retroflexa nas diversas variedades do PB. De fato, é necessário que se desenvolva um amplo estudo sobre os róticos nas diversas variedades do PB.

Exercício 4.23: Para cada uma das figuras apresentadas no material de apoio disponível on-line, você deverá indicar qual dos róticos ocorre em final de sílaba na palavra: fricativa posterior, tepe, ou aproximante retroflexa. São quatro exemplos para cada uma dessas consoantes. Siga o exemplo.

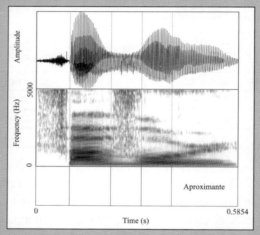

	Rótico
palavra_1	aproximante
palavra_2	
palavra_3	
palavra_4	
palavra_5	
palavra_6	
palavra_7	
palavra_8	
palavra_9	
palavra_10	
palavra_11	
palavra_12	

Resumo:

		Características acústicas da aproximante retroflexa
1	Trajetória contínua de F1, F2 e F3	Representada pelo percurso contínuo dos formantes das vogais adjacentes durante a produção da aproximante retroflexa. A estrutura formântica é característica das aproximantes.
2	Trajetória ascendente de F2	Expressa pela trajetória de F2 em ascendente que junto com F3 descendente caracteriza a aproximante retroflexa.
3	Trajetória descendente de F3	Expressa pela trajetória de F3 em descendente que junto com a trajetória de F2 ascendente caracteriza a aproximante retroflexa.
4	F3 acima de 2.000 Hz	Caracterizado pelo valor médio da frequência de F3 acima de 2.000 Hz. Resultados de valores de F3 para a aproximante retroflexa no PB diferem em outras línguas, como o inglês.

LATERAIS

As consoantes laterais podem ser alveolares ou palatais no PB. Inicialmente serão consideradas as características acústicas das laterais alveolares e, posteriormente, serão apresentadas as características acústicas das laterais palatais. As laterais alveolares são caracterizadas acusticamente por:

1. trajetória contínua de F1, F2 e F3
2. frequências dos formantes
3. duração
4. zeros no espectro
5. amplitude
6. energia espectral

As características acústicas, listadas anteriormente, permitem identificar as consoantes laterais alveolares, que são:

Laterais	Símbolo do IPA	Exemplos
lateral alveolar vozeada	[l]	luva; alado; classe
lateral alveolar velarizada vozeada	[ɫ]	caldo; sal

O modo de articulação da lateral alveolar pode ser descrito pelas características acústicas listadas acima. A primeira característica acústica a ser discutida para a consoante lateral alveolar é a **trajetória contínua de F1, F2 e F3.** Os formantes presentes na lateral alveolar têm trajetória contínua de F1, F2 e F3, identificada pelas linhas horizontais escuras no espectrograma e que são destacadas na Figura 4.40. Os formantes das laterais alveolares são estáveis e apresentam trajetórias regulares. Considere a Figura 4.40.

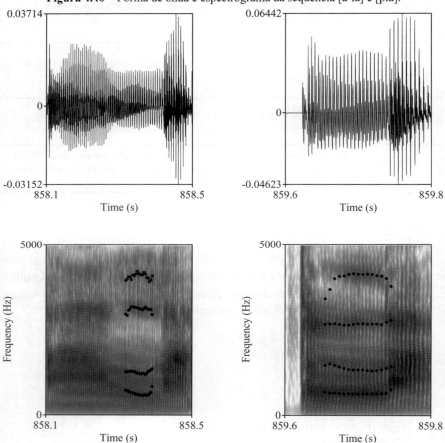

Figura 4.40 – Forma de onda e espectrograma da sequência [a'la] e [pla].

A Figura 4.40 ilustra a forma de onda e o espectrograma das sequências [a'la], à esquerda, e [pla], à direita. A lateral alveolar apresenta estrutura formântica semelhante à observada para as vogais e, por essa razão, é também denominada consoante **aproximante** lateral alveolar vozeada. Para efeito de concisão da nomenclatura e em consonância com a tradição da literatura, este livro adota a denominação **lateral alveolar**.

Em encontros consonantais tautossilábicos, é também observada para a lateral alveolar estrutura formântica semelhante à das vogais que, na Figura 4.40, é destacada por linhas horizontais. Como generalização, tem-se que a lateral alveolar apresenta trajetória contínua de F1, F2 e F3 tanto em início de sílaba quanto em encontros consonantais tautossilábicos.

A segunda característica acústica a ser discutida para as consoantes laterais alveolares diz respeito aos valores de **frequências dos formantes**. Para medir a frequência dos formantes nas consoantes laterais, Silva (1999) selecionou o ponto médio da consoante. Considere a Figura 4.41.

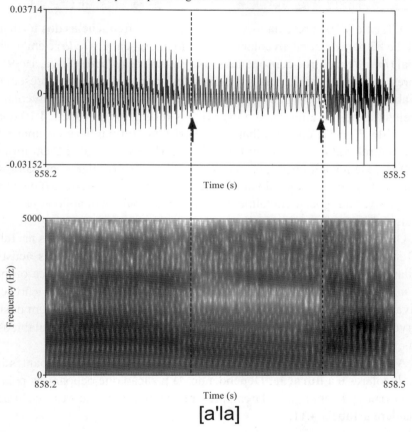

Figura 4.41 – Forma de onda e espectrograma da sequência [a'la] com destaque para o pulso regular inicial e final na forma de onda.

[a'la]

A Figura 4.41 ilustra a forma de onda e o espectrograma da sequência [a'la]. As setas indicam o pulso regular inicial e final na forma de onda os quais marcam, respectivamente, o início e o término da consoante lateral. A identificação dos pulsos inicial e final permite delimitar a consoante lateral alveolar e identificar o ponto médio da consoante: toma-se o valor da duração da consoante e divide-o por dois. O resultado define o ponto médio. Os valores de frequência, F1, F2 e F3, são anotados para a posição no ponto médio que foi identificado. Considere a Tabela 4.10.

Fonética Acústica

Tabela 4.10 – Valores médios das frequências
de formantes da lateral [l] em Hz (Silva, 1999).

	F1	F2	F3
Posição intervocálica	333	1.308	–
Posição inicial/encontros consonantais tautossilábicos	334	1.313	2.194

A Tabela 4.10 apresenta os valores médios das frequências dos formantes F1, F2 e F3 para a lateral alveolar em posição intervocálica (*bala*) e em posição inicial (*lado*)/encontros consonantais tautossilábicos (*placa*) (Silva, 1999). Os valores médios de frequência dos formantes da lateral alveolar apresentados na Tabela 4.10 sugerem que as características acústicas da lateral alveolar são semelhantes aos de uma vogal. Observe nos resultados da Tabela 4.10 que os valores de F1 e F2 compartilham características formânticas de uma vogal alta e central: valores de F1 em torno de 330 Hz e valores de F2 em torno de 1.300 Hz. De maneira geral, nas consoantes laterais alveolares, os valores de F1 aumentam (exceto quando adjacentes a vogais altas anteriores) e os valores de F2 variam consideravelmente (sendo mais baixos quando adjacentes a vogais posteriores).

Os valores médios das frequências dos formantes apresentados na Tabela 4.10 sugerem também que a lateral alveolar tenha características acústicas similares nos diferentes contextos na palavra: posição intervocálica ou posição inicial/encontros consonantais tautossilábicos. Essa generalização segue da avaliação dos valores médios de cada formante – F1, F2 e F3 – em posição intervocálica e em posição inicial/encontros consonantais tautossilábicos os quais, quando comparados, são bastante próximos.

A terceira característica acústica a ser discutida para as consoantes laterais alveolares é a **duração**. Dependendo da posição que ocupam na palavra, as consoantes laterais alveolares apresentam diferentes valores de duração. Considere a Tabela 4.11.

Tabela 4.11 – Valores médios da duração da lateral alveolar (Silva, 1996).

Lateral alveolar	Duração (ms)
Início de palavra (posição inicial absoluta)	126
Posição intervocálica (início de sílaba, meio de palavra)	90
Encontro consonantal tautossilábico	57

A Tabela 4.11 apresenta os valores médios da duração da lateral alveolar obtidos por Silva (1996). Os resultados indicam que a lateral alveolar tem

Características acústicas de consoantes

diferentes valores de duração dependendo do contexto em que ocorre na palavra. A lateral alveolar apresenta valores mais altos de duração em início de palavra, valores intermediários de duração em posição intervocálica e valores mais baixos de duração em encontro consonantal tautossilábico. Para o PB, é possível estabelecer a seguinte relação quanto à duração das consoantes laterais: (início de palavra) > (posição intervocálica) > (encontro consonantal tautossilábico). As diferenças verificadas entre os valores de duração das laterais alveolares em diferentes contextos na palavra podem ser associadas a padrões silábicos específicos: quanto maior o número de sons numa sílaba, menor a duração de cada um dos sons. Ou seja, quando apenas uma consoante ocorre na posição inicial da sílaba – seja em início ou em meio de palavra – a duração da lateral alveolar é maior do que quando a lateral e outra consoante se combinam em um encontro consonantal na mesma sílaba: (início de palavra ou posição intervocálica) > (encontro consonantal tautossilábico). Esses resultados são compatíveis com os estudos de O'Shaughenssy (1981) para o francês canadense.

Exercício 4.24: Consulte o Apêndice deste livro para obter instruções de como abrir os áudios do Exercício 4.24 que foram disponibilizados no material de apoio on-line. Cada um dos áudios deve ser aberto com o TextGrid correspondente, que indicará cada um dos sons da palavra. Você deverá indicar o valor da duração da consoante lateral em cada palavra. Você também deverá indicar se a lateral está em início de palavra, em posição intervocálica ou em encontro consonantal tautossilábico. Finalmente, você deverá indicar se a palavra é oxítona, paroxítona ou proparoxítona. Siga o exemplo.

	Duração da lateral	Início de palavra	Posição intervocálica	Encontro consonantal tautossilábico	Categoria
palavra_1	84 ms		x		paroxítona
palavra_2					
palavra_3					
palavra_4					
palavra_5					
palavra_6					
palavra_7					
palavra_8					

A quarta característica acústica a ser discutida para as consoantes laterais são os **zeros no espectro** das laterais. Os zeros resultam da anulação das frequências de igual valor de duas ondas em fases distintas, como ocorre com as consoantes nasais. No espectrograma, os zeros no espectro correspondem a espaços em branco na região de F3. Os zeros no espectro das laterais alveolares foram observados em posição intervocálica, sendo, portanto, ausente o F3. Considere a Figura 4.42.

Figura 4.42 – Espectro da lateral alveolar obtida via análise FFT com regiões de antirressonâncias evidenciadas pelas setas.

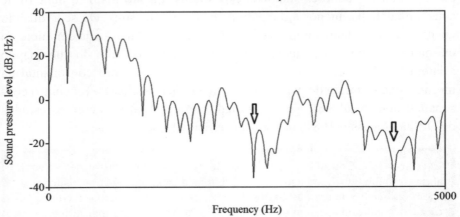

A Figura 4.42 ilustra regiões de **zeros no espectro**, ou seja, **vales espectrais** pronunciados que são destacados por setas na figura. Os vales espectrais encontram-se presentes na produção da lateral alveolar, mostrados a partir do espectro FFT.

A quinta característica acústica a ser discutida para as consoantes laterais é a **amplitude**. A amplitude da forma de onda é uma pista acústica importante para a identificação das consoantes laterais. Considere a Figura 4.43.

Características acústicas de consoantes

Figura 4.43 – Forma de onda e espectrograma da sequência [aˈla] com destaque entre linhas verticais para a região da lateral alveolar.

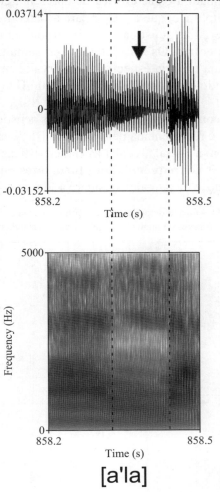

[aˈla]

A Figura 4.43 ilustra a forma de onda e o espectrograma da sequência [aˈla], em que a consoante lateral é destacada entre linhas verticais e por uma seta. Observe, na forma de onda da Figura 4.43, que, no trecho destacado, a amplitude da lateral alveolar é menor do que a amplitude dos sons vocálicos adjacentes.

A semelhança entre uma consoante lateral e as vogais adjacentes está, sobretudo, na ocorrência de pulsos regulares que se apresentam no espectrograma como estrutura formântica. Por outro lado, uma importante diferença entre uma consoante lateral e as vogais adjacentes está na amplitude da forma de onda das consoantes laterais, que é consistentemente menor do que a ampli-

217

tude da forma de onda das vogais adjacentes. Portanto, as vogais e as laterais alveolares compartilham a característica de apresentarem pulsos regulares e diferem quanto à amplitude, que é menor para as laterais.

A sexta característica acústica a ser discutida para as consoantes laterais é a **energia espectral**. Os sons laterais apresentam formantes estáveis e bem definidos, cuja energia espectral é observada em uma região abaixo de 5.000 Hz, podendo ter valores abaixo de 4.000 Hz (Recasens e Espinosa, 2005; Brod, 2014).

A seguir serão consideradas as características acústicas da **lateral alveolar velarizada**, que é representada pelo símbolo [ɫ]. A lateral alveolar velarizada compartilha com a lateral alveolar as características listadas nesta seção, mas apresenta valores de **frequências dos formantes** específicas que têm relação com a velarização da lateral. Considere a Figura 4.44.

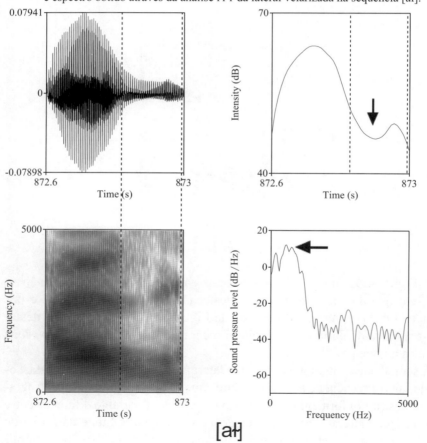

Figura 4.44 – Forma de onda, espectrograma, curva de intensidade e espectro obtido através da análise FFT da lateral velarizada na sequência [aɫ].

Características acústicas de consoantes

A Figura 4.44 apresenta a forma de onda (4.44 superior à esquerda), o espectrograma (4.44 inferior à esquerda), a curva de intensidade (4.44 superior à direita) e o espectro (4.44 inferior à direita), obtido através da análise FFT, da lateral velarizada na sequência sonora [ał]. A lateral velarizada está indicada entre as linhas verticais tracejadas em 4.44. É possível observar a queda na intensidade durante a produção da lateral, que na Figura 4.44 (superior à direita) é destacada por uma seta vertical. Na produção da lateral alveolar velarizada, os valores de F2 são próximos aos valores de F1 de maneira similar a uma vogal alta posterior arredondada [u], como indica a seta horizontal em 4.44 (inferior à direita). Os valores de **frequências dos formantes** são semelhantes para a lateral alveolar velarizada e para a vogal alta posterior arredondada [u].

A proximidade dos valores de F1 e F2 é característica tanto da lateral alveolar velarizada quanto das vogais altas posteriores. O valor baixo de F2 está relacionado com a velarização da lateral que é associada com o recuo da língua para a região posterior do trato vocal. Portanto, o valor de F2 tem relação com o ponto de articulação da consoante lateral que, neste caso, é velarizada. Brod (2014) apresenta valores para as frequências dos formantes no ponto médio da consoante lateral alveolar velarizada. Considere a Tabela 4.12.

Tabela 4.12 – Valores médios das frequências da lateral alveolar (Brod, 2014).

	F1	F2	F3
Lateral alveolar velarizada	430	912	2.438
Lateral alveolar: posição intervocálica	333	1.308	–
Lateral alveolar: posição inicial/grupos	334	1.313	2.194

A Tabela 4.12 ilustra os valores médios de F1, F2 e F3 para a lateral alveolar velarizada, para a lateral alveolar em posição intervocálica e para a lateral alveolar em posição inicial/encontros consonantais tautossilábicos. Os resultados apresentados na Tabela 4.12 indicam o valor baixo de F2 para a lateral velarizada (912 Hz), quando comparado com os valores das frequências dos formantes da lateral alveolar em posição intervocálica (1.308 Hz) e em posição inicial/encontro consonantal tautossilábico (1.313 Hz). O valor baixo de F2 para a lateral alveolar velarizada tem relação com o recuo da língua para a região velar que é característica do ponto de articulação velar da lateral e de vogais altas posteriores arredondadas, como [u].

Fonética Acústica

Exercício 4.25: Para cada uma das figuras apresentadas no material de apoio disponível on-line, você deverá indicar as vogais, ditongos, consoantes oclusivas, nasais, fricativas, africadas, tepe, aproximante retroflexa ou lateral. Siga o exemplo.

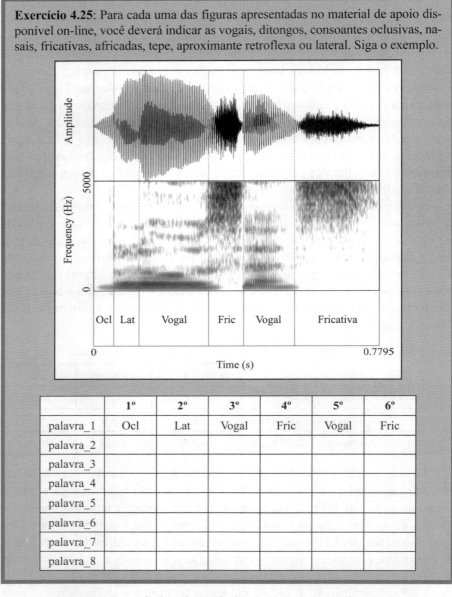

	1º	2º	3º	4º	5º	6º
palavra_1	Ocl	Lat	Vogal	Fric	Vogal	Fric
palavra_2						
palavra_3						
palavra_4						
palavra_5						
palavra_6						
palavra_7						
palavra_8						

Atualmente a lateral alveolar velarizada tem ocorrência restrita no PB e, quando ocorre, é em posição final de sílaba que coincide com meio de palavra – como na palavra *caldo* – ou em posição final de sílaba que coincide com final da palavra – como em *Brasil*. De fato, no PB, ocorre um *glide* posterior em contextos onde ocorriam sistematicamente a lateral alveolar velarizada: posição final de sílaba. Considere a Figura 4.45.

Figura 4.45 – Forma de onda e espectrograma do *glide* posterior na sequência [saw].

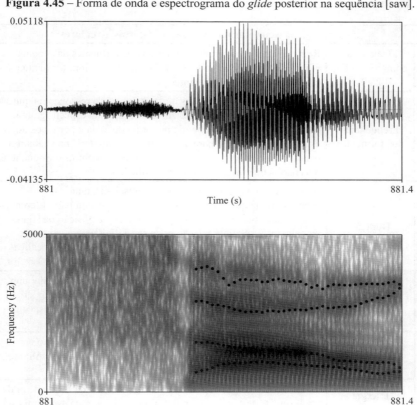

A Figura 4.45 ilustra a forma de onda e o espectrograma da sequência [saw]. A configuração acústica apresentada na Figura 4.45 indica que ocorre transição formântica entre a vogal [a] e o *glide* posterior [w] que é típica dos ditongos que foram considerados no capítulo "Características acústicas de vogais e ditongos". Estudos futuros devem buscar evidências quanto à caracterização acústica dos *glides* posteriores que tradicionalmente se relacionam aos ditongos – como em *mau, cauda* – e os *glides* posteriores que se relacionam com a vocalização da lateral – como em *mal, calda*.

Fonética Acústica

Resumo:

	Características acústicas das consoantes laterais alveolares	
1	Trajetória contínua de F1, F2 e F3	Representada pelo percurso contínuo dos formantes das vogais adjacentes durante a produção da lateral. A estrutura formântica é característica das aproximantes.
2	Frequências dos formantes	Representadas por formantes ou frequências de ressonância que são visualizados como barras horizontais escuras no espectrograma, maior concentração de energia na forma de onda e por picos no espectro. Contribuem para a identificação da lateral na sílaba. F3 ocorre em posição inicial de palavra ou em encontros consonantais, mas não ocorre em posição intervocálica.
3	Duração	Representada no eixo horizontal, das abscissas, tanto no espectrograma quanto na forma de onda. Contribui para diferenciar as consoantes laterais alveolares em função da posição da sílaba na palavra. A seguinte relação pode ser definida para a duração das laterais alveolares: início de palavra > posição intervocálica/ encontros consonantais tautossilábicos.
4	Zeros no espectro	Representados pela anulação das frequências. No espectrograma, os zeros no espectro aparecem como espaços em branco na região de F3 para a lateral em posição intervocálica. No espectro correspondem a vales espectrais.
5	Amplitude	Representada na forma de onda por valores acima e abaixo do eixo horizontal. A lateral alveolar apresenta valores de amplitude menores do que as vogais adjacentes.
6	Energia espectral	Observada, no espectrograma, pela regularidade da forma de onda em formantes estáveis e bem definidos, cuja energia espectral está concentrada em uma região abaixo de 5.000 Hz.

Exercício 4.26: Indique se cada uma das afirmativas abaixo é (V) 'verdadeira' ou (F) 'falsa'.

1.	( )	A lateral alveolar velarizada tem valores de F1 e F2 semelhantes aos valores de F1 e F2 das vogais posteriores.
2.	( )	A trajetória contínua dos formantes é que determina a natureza da consoante lateral.
3.	( )	Os menores valores de duração média das laterais são atestados no contexto de encontros consonantais tautossilábicos.
4.	( )	As consoantes laterais apresentam energia espectral acima de 5.000 Hz.
5.	( )	A amplitude da lateral alveolar é sempre maior do que a amplitude dos sons adjacentes.
6.	( )	A lateral alveolar apresenta valores médios de duração maiores em início de palavra do que nos demais contextos em que ocorre.

Em seguida, são discutidas as características acústicas da consoante **lateral palatal** [ʎ]. A lateral palatal atualmente tem ocorrência restrita no PB e, tipicamente, alterna com sons concorrentes como a lateral alveolar palatalizada [lʲ] e o *glide* palatal [j]. As principais características acústicas das consoantes laterais palatais são:

1. trajetória contínua de F1, F2 e F3
2. duração
3. frequência dos formantes

As características acústicas, listadas anteriormente, permitem identificar a lateral palatal e suas variantes que são:

Laterais	Símbolo do IPA	Exemplos
lateral palatal vozeada	[l]	palha
lateral alveolar palatalizada vozeada	[lʲ]	manilha
glide palatal	[j]	telha

As características acústicas: **trajetória contínua de F1, F2 e F3**; **frequência dos formantes** e **duração** são compartilhadas entre as laterais alveolares e as laterais palatais. Considere a Figura 4.46.

Figura 4.46 – Forma de onda e espectrograma da lateral palatal na sequência [aˈʎa].

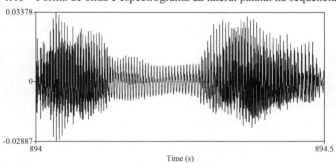

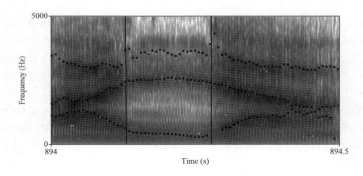

223

Fonética Acústica

A Figura 4.46 ilustra a forma de onda e o espectrograma da sequência [aˈʎa] com destaque da lateral palatal. A primeira característica acústica a ser discutida para as consoantes laterais palatais é a **trajetória contínua de F1, F2 e F3** que é típica das consoantes aproximantes e, no caso das consoantes laterais, engloba o **estado estacionário** e a **transição (vogal-ʎ)** e **(ʎ-vogal)**. A trajetória dos formantes é destacada na Figura 4.46 por linhas horizontais pontilhadas.

A Figura 4.46 mostra também que a trajetória dos formantes na lateral palatal apresenta transições formânticas em três momentos: **transição (vogal-ʎ)** – à esquerda, **estado estacionário** – entre as linhas verticais e **transição (ʎ-vogal)** – à direita. O primeiro e terceiro momentos estão relacionados com a transição da vogal para a lateral e com a transição da lateral para a vogal. O **estado estacionário** ou **estrutura formântica de estado estacionário** é caracterizado pelo intervalo de tempo em que os articuladores mantêm a configuração do trato vocal estável. Acusticamente, o correlato para o estado estacionário é a trajetória estável dos formantes que não muda no tempo.

A segunda característica acústica a ser discutida para as consoantes laterais palatais é a **duração**. Considere a Tabela 4.13.

Tabela 4.13 – Valores médios da duração da lateral palatal em (Silva, 1999).

	Transição (vogal-ʎ)	Estado estacionário	Transição (ʎ-vogal) tônica
Posição inicial	60	78	60
Posição intervocálica	60	101	67

A Tabela 4.13 apresenta os valores médios de duração da transição (vogal-ʎ) (na 2ª coluna), do estado estacionário (na 3ª coluna), e da transição (ʎ-vogal) tônica (na 4ª coluna), conforme dados de (Silva, 1999). Os valores médios de duração apresentados na Tabela 4.13 dizem respeito ao contexto de posição inicial de palavra e de posição intervocálica. A principal diferença acústica entre a lateral palatal na posição inicial de palavra ou em posição intervocálica está nos valores médios da duração do estado estacionário, que é menor em posição inicial do que em posição intervocálica. Como generalização, tem-se a seguinte relação entre os valores de duração do estado estacionário nas consoantes laterais palatais: (posição intervocálica) > (posição inicial).

A terceira característica acústica a ser discutida para as consoantes laterais palatais é a **frequência dos formantes**, que é medida em três momentos: transição (vogal-ʎ); estado estacionário e transição (ʎ-vogal). Considere a Tabela 4.14.

224

Características acústicas de consoantes

Tabela 4.14 – Valores médios da frequência dos formantes de [ʎ] em início de palavra e em posição intervocálica (Silva, 1999).

	Transição [a]-[ʎ]			Estado estacionário			Transição [ʎ]-VT		
	F1	F2	F3	F1	F2	F3	F1	F2	F3
Posição em início de palavra	424	1.597	2.474	301	1.878	2.980	339	1.796	2.594
Posição intervocálica	439	1.621	2.432	300	1.870	2.847	352	1.822	2.544

A Tabela 4.14 apresenta os valores médios das frequências dos formantes da lateral palatal nos três momentos destacados. Observe que, no estado estacionário, F1 apresenta valores baixos – em torno de 300 Hz – quando comparados com os valores de F1 para a transição (vogal-ʎ) – com valores entre 424-439 Hz – e (ʎ-vogal) – com valores entre 339-352 Hz. Para F2, o estado estacionário apresenta valores altos – acima de 1.800 Hz – quando comparados aos valores de F2 para a transição (vogal-ʎ) – com valores entre 1.597-1.621 Hz – e (ʎ-vogal) – com valores entre 1.796-1.822 Hz. Os valores diferenciados das frequências de F1 e F2 para o estado estacionário por um lado, e para as transições precedente e seguinte por outro, aproximam a consoante lateral palatal de uma vogal alta anterior, como [i] que, no PB, apresenta valores baixos de F1 – em torno de 260 Hz – e valores altos de F2 – em torno de 2.130 Hz. Portanto, é o estado estacionário na consoante lateral palatal que reflete a característica de vogal alta anterior por ter valores baixos de F1 e valores altos de F2.

Os valores médios de frequência atestados para a lateral palatal são distintos dos valores médios de frequência atestados para a lateral alveolar [l] e para a lateral velarizada [ɫ] que foram apresentadas anteriormente. Considere a Tabela 4.15.

Tabela 4.15 – Valores médios dos formantes das laterais (Silva, 1999).

	F1	F2	F3
Lateral palatal	359	1.764	2.645
Lateral alveolar velarizada	430	912	2.438
Lateral alveolar: posição intervocálica	333	1.308	---
Lateral alveolar: posição inicial/grupos	334	1.313	2.194

A Tabela 4.15 apresenta os valores médios dos formantes para a lateral palatal, lateral alveolar velarizada, lateral alveolar (posição intervocálica) e lateral alveolar (posição inicial/encontros consonantais tautossilábicos). Os valores de

225

frequência permitem avaliar a característica de anteriorização para a lateral palatal e a característica de posteriorização para a lateral velarizada quando comparados com as frequências atestadas para a lateral alveolar. Vogais anteriores, por exemplo [i], apresentam valores de F1 baixo e F2 alto. Por outro lado, vogais posteriores, por exemplo [u], apresentam valores de F1 e F2 baixos. Portanto, para consoantes palatais – que se relacionam com vogais anteriores como [i] – é esperado que sejam encontrados valores de F1 baixo (359 Hz) e F2 alto (1.764 Hz). O valor alto de F2 para a lateral palatal tem relação com a anteriorização da língua para a região frontal e é característico da vogal alta anterior [i].

Por outro lado, para as consoantes laterais velarizadas – que se relacionam com vogais posteriores como [u] – é esperado que sejam encontrados valores baixos de F1 (430 Hz) e F2 (912 Hz). O valor baixo de F2 para a lateral velarizada tem relação com a posteriorização da língua para a região velar e é característico da vogal posterior [u]. O ponto a ser destacado é que os valores de frequência permitem avaliar correlatos articulatórios da lateral em questão: se palatal ou se velarizada em relação à lateral alveolar.

A lateral palatal, como vimos, alterna com sons concorrentes como a lateral alveolar palatalizada [lʲ] ou o *glide* palatal [j]. Considere a Figura 4.47.

Figura 4.47 – Forma de onda e espectrograma da lateral palatalizada [lʲ] na sequência [aˈlʲa].

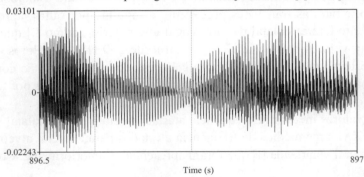

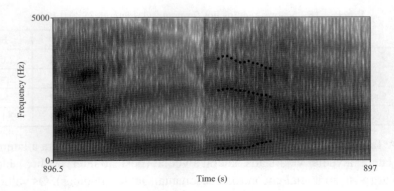

A Figura 4.47 ilustra a forma de onda e o espectrograma da lateral palatalizada na sequência sonora [aˈlʲa]. No espectrograma da Figura 4.47, é destacada a transição dos formantes entre [j] e [a] que é típica dos ditongos (cf. capítulo "Características acústicas de vogais e ditongos"). A lateral alveolar seguida de *glide* [j] e vogal – como, por exemplo, a sequência [ˈilʲa] na palavra *manilha* – tem configuração, aparentemente, equivalente a uma consoante lateral alveolar seguida de um ditongo crescente como, por exemplo, a sequência [ˈilja] na palavra *família*. Seria pertinente investigar em estudos futuros a equivalência acústica de sequências (lateral-*glide*-vogal) em casos que, tradicionalmente, se relacionam aos ditongos – como em *família* – e os casos que se relacionam com a lateral palatalizada – como *manilha*. Considere a Figura 4.48.

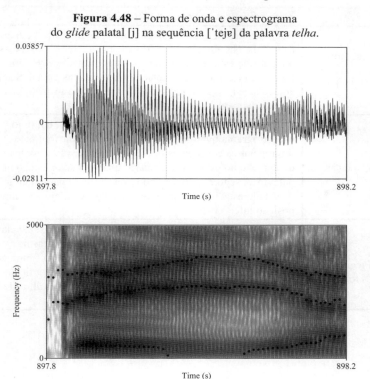

Figura 4.48 – Forma de onda e espectrograma do *glide* palatal [j] na sequência [ˈtejɐ] da palavra *telha*.

A Figura 4.48 ilustra a forma de onda e o espectrograma do *glide* palatal [j] na sequência [ˈtejɐ] correspondente à pronúncia da palavra *telha*. *Glides* palatais ocorrem em posição intervocálica no PB em palavras como *teia*. Seria pertinente investigar a caracterização acústica de *glides* palatais intervocálicos em casos que, tradicionalmente, se relacionam aos ditongos – como em *teia* – e casos em que os *glides* palatais se relacionam com a lateral vocalizada – como na palavra *telha* pronunciada como [ˈtejɐ].

Observe que as variantes consonantais [ʎ] (Figura 4.46) e [lʲ] (Figura 4.47) apresentam baixa amplitude quando comparadas com a variante vocalizada [j] (Figura 4.48), em razão da maior constrição quando são produzidas as variantes consonantais [ʎ, lʲ]. As características acústicas da lateral palatalizada e do *glide* palatal merecem estudos detalhados nas diferentes variedades do PB. Um trabalho preliminar é o de Gamba (2015). O resumo apresentado no final desta seção se restringe às características acústicas da lateral palatal [ʎ], uma vez que estudos sobre a lateral palatalizada [lʲ] ou vocalizada [j] são ainda incipientes no PB.

Resumo:

Características acústicas da lateral palatal		
1	Trajetória contínua de F1, F2 e F3	Representada pelo percurso contínuo dos formantes adjacentes às vogais. Na trajetória dos formantes da lateral, observa-se um período estável, denominado estado estacionário, que é precedido e seguido de transições formânticas para as vogais adjacentes: (vogal-ʎ) e (ʎ-vogal). A estrutura formântica é característica das aproximantes.
2	Duração	Representada no eixo horizontal, das abscissas, tanto no espectrograma quanto na forma de onda. Contribui para diferenciar as consoantes laterais palatais em função dos valores de duração do estado estacionário quanto à sua posição na palavra. A seguinte relação pode ser definida para a duração do estado estacionário nas laterais palatais: início de palavra > posição intervocálica.
3	Frequência dos formantes	Representadas por formantes ou frequências de ressonância que são visualizados como barras horizontais escuras no espectrograma, e maior concentração de energia na forma de onda. Contribuem para a identificação do ponto de articulação palatal. Apresentam valores baixos de F1 e valores altos de F2 característicos de vogais altas anteriores [i].

Exercício 4.27: Para cada uma das figuras apresentadas no material de apoio disponível on-line, você deverá indicar as vogais, ditongos, consoantes oclusivas, nasais, fricativas, africadas, tepe, aproximante retroflexa ou lateral. Siga o exemplo.

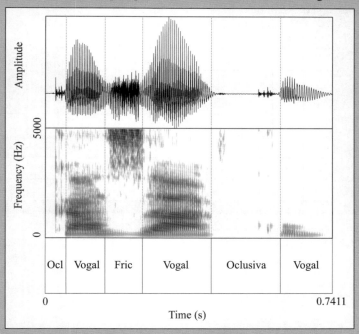

	1º	2º	3º	4º	5º	6º
palavra_1	Ocl	Vogal	Fric	Vogal	Ocl	Vogal
palavra_2						
palavra_3						
palavra_4						
palavra_5						
palavra_6						
palavra_7						
palavra_8						

Fonética Acústica

Exercício 4.28: Para cada uma das figuras apresentadas no material de apoio disponível on-line, você deverá identificar cada um dos segmentos consonantais, e escrever o símbolo fonético correspondente a ele. As vogais e ditongos foram indicados. Siga o exemplo.

1	m	a	ɾ	a	v	i	lʲ	ɔ	z	ɐ	
2	ĩ		a		u		a		ɐ		
3		o			e		i	ɐ			
4	ĩ			a		a		ẽ		ʊ	
5		e		i	o		i		a		ɪ
6		a		a		u		ɐ			
7		o		e		i		a		ẽ	ɪ
8		e		i		i		a		ã	w

Respostas dos exercícios

Respostas dos exercícios do capítulo "Conceitos fundamentais de acústica e técnicas de análise"

Exercício 2.1: (8, 7, 4, 5, 6, 1, 3, 2)

Exercício 2.2: 1) h 2) b, f 3) a, e 4) d 5) g 6) c

Exercício 2.3: 200 Hz

Exercício 2.4: a) 1 b) 0.06 s c) 6 d) 0,01 e) 100Hz

Exercício 2.5: (2, 7, 5, 8, 1, 3, 4, 6)

Exercício 2.6: 1) (A, D) 2.a) (6, 3) b) (0,01; 0,02) c) 100 Hz; 50 Hz

Exercício 2.7: 1) a 2) c 3) f 4) e 5) d 6) b

Exercício 2.8:

palavra_1: abacaxi	4	palavra_6: querido	3	palavra_11: zero	2
palavra_2: dedos	2	palavra_7: café	2	palavra_12: perseverança	5
palavra_3: puxar	2	palavra_8: perturbado	4	palavra_13: bom	1
palavra_4: caricatura	5	palavra_9: dez	1	palavra_14: Paracatu	4
palavra_5: fim	1	palavra_10: dúvida	3	palavra_15: urubu	3

Exercício 2.9: (5, 1, 7, 8, 6, 4, 2, 3)

Exercício 2.10: (3, 1, 2)

Exercício 2.11: 1) V 2) F 3) F 4) V 5) V 6) V
7) F 8) V 9) V 10) F 11) V 12) F

Exercício 2.12: (6, 3, 5, 2, 1, 4)

Fonética Acústica

Respostas dos exercícios do capítulo
"Características acústicas de vogais e ditongos"

Exercício 3.1: 1) [u]   2) [a]   3) [i]

Exercício 3.2:

	alta	média	baixa	anterior	central	posterior	arredondada	não-arredondada	
1		x				x	x		[o]
2			x	x			x		[a]
3	x			x				x	[i]
4	x					x	x		[u]
5		x		x				x	[ɛ]
6		x				x	x		[ɔ]
7		x		x				x	[e]

Exercício 3.3:

Palavra	Símbolo	F1	F2	F3
palavra_1: bica	[i]	305	2.542	3.416
palavra_2: beco	[e]	474	2.309	3.238
palavra_3: beta	[ɛ]	692	2.013	2.977
palavra_4: bata	[a]	1.047	1.340	2.789
palavra_5: bota	[ɔ]	680	1.143	2.741
palavra_6: boto	[o]	453	919	2.744
palavra_7: buda	[u]	377	757	2.761

Respostas dos Exercícios

Exercício 3.4:

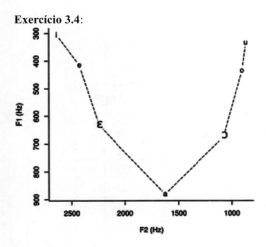

Exercício 3.5:

palavra_1: abacaxi	V	C	V	C	V	C	V
palavra_2: sapato	C	V	C	V	C	V	
palavra_3: tatu	C	V	C	V			
palavra_4: sórdido	C	V	C	C	V	C	V
palavra_5: abará	V	C	V	C	V		
palavra_6: batata	C	V	C	V	C	V	
palavra_7: jacaré	C	V	C	V	C	V	
palavra_8: cágado	C	V	C	V	C	V	
palavra_9: capacho	C	V	C	V	C	V	
palavra_10: pedaço	C	V	C	V	C	V	
palavra_11: caqui	C	V	C	V			
palavra_12: fígado	C	V	C	V	C	V	

Exercício 3.6:

	N
palavra_1: dotada	3
palavra_2: Paracatu	4
palavra_3: fígado	3
palavra_4: déspota	3
palavra_5: velocidade	5
palavra_6: aparecida	5

	N
palavra_7: pajé	2
palavra_8: aparecer	4
palavra_9: vida	2
palavra_10: perigoso	4
palavra_11: apesar	3
palavra_12: cartola	3

Exercício 3.7: 1) V 2) F 3) F 4) V
5) V 6) V 7) F 8) V

Exercício 3.8:

	Duração da Vogal
palavra_1: preta	134 ms
palavra_2: amarela	183 ms
palavra_3: alface	160 ms
palavra_4: palito	140 ms
palavra_5: cartucho	127 ms
palavra_6: agosto	158 ms

	Duração da Vogal
palavra_7: careta	135 ms
palavra_8: agora	263 ms
palavra_9 previsto	121 ms
palavra_10: cavidade	228 ms
palavra_11: dentuço	156 ms
palavra_12: caravela	167 ms

Exercício 3.9:

i	e	ε	a	ɔ	o	**u**	caju
i	e	ε	a	**ɔ**	o	u	avó
i	e	**ε**	a	ɔ	o	u	café
i	e	ε	a	ɔ	o	u	aqui
i	e	ε	**a**	ɔ	o	u	cajá
i	e	**ε**	a	ɔ	o	u	durex
i	**e**	ε	a	ɔ	o	u	ipê
i	e	ε	a	ɔ	o	**u**	tatu
i	e	ε	a	ɔ	**o**	u	avô
i	e	ε	a	ɔ	o	u	saci

Exercício 3.10:

	Número de vogais reduzidas ou desvozeadas
palavra_1: clássico	2
palavra_2: parcelo	1
palavra_3: furioso	1
palavra_4: crítico	2

	Número de vogais reduzidas ou desvozeadas
palavra_5: capacete	1
palavra_6: sovaco	1
palavra_7: código	2
palavra_8: príncipe	2

Respostas dos Exercícios

Exercício 3.11:

	Vogal epentética	
	Sim	Não
palavra_1: pacto	x	
palavra_2: apitar		x
palavra_3: captou	x	
palavra_4: perspectiva	x	

	Vogal epentética	
	Sim	Não
palavra_5: atividade		x
palavra_6: afta	x	
palavra_7: ruptura	x	
palavra_8: opinião		x

Exercício 3.12:

	Oxítona	Paroxítona	Proparoxítona
palavra_1: segredo		x	
palavra_2: prova		x	
palavra_3: péssimo			x
palavra_4: arroz	x		
palavra_5: capim	x		
palavra_6: mérito			x
palavra_7: figura		x	
palavra_8: pastor	x		
palavra_9: pecado		x	
palavra_10: sádico			x

Exercício 3.13: 1) [ẽ]   2) [ẽ]   3) [ũ]

Exercício 3.14:

	Sequência de vogais
palavra_1: cetim	(oral-nasal)
palavra_2: batom	(oral-nasal)
palavra_3: gambá	(nasal-oral)
palavra_4: atum	(oral-nasal)

	Sequência de vogais
palavra_5: capim	(oral-nasal)
palavra_6: senti	(nasal-oral)
palavra_7: maçã	(oral-nasal)
palavra_8: timbó	(nasal-oral)

235

Fonética Acústica

Exercício 3.15:

	Sequência de vogais
palavra_1: cântico	(nasal-oral-oral)
palavra_2: capitã	(oral-oral-nasal)
palavra_3: momento	(oral-nasal-oral)
palavra_4: urucum	(oral-oral-nasal)
palavra_5: tentado	(nasal-oral-oral)
palavra_6: pontapé	(nasal-oral-oral)
palavra_7: capanga	(oral-nasal-oral)
palavra_8: cintura	nasal-oral-oral)

Exercício 3.16:   1) V   2) F   3) F   4) F
5) V   6) F   7) V   8) V

Exercício 3.17:   1) V   2) V   3) V   4) F
5) V   6) V   7) F   8) V

Exercício 3.18:

palavra_1: passei	(monotongo-ditongo)	palavra_5: deusa	(ditongo-monotongo)
palavra_2: sarau	(monotongo-ditongo)	palavra_6: oito	(ditongo-monotongo)
palavra_3: causa	(ditongo-monotongo)	palavra_7: pirei	(monotongo-ditongo)
palavra_4: Moscou	(monotongo-ditongo)	palavra_8: seita	(ditongo-monotongo)

Exercício 3.19:

	Duração da vogal ou ditongo		Duração da vogal ou ditongo
palavra_1: autores	145 ms	palavra_5: bailarina	148 ms
palavra_2: acionar	85 ms	palavra_6: biscoito	192 ms
palavra_3: fogaréu	363 ms	palavra_7: Europa	176 ms
palavra_4: funcionar	107 ms	palavra_8: bacharéis	279 ms

Exercício 3.20:

	Monotongo	Ditongo
palavra_1: seis		x
palavra_2: mar	x	
palavra_3: dó	x	
palavra_4: cais		x
palavra_5: fé	x	
palavra_6: pai		x

	Monotongo	Ditongo
palavra_7: pois		x
palavra_8: pá	x	
palavra_9: dez	x	
palavra_10: mais		x
palavra_11: cor	x	
palavra_12: réis		x

Respostas dos exercícios do capítulo "Características acústicas de consoantes"

Exercício 4.1:

palavra_1: tabuada	O	V	O	V	V	C	V
palavra_2: capeta	O	V	O	V	O	V	
palavra_3: piquete	O	V	O	V	O	V	
palavra_4: deitada	O	D	O	V	O	V	
palavra_5: coitado	O	D	O	V	O	V	
palavra_6: pecado	O	V	O	V	O	V	
palavra_7: capitã	O	V	O	V	O	V	
palavra_8: pingado	O	V	O	V	O	V	

Fonética Acústica

Exercício 4.2:

	Oclusiva vozeada	Oclusiva não-vozeada
palavra_1: gagá	x x	
palavra_2: gota	x	x
palavra_3: bebê	x x	
palavra_4: bota	x	x
palavra_5: gata	x	x
palavra_6: papai		x x
palavra_7: boba	x x	
palavra_8: coco		x x
palavra_9: doca	x	x
palavra_10: tutu		x x

Exercício 4.3:

palavra_1: capa	palavra_5: pito
palavra_2: peca	palavra_6: cata
palavra_3: tapa	palavra_7: toca
palavra_4: coco	palavra_8: tato

Exercício 4.4:

	VOT
palavra_1: agacha	-71,62 ms
palavra_2: lugar	-68,50 ms
palavra_3: ficar	41,69 ms
palavra_4: saber	-109,26 ms
palavra_5: chupar	7,60 ms
palavra_6: vetou	10,73 ms
palavra_7: sabor	-107,38 ms
palavra_8: facão	34,26 ms

Exercício 4.5: 1) V 2) F 3) V 4) F
 5) V 6) F 7) F 8) F

Exercício 4.6: (6, 5, 1, 2, 4, 3)

Respostas dos Exercícios

Exercício 4.7:

	Oclusiva 1	Oclusiva 2	Oclusiva 3
palavra_1: dotada	+	-	+
palavra_2: pacato	-	-	-
palavra_3: acabado	-	+	+
palavra_4: apegada	-	+	+
palavra_5: capota	-	-	-
palavra_6: tapada	-	-	+
palavra_7: tabuada	-	+	+
palavra_8: contada	-	-	+

Exercício 4.8:

	Posição
palavra_1: pomada	2a
palavra_2: notada	1a
palavra_3: camada	2a
palavra_4: bacana	3a
palavra_5: pequeno	3a
palavra_6: maquita	1a
palavra_7: cometa	2a
palavra_8: mureta	1a

Exercício 4.9: 1) F 2) V 3) F
4) V 5) V 6) F

Exercício 4.10:

	1º	2º	3º	4º	5º	6º	Categoria
palavra_1: queimada	Ocl	Dit	Nasal	Vogal	Ocl	Vogal	paroxítona
palavra_2: cômico	Ocl	Vogal	Nasal	Vogal	Ocl	Vogal	proparoxítona
palavra_3: dálmata	Ocl	Dit	Nasal	Vogal	Ocl	Vogal	proparoxítona
palavra_4: cometa	Ocl	Vogal	Nasal	Vogal	Ocl	Vogal	paroxítona
palavra_5: palmada	Ocl	Dit	Nasal	Vogal	Ocl	Vogal	paroxítona
palavra_6: comandou	Ocl	Vogal	Nasal	Vogal	Ocl	Dit	oxítona
palavra_7: comentei	Ocl	Vogal	Nasal	Vogal	Ocl	Dit	oxítona
palavra_8: demodê	Ocl	Vogal	Nasal	Vogal	Ocl	Vogal	oxítona

Fonética Acústica

Exercício 4.11:

	1º	2º	3º	4º	5º	6º
palavra_1: machado	Nasal	Vogal	Fric	Vogal	Ocl	Vogal
palavra_2: camisa	Ocl	Vogal	Nasal	Vogal	Fric	Vogal
palavra_3: desatei	Ocl	Vogal	Fric	Vogal	Ocl	Dit
palavra_4: baixota	Ocl	Dit	Fric	Vogal	Ocl	Vogal
palavra_5: pesado	Ocl	Vogal	Fric	Vogal	Ocl	Vogal
palavra_6: chamegou	Fric	Vogal	Nasal	Vogal	Ocl	Dit
palavra_7: mendonça	Nasal	Vogal	Ocl	Vogal	Fric	Vogal
palavra_8: vexame	Fric	Vogal	Fric	Vogal	Nasal	Vogal

Exercício 4.12:

	Fricativa vozeada	Fricativa não-vozeada
palavra_1: café		-
palavra_2: vaca	+	
palavra_3: foto		-
palavra_4: veto	+	
palavra_5: saco		-
palavra_6: vida	+	
palavra_7: fino		-
palavra_8: zebu	+	
palavra_9: choque		-
palavra_10: zona	+	
palavra_11: gema	+	
palavra_12: cena		-

Exercício 4.13: 1) F 2) F 3) V 4) F
                      5) V 6) F 7) V 8) V

Exercício 4.14:

	Duração da palavra	Duração da fricativa	%
palavra_1: faca	599 ms	138 ms	23%
palavra_2: cava	661 ms	114 ms	17%
palavra_3: saco	640 ms	162 ms	25%
palavra_4: pose	620 ms	156 ms	25%
palavra_5: gancho	669 ms	93 ms	14%
palavra_6: chuva	689 ms	180 ms	26%

Exercício 4.15: 1) V 2) F 3) V 4) F
5) V 6) V 7) F 8) V

Exercício 4.16:

	1º	2º	3º	4º	5º	6º
palavra_1: gemada	Fric	Vogal	Nasal	Vogal	Ocl	Vogal
palavra_2: sucata	Fric	Vogal	Ocl	Vogal	Ocl	Vogal
palavra_3: machado	Nasal	Vogal	Fric	Vogal	Ocl	Vogal
palavra_4: pesado	Ocl	Vogal	Fric	Vogal	Ocl	Vogal
palavra_5: fechado	Fric	Vogal	Fric	Vogal	Ocl	Vogal
palavra_6: madeixa	Nasal	Vogal	Ocl	Dit	Fric	Vogal
palavra_7: vexame	Fric	Vogal	Fric	Vogal	Nasal	Vogal
palavra_8: confeito	Ocl	Vogal	Fric	Dit	Ocl	Vogal

Exercício 4.17:

	Fricativa vozeada	Fricativa não-vozeada	Africada vozeada	Africada não-vozeada
palavra_1: antigo				x
palavra_2: gelado	x			
palavra_3: machucado		x		
palavra_4: metido				x
palavra_5: diante			x	
palavra_6: museu	x			
palavra_7: bode			x	
palavra_8: açúcar		x		

Exercício 4.18:

	1º	2º	3º	4º	5º	6º
palavra_1: chamada	Fric	Vogal	Nasal	Vogal	Ocl	Vogal
palavra_2: durante	Ocl	Vogal	Ocl	Vogal	Afric	Vogal
palavra_3: casaco	Ocl	Vogal	Fric	Vogal	Ocl	Vogal
palavra_4: mesada	Nasal	Vogal	Fric	Vogal	Ocl	Vogal
palavra_5: baixota	Ocl	Dit	Fric	Vogal	Ocl	Vogal
palavra_6: chocante	Fric	Vogal	Ocl	Vogal	Afric	Vogal
palavra_7: chávena	Fric	Vogal	Fric	Vogal	Nasal	Vogal
palavra_8: cajado	Ocl	Vogal	Fric	Vogal	Ocl	Vogal

Fonética Acústica

Exercício 4.19:   1) V   2) V   3) F
                   4) V   5) V   6) F

Exercício 4.20:

	Intervocálico	Pós-vocálico em meio de palavra	Final de palavra	Encontro consonantal tautossilábico
palavra_1: prático				x
palavra_2: careta	x			
palavra_3: marca		x		
palavra_4: cobra				x
palavra_5: turma		x		
palavra_6: moreno	x			
palavra_7: pavor			x	
palavra_8: breve				x
palavra_9: saber			x	
palavra_10: certo		x		
palavra_11: compor			x	
palavra_12: carona	x			

Exercício 4.21:

	1º	2º	3º	4º	5º	6º
palavra_1: mereceu	Nasal	Vogal	Tepe	Vogal	Fric	Dit
palavra_2: fardos	Fric	Vogal	Tepe	Oclus	Vogal	Fric
palavra_3: tigres	Afric	Vogal	Oclus	Tepe	Vogal	Fric
palavra_4: preces	Oclus	Tepe	Vogal	Fric	Vogal	Fric
palavra_5: pereba	Oclus	Vogal	Tepe	Vogal	Oclus	Vogal
palavra_6: marcas	Nasal	Vogal	Tepe	Oclus	Vogal	Fric
palavra_7: natural	Nasal	Vogal	Oclus	Vogal	tepe	Dit
palavra_8: mentora	Nasal	Vogal	Oclus	Vogal	tepe	Vogal

Exercício 4.22:

	Tepe	Vibrante
palavra_1: carro		x
palavra_2: câmara	x	
palavra_3: marreta		x
palavra_4: aprovo	x	
palavra_5: careta	x	
palavra_6: Roma		x
palavra_7: Israel		x
palavra_8: artista	x	

Exercício 4.23:

	Rótico
palavra_1: favor	aproximante
palavra_2: servo	tepe
palavra_3: ficar	fricativa posterior
palavra_4: marca	aproximante
palavra_5: ator	tepe
palavra_6: comer	tepe
palavra_7: corda	fricativa posterior
palavra_8: agir	fricativa posterior
palavra_9: perto	aproximante
palavra_10: carma	fricativa posterior
palavra_11: arte	aproximante
palavra_12: surge	tepe

Fonética Acústica

Exercício 4.24:

	Duração da lateral	Início de palavra	Posição intervocálica	Encontro consonantal tautossilábico	Categoria
palavra_1: bola	84 ms		x		paroxítona
palavra_2: placar	44 ms			x	oxítona
palavra_3: cela	108 ms		x		paroxítona
palavra_4: lutar	54 ms	x			oxítona
palavra_5: zelo	124 ms		x		paroxítona
palavra_6: latão	93 ms	x			oxítona
palavra_7: exemplo	66 ms			x	paroxítona
palavra_8: lugar	63 ms	x			oxítona

Exercício 4.25:

	1º	2º	3º	4º	5º	6º
palavra_1: blusas	Ocl	Lat	Vogal	Fric	Vogal	Fric
palavra_2: chatura	Fric	Vogal	Ocl	Vogal	Tepe	Vogal
palavra_3: brancos	Ocl	Tepe	Vogal	Ocl	Vogal	Fric
palavra_4: agrupa	Vogal	Ocl	Tepe	Vogal	Ocl	Vogal
palavra_5: leveza	Lat	Vogal	Fric	Vogal	Fric	Vogal
palavra_6: colega	Ocl	Vogal	Lat	Vogal	Ocl	Vogal
palavra_7: merenda	Nasal	Vogal	Tepe	Vogal	Ocl	Vogal
palavra_8: loucura	Lat	Dit	Ocl	Vogal	Tepe	Vogal

Exercício 4.26:   1) V   2) F   3) V
                      4) F   5) F   6) V

Exercício 4.27:

	1º	2º	3º	4º	5º	6º
palavra_1: canela	Ocl	Vogal	Nasal	Vogal	Lat	Vogal
palavra_2: palhaço	Ocl	Vogal	Lat	Vogal	Fric	Vogal
palavra_3: levante	Lat	Vogal	Fric	Vogal	Afric	Vogal
palavra_4: malaco	Nasal	Vogal	Lat	Vogal	Ocl	Vogal
palavra_5: natura	Nasal	Vogal	Ocl	Vogal	Tepe	Vogal
palavra_6: colheita	Ocl	Vogal	Lat	Dit	Ocl	Vogal
palavra_7: maluca	Nasal	Vogal	Lat	Vogal	Ocl	Vogal
palavra_8: placar	Ocl	Lat	Vogal	Ocl	Vogal	Tepe

Exercício 4.28:

1	maravilhosa	m	a	ɾ	a	v	i	lʲ	ɔ	z	ɐ		
2	encabulada	ĩ	k	a	b	u	l	a	d	ɐ			
3	cortesia	k	o	ɾ	t	e	z	i	ɐ				
4	emplacamento	ĩ	p	l	a	k	a	m	ẽ	t	ʊ		
5	preciosidade	p	ɾ	e	s	i	o	z	i	d	a	dʒ	ɪ
6	gramatura	g	ɾ	a	m	a	t	u	ɾ	ɐ			
7	coletivamente	k	o	l	e	tʃ	i	v	a	m	ẽ	tʃ	ɪ
8	precipitação	p	ɾ	e	s	i	p	i	t	a	s	ãw	

Bibliografia

AGUILAR, L. "Hiatus and Diphthong: Acoustic Cues and Speech Situation Differences". *Speech Communication*. v. 28, n. 1, 1999, pp. 57-74.

AGUILERA, V. A. *Atlas linguístico do Paraná.* Curitiba: Imprensa Oficial do Paraná, 1994.

ALBANO, E. C. A Gestural Solution for Some Glide Epenthesis Problems. In: *Proceedings ICPhS 99.* v. 3. San Francisco, 1999, pp. 1785-8.

_____. *O gesto e suas bordas*: esboço de fonologia acústico-articulatória do português brasileiro. Campinas: Mercado de Letras, 2001.

ALMEIDA, M.; DORTA, J. Datos acústicos de las líquidas españolas. In: ALAYÓN, C. D. (Org.). *En homenaje a José Pérez Vidal.* La Laguna: Tenerife, 1993, pp. 214-7.

ALVES, M. A. *Estudo dos parâmetros acústicos relacionados à produção das plosivas do português brasileiro na fala adulta*: análise acústico-quantitativa. Florianópolis, 2015. Tese (Doutorado em Linguística) – Universidade Federal de Santa Catarina.

_____. et al. On the Voiceless Aspirated Stops in Brazilian Portuguese. In: *Proceedings of the 8th International Conference on Computational Processing of the Portuguese Language.* Aveiro: Springer-Verlag, 2008, pp. 248-51.

_____; SEARA, I. C. Produção de plosivas surdas em inglês e português por falantes de inglês como língua estrangeira. In: *Anais do VIII Encontro Celsul.* Pelotas: Editora da Universidade Católica de Pelotas, 2008.

_____; DIAS, E. C. O. Estudo da produção do VOT em plosivas não-vozeadas diante de vogal alta anterior e posterior no português brasileiro. In: *Anais do IX Encontro do Celsul.* Palhoça, 2010.

ALVES, U. K. A aquisição da plosiva labial aspirada do inglês através da instrução explícita: uma discussão conexionista. In: LAMPRECHT, R. R. (Org.). *Aquisição da linguagem*: estudos recentes no Brasil. Porto Alegre: EDIPUCRS, 2011, pp. 75-92.

AQUINO, P. A. *O papel das vogais reduzidas pós-tônicas na construção de um sistema de síntese concatenativa para o português do Brasil.* Campinas, 1997. Dissertação (Mestrado em Linguística) – Universidade Estadual de Campinas.

ARAÚJO, G. (Org.). *O acento em português*: abordagens fonológicas. São Paulo: Parábola, 2007.

ASSIS, A. M. *A emergência de consoantes finais no português brasileiro na microrregião de Araguaína/Tocantins.* Belo Horizonte, 2017. Tese (Doutorado em Estudos Linguísticos) – Universidade Federal de Minas Gerais.

BARBOSA, P. A. "Do grau de não perifericidade da vogal /a/ pós-tônica final". *Diadorim.* Rio de Janeiro, v. 12, 2012, pp. 91-107.

_____; MADUREIRA, S. *Manual de fonética acústica experimental.* São Paulo: Cortez, 2015.

BARBOZA, C. L. F. *Efeitos da palatalização das alveolares do português brasileiro no percurso de construção do inglês língua estrangeira.* Fortaleza, 2013. Tese (Doutorado em Linguística) – Universidade Federal do Ceará.

BARRY, W. "Another R-tickle". *Journal of the International Phonetic Association.* v. 27, 1997, pp. 35-45.

BECKMAN, M. "When is a Syllable not a Syllable?" In: OTAKE, T.; CUTLER, A. (Ed.). *Phonological Structure and Language Processing.* Berlin/New York: Mouton de Gruyter, 1996, pp. 95-124.

BERTI, L. C. "Um estudo comparativo de medidas acústicas em crianças com e sem problemas na produção de /s/ e /S/". *Estudos Linguísticos.* São Paulo, v. XXXIV, 2005, pp. 1337-42.

_____. *Aquisição incompleta do contraste entre /s/ e /ʃ/ em crianças falantes do português brasileiro*. Campinas, 2006. Tese (Doutorado em Linguística) – Universidade Estadual de Campinas.

_____; Reato, L. T. "Comparação entre medidas acústicas de vogais em provas de repetição e conversa espontânea". *Linguagem & Ensino*. Pelotas, v. 2, 2011, pp. 553-72.

Bisol, L. "O ditongo na perspectiva da fonologia atual". *D.E.L.T.A.* v. 5, n. 2, 1989, pp. 185-224.

Blumstein, S. E.; Stevens, K. N. "Acoustic Invariance in Speech Production: Evidence from Measurements of the Spectral Characteristics of Stop Consonants". *Journal of the Acoustical Society of America*. v. 66, 1979, pp. 1001-17.

Boersma, P. "Praat, a System for Doing Phonetics by Computer". *Glot International*. v. 5, n. 9/10, 2001, pp. 341-5, 2001.

_____. Acoustic Analysis. In: Podesva, R. J.; Sharma, D. (Ed.). *Research Methods in Linguistics*. Cambridge: Cambridge University Press, 2013, pp. 375-96.

_____; Weenink, D. *Praat*: Doing Phonetics by Computer. Version 5.4.08. 2015. Disponível em: <http://www.praat.org/>. Acesso em: 24 mar. 2018.

Borzone de Manrique, A. M. "Acoustic Study of /i, u/ in the Spanish Diphthong". *Language and Speech*. v. 19, 1976, pp. 121-8.

_____. "Acoustic Analysis of the Spanish Diphthongs". *Phonetica*. v. 36, 1979, pp. 194-206.

Brod, L. M. *A lateral nos falares florianopolitano (PB) e portuense (PE)*: casos de gradiência fônica. Florianópolis, 2014. Tese (Doutorado em Linguística) – Universidade Federal de Santa Catarina.

_____; Seara, I. C. "As vogais orais do português brasileiro na fala infantil e adulta: uma análise comparativa". *Revista Linguagem & Ensino*. Pelotas, v. 16, 2013, pp. 111-30.

Cagliari, L. C. *Elementos de fonética do português brasileiro*. São Paulo: Paulistana, v. 1, 2007.

Callou, D. M. I.; Leite, Y. *Iniciação à Fonética e à Fonologia*. v. 1. 7. ed. Rio de Janeiro: Zahar, 2000.

Camargos, M. A. *Conhecimento fonológico de retroflexos em inglês-L2*. Belo Horizonte, 2013. Dissertação (Mestrado em Estudos Linguísticos) – Universidade Federal de Minas Gerais.

Cantoni, M. *O acento no português brasileiro segundo uma abordagem de uso*. Belo Horizonte, 2013. Tese (Doutorado em Linguística) – Universidade Federal de Minas Gerais.

_____. "A epêntese no português brasileiro em uma perspectiva multirrepresentacional". *Gragoatá*. Niterói, n. 38, 2015, pp. 231-46.

Catford, J. *Fundamental Problems in Phonetics*. Edinburgh: Edinburgh University Press, 1977.

Cavaliere, R. S. *Pontos essenciais em fonética e fonologia*. Rio de Janeiro: Lucerna, 2005.

Cho, T.; Ladefoged, P. "Variations and Universals in VOT: Evidence from 18 Languages". *Journal of Phonetics*. v. 27, 1999, pp. 207-29.

Clemente, F. C. *Descrição acústica do tap em coda*. Curitiba, 2005. Trabalho de Conclusão no Curso de Letras – Universidade Federal do Paraná.

Clermont, F. "Spectro-Temporal Description of Diphthongs in F1-F2-F3 Space". *Speech Communication*. v. 13, 1993, pp. 377-90.

Cooley, J. W.; Tookey, J. W. "An Algorithm for the Machine Calculation of Complex Fourier Series". *Mathematics of Computation*. v. 19, 1965, pp. 297-301.

Couto, H. H. "As sequências qu- e gu- mais vogal". *Revista de Estudos da Linguagem*. Belo Horizonte, v. 4, n. 2, 1996, pp. 35-43.

Cristófaro Silva, T. The Phonological Representation of Velar Stop-Glide Sequences. In: *Soas Working Papers in Linguistics*. v. 2. Londres, 1992, pp. 315-38.

_____. "A silabificação da sequência de oclusiva velar e glide posterior". *Cadernos do NAPq*. Belo Horizonte, v. 2, n. especial, 1995, pp. 7-17.

_____. *Fonética e Fonologia do português*: roteiro de estudos e guia de exercícios. São Paulo: Contexto, 2017.

_____; Almeida, L. S. On the Nature of Epenthetic Vowels. In: Bisol, L.; Brescancini, C. (Orgs.). *Contemporary Phonology in Brazil*. Cambridge: Cambridge University Press/Cambridge Scholars Publishing Series, 2008.

_____; Fonseca, M. A.; Cantoni, M. M. "A redução do ditongo [ãw] postônico na morfologia verbal do português brasileiro: uma abordagem baseada no uso". *Letras de Hoje*. v. 47, 2012, pp. 283-92.

_____; Faria, I. "Percursos de ditongos crescentes no português brasileiro". *Letras de Hoje*. v. 49, n. 1, 2014, pp. 19-27.

Cristofolini, C. "Estudo da monotongação de [ow] no falar florianopolitano: perspectiva acústica e sociolinguística". *Revista da Abralin*. v. 10, n. 1, 2011.

_____. *Gradiência na fala infantil*: caracterização acústica de segmentos plosivos e fricativos e as evidências de um período de "refinamento articulatório". Florianópolis, 2013. Tese (Doutorado em Linguística) – Universidade Federal de Santa Catarina.

Crystal, T. H.; House, A. S. "A Note on the Durations of Fricatives in American English". *Journal of the Acoustical Society of America*. v. 84, n. 5, 1988, pp. 1932-5.

Delattre, P. C.; Liberman, A. M.; Cooper, F. S. "Acoustic Loci and Transitional Cues for Consonants". *Journal of the Acoustical Society of America*. v. 27, n. 4, 1955, pp. 769-73.

Delattre, P.; Liberman, A.; Cooper, F.; Gerstman, L. "An Experimental Study of the Acoustic Determinants of Vowel Colour: Observations on One and Two-Formant Vowels Synthesized from Spectrographic Patterns". *Word*. v. 8, 1952, pp. 195-210.

Delforge, A. M. Unstressed Vowel Reduction in Andean Spanish. In: Colantoni, L.; Steele, J. (Ed.). *Selected Proceedings of the 3rd Conference on Laboratory Approaches to Spanish Phonology*. Somerville: Cascadilla Proceedings Project, 2008, pp. 107-24.

Demasi, R. de C. B. *A ditongação nasal no português brasileiro*: uma análise acústico-aerodinâmica da fala. São Paulo, 2010. Dissertação (Mestrado em Linguística) – Universidade de São Paulo.

Dias, A. de S.; Machado, M. da M. Análise acústico-articulatória das vogais assilábicas do português do Rio de Janeiro. In: *Cadernos*. Rio de Janeiro: CiFEFiL, v. 6, 2001.

Dias, E.; Seara, I. "Redução e apagamento de vogais átonas finais na fala de crianças e adultos de Florianópolis: uma análise acústica". *Letrônica*. Porto Alegre, v. 6, n. 1, 2013, pp. 71-93.

Docherty, G. *The Timing of Voicing in British English Obstruents*. Berlin: Foris Publications, 1992.

Escudero, P.et al. "A Cross-Dialect Acoustic Description of Vowels: Brazilian and European Portuguese". *Journal of the Acoustical Society of America*. v. 126, n. 3, 2009, pp. 1379-93.

Fant, G. *Acoustic Theory of Speech Production*. Haia: Mouton, 1960.

Faveri, C. B. *Análise da duração das vogais orais do português de Florianópolis-Santa Catarina*. Florianópolis, 1991. Dissertação (Mestrado em Linguística) – Universidade Federal de Santa Catarina.

Fernandes, A. C. G. *Apagamento de vogais átonas em trissílabos proparoxítonos*: um contributo para a compreensão da supressão vocálica em português europeu. Porto, 2007. Dissertação (Mestrado em Linguística) – Universidade do Porto.

Fernandes, N. H. *Contribuição para uma análise instrumental da acentuação e intonação do português*. São Paulo, 1977. Dissertação (Mestrado em Linguística) – Universidade Estadual de São Paulo.

Ferraz, I. S. *Características fonético-acústicas do /r/ retroflexo do português brasileiro*: dados de informantes de Pato Branco (PR). Curitiba, 2005. Dissertação (Mestrado em Letras) – Universidade Federal do Paraná.

Ferreira-Silva, A. *Estudo das características acústico-perceptual das fricativas do português do Brasil*. Araraquara, 2012. Dissertação (Mestrado em Linguística) – Universidade Estadual Paulista.

_____; Pacheco, V. "Características da duração do ruído das fricativas de uma amostra do português brasileiro". *Estudos da Língua(gem)*. v. 10, n. 1. 2012, pp. 9-28.

Fonseca, M. A.; Cantoni, M.; Cristófaro Silva, T. Acoustic and Articulatory Correlates of Japanese Devoiced Vowels. In: Wolters, M. et al. (Eds.). *Proceedings of the 18th International Congress of Phonetic Sciences*. 1. ed. Glasgow: University of Glasgow, 2015.

França, K. V. *A aquisição da aspiração das plosivas surdas do inglês por falantes de português brasileiro*: implicações teóricas decorrentes de duas diferentes formas de descrição dos dados. Pelotas, 2011. Dissertação (Mestrado em Letras) – Universidade Católica de Pelotas.

Fry, D. *The Physics of Speech*. Cambridge: Cambridge University Press, 1979.

Fujimura, O. "Analysis of Nasal Consonants". *Journal of the Acoustical Society of America*. v. 34, 1962, pp. 1865-75.

Gama-Rossi, A. *Relações entre desenvolvimento linguístico e neuromotor*: a aquisição da duração no português brasileiro. Campinas, 1999. Tese (Doutorado em Linguística) – Universidade Estadual de Campinas.

Gamba, P. A. *A consoante nasal palatal no português brasileiro*. Florianópolis, 2011. Trabalho de Conclusão no Curso de Letras – Universidade Federal de Santa Catarina.

_____. *As soantes palatais no português*: uma caracterização fonético-fonológica. Florianópolis, 2015. Dissertação (Mestrado em Linguística) – Universidade Federal de Santa Catarina.

Haupt, C. "As fricativas [s], [z], [ʃ] e [ʒ] do português brasileiro". *Estudos Linguísticos*. v. xxxvi, n. 1, São Paulo, 2007, pp. 37-46.

_____. *O fenômeno de monotongação nos ditongos [aɪ, eɪ, oɪ, uɪ] na fala dos florianopolitanos*: uma abordagem a partir da Fonologia de Uso e da Teoria dos Exemplares. Florianópolis, 2011. Tese (Doutorado em Linguística) – Universidade Federal de Santa Catarina.

_____; Seara, I. "Caracterização acústica do fenômeno de monotongação dos ditongos [aɪ,eɪ,ɔɪ] no falar florianopolitano". *Linguagem & Ensino*. Pelotas, v. 15, n. 1, 2012, pp. 263-90.

Hogan, J. T.; Rozsypal, A. J. "Evaluation of Vowel Duration as a Cue for the Voicing Distinction in the Following Word-Final Consonant". *Journal of the Acoustical Society of America*. v. 67, n. 5, 1980, pp. 1764-71.

Hora, D. da; Pedrosa, J. L. R. (Orgs.). *Introdução à Fonologia do português brasileiro*. João Pessoa: Editora da ufpb, 2012.

Istre, G. L. *Fonologia transformacional e natural*: uma introdução crítica. Florianópolis: Núcleo de Estudos Linguísticos, 1983.

_____. *Um estudo do vot em monolíngues brasileiros*. 1985. Manuscrito.

Jesus, L. M. T. *Acoustic Phonetics of European Portuguese Fricative Consonants*. Southampton, 2001. Tese (Ph.D. em Filosofia) – University of Southampton.

_____; Shadle, C. H. "Acoustic Analysis of European Portuguese Uvular [χ, ʁ] and Voiceless Tapped Alveolar [ɾ] Fricatives". *Journal of the International Phonetic Association*. v. 35, n. 1, 2005, pp. 27-44.

Jesus, M. de S. V. *Estudo fonético da nasalidade vocálica em falantes normais e com fissura de palato*: enfoque acústico. Belo Horizonte, 1999. Dissertação (Mestrado em Linguística) – Universidade Federal de Minas Gerais.

Jesus, M. de S. V. Estudo fonético da nasalidade vocálica. In: Reis, César (Org.). *Estudos linguísticos – Estudos em fonética e fonologia do português*, v. 5. Belo Horizonte: Fale/ufmg, 2002, pp. 205-24.

Jetchev, G. Rhotics, Jers and Schwa in the History of Bulgarian. In: *Proceedings of the xiii^th International Congress of Phonetics Sciences*. v. 4. Stockholm, 1995, pp. 662-5.

Jha, S. K. "The Nasal Vowels in Maithili: an Acoustic Study". *Journal of Phonetics*. v. 14, 1986, pp. 223-30.

Johnson, K. *Acoustic and Auditory Phonetics*. New Jersey: Blackwell, 1997.

Keating, P. Universal Phonetics and the Organization of Grammars. In: Fromkin, V. (Ed.). *Phonetic Linguistics*: Essays in Honor of Peter Ladefoged. Academic Press, 1985, pp. 115-32. Disponível em: <http://linguistics.ucla.edu/people/keating/universals.pdf>. Acesso em: 30 ago. 2018.

_____. (Ed). *Phonological Structure and Phonetic Form*: Papers in Laboratory Phonology iii. Cambridge: Cambridge University Press, 1994.

Kent, R. D.; Read, C. *The Acoustic Analysis of Speech*. Boston: Cengage Learning, 2002.

_____; _____. *The Acoustic Analysis of Speech*. New York: Singular Thomson Learning, 2002. (Tradução para o português por Alexsandro Meirelles: *Análise acústica da fala*. Cortez: São Paulo, 2015).

Klein, S. *Estudo do vot no português brasileiro*. Florianópolis, 1999. Dissertação (Mestrado em Linguística) – Universidade Federal de Santa Catarina.

Kvale, K.; Foldvik, A. K. An Acoustic Analysis of the Retroflex Flap. In: *Proceedings of the xiii^th International Congress of Phonetics Sciences*. v. 2. Stockholm, 1995, pp. 454-7.

Ladefoged, P. *A Course in Phonetics*. New York: Harcourt Brace Jovanovich, Inc., 1975.

_____. *Elements of Acoustic Phonetics*. 2. ed. Chicago: University of Chicago Press, 1996.

_____. *Phonetic Data Analysis.* An Introduction to Fieldwork and Instrumental Techniques. Oxford: Blackwell, 2003.

_____; MADDIESON, I. *The Sounds of the World's Languages.* Cambridge: Blackwell, 1996.

_____; JOHNSON, K. *A Course in Phonetics.* 6. ed. Boston: Wadsworth/Cengage Learning, 2011.

LAVER, J. *Principles of Phonetics.* Cambridge: Cambridge University Press, 1994.

LEHISTE, I. *Acoustical Characteristics of Selected English Consonants.* The Hague: Mouton, 1964.

_____; PETERSON, G. "Transitions, Glides and Diphthongs". *Journal of the Acoustical Society of America.* v. 33, n. 3, 1961, pp. 268-77.

LEITE, C. M. *Atitudes linguísticas:* a variante retroflexa em foco. Campinas, 2004. Dissertação (Mestrado em Linguística) – Universidade Estadual de Campinas.

_____. *O /R/ em posição de coda silábica no falar campineiro.* Campinas, 2010. Tese (Doutorado em Linguística) – Universidade Estadual de Campinas.

LEITE, C. T. *Sequência de (oclusiva alveolar + sibilante alveolar) como um padrão inovador no português de Belo Horizonte.* Belo Horizonte, 2006. Dissertação (Mestrado em Estudos Linguísticos) – Universidade Federal de Minas Gerais.

LINDAU, M. The Story of /r/. In: LADEFOGED, P.; FROMKIN, V. (Eds.). *Phonetic Linguistics*: Essays in Honor of Peter Ladefoged. Orlando: Academic Press, 1985, pp. 157-68.

LISKER, L.; ABRAMSON, A. "A Cross-Language Study of Voicing in Initial Stops". *Word*, v. 20, 1964, pp. 384-422.

MACLEOD, B. *Spanish Dialects and Variation in Vocalic Sequences.* Toronto, 2007. Dissertação (Mestrado em Linguística) – Universidade de Toronto.

MADDIESON, I.; EMMOREY, K. "Relationship Between Semivowels and Vowels: Cross Linguistic Investigations of Acoustic Difference and Coarticulation". *Phonetica.* v. 42, n. 4, 1985, pp. 163-74.

MAEDA, S. Acoustics of Vowel Nasalization and Articulatory Shifts in French Nasal Vowels. In: HUFFMAN, M. K.; KRAKOW, R. A. (Ed.). *Nasals, Nasalization, and the Velum.* San Diego: Academic Press, 1993, pp. 147-67.

MAJOR, R. C. "Stress and rhythm in Brazilian Portuguese". *Language.* v. 61, n. 2, 1985, pp. 259-82.

_____. "Losing English as a First Language". *The Modern Language Journal.* v. 76, 1992, pp. 190-208.

MARCHAL, A.; REIS, C. *Produção da fala.* Belo Horizonte: UFMG, 2012.

MASSINI-CAGLIARI, G. *Acento e ritmo.* São Paulo: Contexto, 1992.

_____; CAGLIARI, L. C. Fonética. In: MUSSALIM, F.; BENTES, A. C. (Org.). *Introdução à Linguística*: domínios e fronteiras. São Paulo: Cortez, 2001, pp. 105-46.

MATTA MACHADO, M. *Etude articulatoire et acoustique des voyelles nasales du Portugais du Rio de Janeiro*: Analyses radiocinematographique, sonagraphique et oscillographique. Strasbourg, 1981. Tese (Doutorado em Linguística) – Université des Sciences Humaines de Strasbourg.

MEDEIROS, B. "Vogais nasais do português brasileiro". *Revista Letras.* Curitiba, v. 72, 2007, pp. 165-88.

MELO, R. M.; MOTA, H. B.; BERTI, L. C. "O contraste entre oclusivas alveolares e velares em dados típicos de fala: análises acústica e ultrassonográfica". *CODAS.* v. 29, 2017, pp. 1-10.

MENDES JR., W. A. *A lenição do tepe alveolar intervocálico por falantes do português brasileiro.* Belo Horizonte, 2018. Dissertação (Mestrado em Estudos Linguísticos) – Universidade Federal de Minas Gerais.

MENDONÇA, C. S. I de. *A nasalidade vocálica do português brasileiro*: contribuições de uma análise acústica e aerodinâmica da fala. Florianópolis, 2017. Tese (Doutorado em Linguística) – Universidade Federal de Santa Catarina.

MENESES, F. *As vogais desvozeadas no português brasileiro*: investigação acústico-articulatória. Campinas, 2012. Dissertação (Mestrado em Linguística) – Universidade Estadual de Campinas.

_____; ALBANO, E. "From Reduction to Apocope: Final Poststressed Vowel Devoicing in Brazilian Portuguese". *Phonetica (Basel).* v. 72, 2015, p. 121-37.

MORAES, J. A. Intonation in Brazilian Portuguese. In: HIRST, D.; DI CRISTO, A. (Eds.). *Intonation Systems*: a Survey of Twenty Languages. Cambridge: Cambridge University Press, 1998.

_____; WETZELS, L. "Sobre a duração dos segmentos vocálicos nasais e nasalizados em português". *Cadernos de Estudos Linguísticos.* v. 23, 1992, pp. 153-66.

MOUTINHO, L.; RUA, C.; TEIXEIRA, A. Ditongos orais no português europeu. In: DUARTE, I.; LEIRIA, I. (Orgs.). In: *Acta.* Lisboa: APL/Colibri, 2005, pp. 803-16.

MOUTINHO, L.; ZERLING, J.-P. "Os ditongos orais em Português – estudo acústico preliminar". *Revista da UA – Letras*. n. 19/20, 2003, pp. 157-79.

NAPOLEÃO DE SOUZA, R. *A redução de vogais altas pretônicas no português de Belo Horizonte*: uma abordagem baseada na gradiência. Belo Horizonte, 2012. Dissertação (Mestrado em Estudos Linguísticos) – Universidade Federal de Minas Gerais.

NASCIMENTO, K. *Emergência de padrões silábicos no português brasileiro e seus reflexos no inglês língua estrangeira*. Fortaleza, 2016. Tese (Doutorado em Linguística Aplicada) – Universidade Estadual do Ceará.

NETTO, W. F. O acento na língua portuguesa. In: ARAÚJO, G. (Org.). *O acento em português*: abordagens fonológicas. São Paulo: Parábola, 2007, pp. 21-36.

_____. *Introdução à fonologia da língua portuguesa*. v. 1. 2. ed. São Paulo: Paulistana, 2011.

NINNO, C. *O contraste de nasalidade em falantes normais e com fissura palatina*: aspectos da produção. Belo Horizonte, 2008. Tese (Doutorado em Estudos Linguísticos) – Universidade Federal de Minas Gerais.

NISHIDA, G. *Análise acústica do* tap *em grupos no PB*. Curitiba, 2005. Trabalho de Conclusão de Curso – Universidade Federal do Paraná.

_____. *A natureza intervocálica do* tap *em PB*, Curitiba, 2009. Dissertação (Mestrado em Letras) – Universidade Federal do Paraná.

O'SHAUGHENESSY, D. "A Study of French Vowel and Consonant Durations". *Journal of Phonetics*. v. 9, 1981, pp. 385-406.

OLIVEIRA, F. R. M. *Análise acústica de fricativas e africadas produzidas por japoneses aprendizes de português brasileiro*. Curitiba, 2011. Dissertação (Mestrado em Letras) – Universidade Federal do Paraná.

OLIVEIRA, N. A. *Variação em encontros consonantais tautossilábicos no português brasileiro*. Belo Horizonte, 2017. Dissertação (Mestrado em Estudos Linguísticos) – Universidade Federal de Minas Gerais.

PEIXOTO, C. "Características acústicas do processo de epêntese do glide [j] diante de [s] não-palatalizado". *Revista do GEL*. São Paulo, v. 8, n. 1, 2011, pp. 156-71.

PICKETT, J. M. *The Sounds of Speech Communication*. Baltimore: University Park Press, 1980.

PRESTES, S. P. C. *Produção de consoantes oclusivas iniciais do inglês por falantes nativos de PB*. Curitiba, 2013. Dissertação (Mestrado em Linguística) – Universidade Federal do Paraná.

RAPHAEL, L. J.; BORDEN, G. J.; HARRIS, K. S. *Speech Science Primer*: Physiology, Acoustics and Perception of Speech. 5. ed. Philadelphia: Lippincott Williams and Wilkins, 2007. [1. ed. 1980].

RECASENS, D. "On the Production Characteristics of Apicoalveolar Taps and Trills". *Journal of Phonetics*. v. 19, 1991, pp. 267-80.

_____; ESPINOSA, A. "Articulatory, Positional and Coarticulatory Characteristics for Clear /l/ and Dark /l/: Evidence from Two Catalan Dialects". *Journal of the International Phonetic Association*. v. 35, n. 1, 2005, pp. 1-25.

_____. et al. "An Eletropalatographic Study of Alveolar and Palatal Consonants in Catalan and Italian". *Language and Speech*. v. 36, n. 2/3, 1993, pp. 213-34.

REETZ, H.; JONGMAN, A. *Phonetics*: Transcription, Production, Acoustics, and Perception. New Jersey: Wiley-Blackwell, 2008.

REIS, M.; NOBRE-OLIVEIRA, D. Effects of Perceptual Training on the Identification and Production of English Voiceless Plosives Aspiration by Brazilian EFL Learners. In: *New Sounds*: Proceedings of the Fifth International Symposium on the Acquisition of Second Language Speech. Florianópolis, 2007, pp. 398-407.

RENNICKE, I. *Variation and Change in the Rhotics of Brazilian Portuguese*. Helsinque, 2015. Tese (Doutorado em Estudos da Linguagem) – Universidade Federal de Minas Gerais/Universidade de Helsinque.

RUSSO, I. C. P.; BEHLAU, M. *Percepção da fala*: análise acústica do português brasileiro. São Paulo: Lovise, 1993.

SAMCZUK, I. B.; GAMA-ROSSI, A. J. "Descrição fonético-acústica das fricativas no português brasileiro: critérios para coleta dos dados e primeiras medidas acústicas". *Intercâmbio*. São Paulo, v. 13, 2004.

SANTOS, R. S.; CHAGAS, P. Fonética. In: FIORIN, J. L. (Org.). *Introdução à Linguística*: princípios de análise. 5. ed. São Paulo: Contexto, 2003, pp. 9-32.

SCHWARTZHAUPT, B. M. *Factors Influencing Voice Onset Time*: Analyzing Brazilian Portuguese, English and Interlanguage Data. Porto Alegre, 2012. Trabalho de Conclusão de Curso – Universidade Federal do Rio Grande do Sul.

SEARA, I. C. *Estudo acústico-perceptual da nasalidade das vogais do português brasileiro*. Florianópolis, 2000. Tese (Doutorado em Linguística) – Universidade Federal de Santa Catarina.

_____; NUNES, V. G.; LAZZAROTTO-VOLCÃO, C. *Para conhecer Fonética e Fonologia do português brasileiro*. São Paulo: Contexto, 2017.

SHADLE, C. H. "Intrinsic Fundamental Frequency of Vowels in Sentence Context". *Journal of the Acoustical Society of America*. v. 78, 1985, pp. 1562-7.

SILVA, A. H. P. *Para a descrição fonético-acústica das líquidas no português brasileiro*: dados de um informante paulistano. Campinas, 1996. Dissertação (Mestrado em Linguística) – Universidade Estadual de Campinas.

_____. "Caracterização acústica de [R], [r], [l] e [lh] nos dados de um informante paulistano". *Cadernos de Estudos Linguísticos*. Campinas, v. 37, 1999, pp. 51-68.

_____. *As fronteiras entre fonética e fonologia e a alofonia dos róticos inicias em* PB: dados de dois informantes do sul do país. Campinas, 2002. Tese (Doutorado em Linguística) – Universidade Estadual de Campinas.

_____; PACHECO, V.; OLIVEIRA, L. "Por uma abordagem dinâmica dos processos fônicos". *Revista Letras*. Curitiba, v. 55, 2001, p. 93-113.

SILVEIRA, F. *Vogal epentética no português brasileiro*: um estudo acústico em encontros consonantais. Florianópolis, 2007. Dissertação (Mestrado em Linguística) – Universidade Federal de Santa Catarina.

SILVEIRA, F.; SEARA, I. "A vogal epentética em encontros consonantais heterossilábicos no português brasileiro: um estudo experimental". *Revista do* GEL. v. 6, 2009, pp. 9-35.

SOARES, V. H. M. *Encontros consonantais em final de palavra no português brasileiro*. Belo Horizonte, 2016. Dissertação (Mestrado em Estudos Linguísticos) – Universidade Federal de Minas Gerais.

SOUSA, E. M. G. *Para a caracterização fonético-acústica da nasalidade no português do Brasil*. Campinas, 1994. Dissertação (Mestrado em Linguística) – Universidade Estadual de Campinas.

SOUZA, L. C. da S.; PACHECO, V. "Análise acústica das vogais orais, nasais e nasalizadas no dialeto de Vitória da Conquista-BA". *Signum*. Estudos de Linguagem, v. 15, n. 2, 2012, pp. 401-31.

STEVENS, K. *Acoustics Phonetics*. Cambridge: MIT, 2000.

_____. et al. "Acoustic and Perceptual Characteristics of Voicing in Fricatives and Fricative Clusters". *Journal of the Acoustical Society of America*. v. 90, n. 5, 1992, pp. 2979-3000.

VIEIRA, M. G. *Estudo acústico e aerodinâmico das consoantes nasais do português brasileiro*: variedade de Florianópolis. Florianópolis, 2017. Tese (Doutorado em Linguística) – Universidade Federal de Santa Catarina.

_____; SEARA, I. C. "Primeiras considerações sobre medidas aerodinâmicas da consoante nasal palatal do português brasileiro". *Revista de Estudos da Linguagem*. v. 25, 2017, pp. 515-53.

VIEIRA, M. J. B.; CRISTÓFARO SILVA, T. C. "Redução vocálica em postônica final". *Revista da Abralin*. v. 14, n. 1, 2015, pp. 379-406.

YOUNG, H. D.; FREEDMAN, R. A. *Sears and Zemansky's University Physics*: with Modern Physics. 13. ed. San Francisco: Pearson/Addison Wesley, 2012.

Índice remissivo

abertura oral 202
abscissa 44
acento 109
africada 27, 186
amortecimento 48, 112, 159
amostragem 80
amplitude 43, 47-8, 55, 94, 112, 159, 172, 187, 216
Análise de Fourier 75
antiformante 116, 159
antirressonância 116, 159
aproximante alveolar 197, 199
aproximante lateral 29, 212
aproximante retroflexa 29, 207
aspiração 146
ausência de energia 139, 187, 191, 202
banco de filtros 69
banda estreita 70
banda larga 70
barra de sonoridade 141, 171
barra de vozeamento 141, 171, 187
bit 82
burst 137, 143, 191
cavidade subglótica 13
cavidade supraglótica 13
Cepstral 75
ciclo de vibração 13, 45
ciclo glotal 13, 45
coarticulação 125
compacto 153
compressão 42, 55
configuração espectral 152

consoante complexa 23
decibel (dB) 49
defasadas 50, 53
desvozeado 32
DFT 75
difuso ascendente 153
difuso descendente 152
digital 80
digitalização 80
dígitos 82
discretização 80
ditongo 22, 129
duração 101, 122, 128, 132, 177, 187, 214, 223-4
duração extrínseca 102
duração intrínseca 102
duração relativa 178
eixo das abscissas 44
eixo horizontal 44
eixo vertical 44
eixo x 44
eixo y 44
elemento vocálico 194
energia espectral 218
espaço glótico 12
espectro 37, 66, 72, 75, 98, 161
espectrógrafo 69
espectrograma 37, 65-6, 68, 87, 95
estado estacionário 224
expiração 12
F 64, 111
F_0 ou f_0 45, 57

F1 88

F2 88

F2 de transição 150, 175

F3 88

faixa de passagem 60

faixa de rejeição 61

fase 43, 49-50

fechamento oral 202

fenômenos oscilatórios 40

FFT 75

filtragem 60

filtragem pré-ênfase 80

filtro acústico 60

filtros passa-banda 61

FN 64, 111-2

FN1 158

FN2 158

FN3 158

fonação 13

Fonética Acústica 20

Fonética Articulatória 20

fonte de energia 38

fonte sonora 38-9, 41

forma de onda 37, 66-7

formante 64

formantes nasais 64, 111-2, 158

formantes orais 64

frequência 37, 43

frequência fundamental 44-5, 57

frequência natural 60

fricativa 26, 168

glide anterior 22

glide palatal 22

glide posterior 22

glide recuado 22

glote 12

gráfico de F1 x F2 93

harmônico 57, 73

hertz (Hz) 43

hiato 22, 129

infrassons 43

inspiração 12

intensidade 48

intensidade acústica 47

intensidade auditiva 48

intensidade sonora 47, 49

IPA 35-6

largura de banda 69

lateral 29

lateral alveolar velarizada 218

lateral palatal 223

locus acústico consonantal 150, 175

loudness 48

LPC 75

lugar de articulação 30

maneira de articulação 24

meio de transmissão 38-9

meio elástico 38

milissegundo (ms) 45

Modelo Fonte-Filtro 38

modo de articulação 24, 124, 148

momentos acústicos 120

momento oral 126

momento nasal 126

monotongo 22

movimento periódico simples 54-5

murmúrio nasal 118, 156

não-vozeado 14, 32

nasal 19, 25

nasalizada 125, 127

nível de intensidade sonora 49

nível de pressão sonora 49

obstrução 191

onda aperiódica contínua 59

onda aperiódica transiente 59

onda periódica complexa 55-6

Índice remissivo

onda periódica simples 55
onda sonora 39-40
onda sonora complexa 51-2
ondas aperiódicas 58
ondas quasi-periódicas 57
ondas sonoras simples 51
ordenada 44
oscilograma 67
percepção 37
periódico 57
período 45
perspectiva física 37
perspectiva psicofísica 37, 44, 48
pico espectral 173
ponto de articulação 30, 148, 162, 164
ponto médio 90-1, 209
posição de repouso 16
pré-amostragem 80
pré-sonorização 147
pregas vocais 12-3
Princípio de Ressonância 60
Princípio de Superposição de Ondas 56
produção 37
propagação do som 39-40
pulsos glotais 140
qualidade vocálica 88
quantização 80
rarefação 42, 55
repouso 55
ressoador 60
ressonância 60
retardo curto 146
retardo longo 146
rótico 190, 202, 207
ruído 170, 185, 187
ruído de quantização 83
ruído transiente 143-4, 148, 187, 191-2, 198

script 91
sinal analógico 80
sinal digital 80
sistema articulatório 14
sistema fonatório 12
sistema respiratório 12
sistema ressoador 38-9
só polos 78
soltura da oclusão 143, 191
som-alvo 178
sonograma 68
taxa de amostragem 81
tempo de início do vozeamento 145
Teorema da Amostragem 80
Teoria Acústica de Produção da Fala 38
tepe 27-8, 190
tepe aproximante 197
tepe retroflexo 198
trajetória de formantes 130
Transformada de Fourier 56
transição (ʎ- vogal) 224
transição (vogal-ʎ) 224-5
transição formântica 130
turbulência 170
ultrassom 43
vale espectral 159, 216
vibrante 28, 201
vogais desvozeadas 104
vogais epentéticas 108
vogais plenas 21, 104
vogais reduzidas 104
vogais regulares 21, 104
vogal assilábica 22
vogal de apoio 194
volume 46, 48
vot 145
vozeado 14
zeros no espectro 216

Apêndice

PASSO A PASSO *PRAAT*

1. O usuário deste tutorial deve seguir as instruções solicitadas para cada exercício e complementar com as instruções apresentadas a seguir.

2. Recomenda-se que os áudios a serem utilizados nos exercícios sejam baixados pelos usuários, para que possam ser acessados pelo programa *Praat*.

3. Para acessar e baixar o programa *Praat* vá em www.praat.org

4. Selecione seu sistema operacional (Windows, IOS, Linux ou outro) e baixe o programa. Um ícone com o desenho de uma boca e uma orelha deve aparecer em seu desktop ou no local que você designou para instalar o programa. Para abrir o Praat, clique no ícone.

5. Ao abrir o programa *Praat*, duas janelas se abrirão: **Praat Objects** (à esquerda) e **Praat Picture** (à direita). Neste passo a passo utilizaremos apenas a janela **Praat Objects**, sendo assim, feche a janela **Praat Picture**. A janela **Praat Picture** é utilizada para criar e exportar figuras que foram geradas pelo *Praat*.

6.
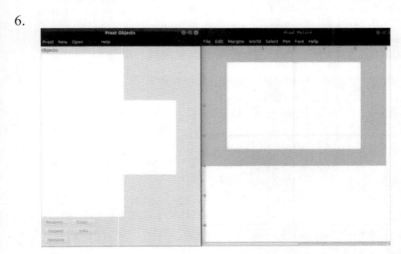

7. Nos exercícios você deverá abrir os áudios e os *TextGrids* correspondentes. *TextGrids* são anotações sobre os sons, e nos exercícios foram segmentados os sons da palavra a ser analisada.

8. Na janela **Praat Objects**, selecione o áudio e o *TextGrid* em conjunto e clique em **View & Edit** como ilustrado na figura que segue.

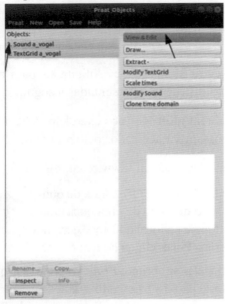

9. A figura apresentada acima ilustra a janela que aparecerá após terem selecionado **Sound a-*vogal*** e **TextGrid a-*vogal*** em conjunto e clicado em **View & Edit**. A figura correspondente ao som que será visualizado é:

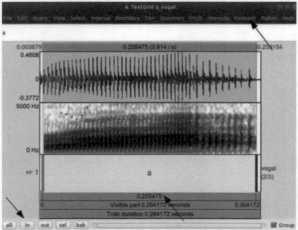

Apêndice

10. Para calcular o valor das frequências dos formantes no ponto médio da vogal [a] como pedido no **Exercício 3.3**, deve-se dividir pela metade o valor total de duração da vogal. No áudio disponibilizado para o exercício foi marcado o ponto inicial e o ponto final da vogal.

11. O valor total de duração da vogal ilustrada é 0.2554755 s – ver seta inclinada, na parte inferior da figura acima. O ponto médio desta vogal [a] encontra-se em 0.1277375 s após o início da vogal (metade do valor: 0.2554755 s). Na posição de 0.1277375 s após o início da vogal devem ser obtidos os valores das frequências dos formantes da vogal.

12. Para obter os valores das frequências dos formantes clique em *Formant* no menu indicado na seta inclinada na parte superior da janela. No menu que aparece ao clicar em *Formant* solicite *Show Formants*. Ainda na janela *Formant* é possível obter os valores dos formantes ao clicar em *Get first formant*, *Get second formant* ou *Get third formant*.

13. Alternativamente, pode-se posicionar o cursor no ponto médio da seguinte forma: selecione toda a vogal e, no menu *Select*, escolha a opção *Move Cursor to...* O cursor será posicionado no ponto médio do intervalo selecionado que no exemplo ilustrado é a vogal [a].

14. Caso o exercício solicite que seja identificada a duração de um som, deve-se consultar os valores expressos na linha logo abaixo do espectrograma. Na figura acima, a duração da vogal [a] é destacada pela seta inclinada na parte inferior da figura. A duração de qualquer som será indicada na linha logo abaixo do espectrograma como ilustrado para o exemplo da vogal [a]. Esta instrução é relevante para os **Exercícios 3.8**; **3.19**; **4.14** e **4.24**.

15. Caso seja solicitado o valor do vot deve-se consultar o texto para definir os critérios de identificação de vot zero, positivo ou negativo. As instruções para calcular os valores de duração apresentados nos itens precedentes são úteis. Esta instrução é relevante para o **Exercício 4.4**.

16. Para visualizar qualquer som em detalhes, clique em *in* e o trecho visualizado será aumentado gradualmente a cada clique adicional. Para retornar à exibição anterior do som clique em *out*. Veja a seta inclinada no canto inferior esquerdo da figura apresentada anteriormente. A visualização com maior *zoom* pode ser importante para identificar detalhes de um som como a periodicidade da onda de uma vogal, o vot, o ruído transiente etc.

As autoras

Thaïs Cristófaro Silva é professora titular da Universidade Federal de Minas Gerais (UFMG). Possui doutorado em Linguística pela Universidade de Londres. Foi professora residente do Instituto de Estudos Transdisciplinares Avançados da UFMG. É bolsista de produtividade em pesquisa do CNPq e coordena o Laboratório de Fonologia da UFMG. Sua atuação profissional tem caráter multidisciplinar, sobretudo vinculando-se à Linguística Teórica e Aplicada, com ênfase em fonologia, fonoaudiologia e tecnologia de fala. Autora dos livros *Pronúncia do inglês*, *Dicionário de Fonética e Fonologia* e *Fonética e Fonologia do português* e coautora de *Fonologia, fonologias: uma introdução* e *O Brasil no Contexto: 1987-2017*, todos publicados pela Contexto.

Izabel Seara é professora da Universidade Federal de Santa Catarina (UFSC), atuando na graduação em Letras (Português) e no Programa de Pós-Graduação em Linguística. Fez doutorado em Linguística na UFSC (2000) na área de Teoria e Análise Linguística com ênfase em Fonética Acústica. É bolsista de produtividade em pesquisa do CNPq e supervisiona o Laboratório de Fonética Aplicada (Fonapli). Coautora do livro *Para conhecer Fonética e Fonologia do português brasileiro*, publicado pela Contexto.

Adelaide Silva é doutora em Linguística pela Universidade Estadual de Campinas e professora do Departamento de Literatura e Linguística da Universidade Federal do Paraná. Em suas pesquisas, volta-se para a dinâmica fônica, baseada em modelos dinâmicos de produção da fala e amparada por dados empíricos obtidos através de análise acústica de sons da fala. Interessa-se e orienta trabalhos acerca dos sons do PB produzidos por indivíduos portadores e não portadores de patologias de fala, além de sons do PB produzidos por falantes estrangeiros que adquirem a língua.

Fonética Acústica

Andreia Schurt Rauber é mestre e doutora em Letras (Inglês) pela UFSC. Atuou como pesquisadora na Universidade do Minho e como professora adjunta no Programa de Pós-Graduação em Letras da Universidade Católica de Pelotas, com pesquisas na área de aquisição de sons de línguas estrangeiras. Atua como Cientista da Fala na Nuance, aplicando conhecimentos sobre fonética acústica e fonologia para desenvolver sistemas de diálogo e navegação para o setor automobilístico.

Maria Cantoni é professora adjunta na Faculdade de Letras da Universidade Federal de Minas Gerais (UFMG). Possui graduação em Língua Portuguesa e em Língua Latina, mestrado e doutorado em Linguística pela mesma universidade. Realizou estágio de doutorado sanduíche no Lyon Neuroscience Research Center, na França. Exerce atividades de docência, pesquisa e extensão nas áreas de Fonética e Fonologia Experimental, Prosódia, Linguística Cognitiva, Ciência e Tecnologia da Fala.

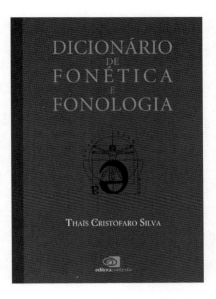

DICIONÁRIO DE FONÉTICA E FONOLOGIA
Thaïs Cristófaro Silva

Poucos livros nascem com vocação para obra de referência. Daí o orgulho da Editora Contexto em apresentar este aguardado e moderno dicionário de fonética e fonologia que lista nada menos do que 730 verbetes. Cuidadosamente concebido por Thaïs Cristófaro (pós-doutora em Linguística pela Universidade de Londres e professora titular da Universidade Federal de Minas Gerais), e realizado por uma pequena equipe sob sua direção, este dicionário apresenta definições simples e objetivas, ao alcance de todos os interessados.

Para torná-lo mais fácil de ser consultado, cada termo técnico da obra, apresentado em português, traz também o seu correspondente em inglês. Dessa forma, o leitor pode pesquisar de modo mais rico e abrangente, evitando equívocos e trabalho extra. Outra característica relevante, pouco presente em trabalhos equivalentes, é o uso de figuras vinculadas a alguns verbetes. A consulta fica muito mais fácil, as descrições ficam mais compreensíveis.

Além de alunos e professores na área de Letras e Fonoaudiologia, o *Dicionário de fonética e fonologia* passa a dotar pesquisadores e profissionais de Psicolinguística, Pedagogia, Música e Tecnologia da Fala de um instrumento indispensável.

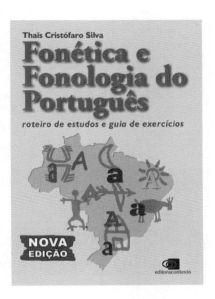

FONÉTICA E FONOLOGIA DO PORTUGUÊS

NOVA EDIÇÃO

Thaïs Cristófaro Silva

Os estudos fonéticos e fonológicos estão presentes nas faculdades de Letras do país. Professores que ministram tais cursos preparavam suas aulas sem contar com um livro teórico e prático de caráter introdutório escrito em português. Este roteiro de estudos e guia de exercícios, além de expor objetivamente aspectos teóricos da Fonética e Fonologia, permite ao estudante exercitar os conhecimentos adquiridos contando com o auxílio de arquivos de áudio. Constitui-se, portanto, em um livro essencial para os cursos de Letras e também extremamente relevante para alfabetizadores, fonoaudiólogos, estrangeiros que estão aprendendo português e para as pessoas interessadas na variação dialetal do português brasileiro.

Cadastre-se no site da Contexto
e fique por dentro dos nossos lançamentos e eventos.
www.editoracontexto.com.br

Formação de Professores | Educação
História | Ciências Humanas
Língua Portuguesa | Linguística
Geografia
Comunicação
Turismo
Economia
Geral

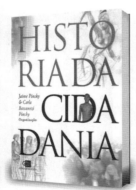

Faça parte de nossa rede.
www.editoracontexto.com.br/redes

GRÁFICA PAYM
Tel. [11] 4392-3344
paym@graficapaym.com.br